FACULTÉ DE DROIT DE PARIS

DROIT ROMAIN

DU

MANDATUM PECUNIÆ CREDENDÆ

DROIT FRANÇAIS

LES

IMPOTS SUR LE LUXE

THÈSE POUR LE DOCTORAT

PAR

Louis COURTRAY

PARIS

LIBRAIRIE NOUVELLE DE DROIT ET DE JURISPRUDENCE

ARTHUR ROUSSEAU, ÉDITEUR

14, RUE SOUFFLOT ET RUE TOUILLIER, 13

1895

THÈSE
POUR LE DOCTORAT

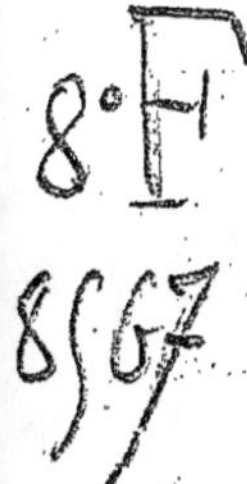

DROIT ROMAIN

—

DU

MANDATUM PECUNIÆ CREDENDÆ

—

DROIT FRANÇAIS

—

LES

IMPOTS SUR LE LUXE

—

THÈSE POUR LE DOCTORAT

L'ACTE PUBLIC SUR LES MATIÈRES CI-APRÈS
Sera soutenu le 20 mai 1895, à 1 heure
PAR

Louis COURTRAY

—

Président : M. BEAUREGARD, *professeur*.

Suffragants : MM. Léon MICHEL, *professeur*.
LESEUR,
JAY, *agrégés.*

—

PARIS

LIBRAIRIE NOUVELLE DE DROIT ET DE JURISPRUDENCE

ARTHUR ROUSSEAU, ÉDITEUR

14, RUE SOUFFLOT ET RUE TOUILLIER, 13

—

1895

DROIT ROMAIN

DU

MANDATUM PECUNIÆ CREDENDÆ

CHAPITRE I.

DÉFINITION ET NATURE DU MANDATUM PECUNIÆ CREDENDÆ. — SES CARACTÈRES.

§ I. — Définition et nature.

Pour donner une bonne définition du *manda-tum pecuniæ credendæ,* il faut nécessairement connaître le sens exact des expressions *pecunia* et *credere,* car on n'aurait qu'une idée incomplète de ce mandat si l'on disait en traduisant littéralement qu'il est le mandat donné par quelqu'un de prêter de l'argent à un tiers.

Nous voyons au Digeste que le mot *pecunia* s'emploie pour désigner toutes les choses *in commercio :* «... *pecuniæ significatio ad ea referatur quæ in patrimonio sunt*», nous dit Paul [1];

[1] L. 5, pr., *De verb. signif.* L. 16.

et Ulpien de même donne de ce mot un sens large : « *Pecuniæ verbum non solum numeratam pecuniam complectitur ; verum omnem omnino pecuniam, hoc est, omnia corpora*[1]. »

Quant au mot *credere*, dans la langue juridique, il signifie faire acte de confiance envers une personne, lui faire crédit en un mot[2].

Le *mandatum pecuniæ credendæ* est donc le mandat de faire crédit à une personne, et comme une fois ce mandat exécuté le *mandator* se trouvera obligé envers le mandataire[3], on peut dire avec M. Accarias[4], que ce mode de cautionnement « se rencontre chaque fois que sur mon ordre, et à mes risques et périls, vous consentez à devenir créancier d'une personne déterminée. »

C'est ainsi que nous le rencontrons quand je vous mande de déposer entre les mains de Titius un certain objet[5], d'acheter un fonds pour lui[6], de lui prêter une somme d'argent dont je vous garantis le remboursement[7].

---

[1] L. 178, *De verb. signif.* L. 16. — Voir aussi L. 222, *loc. cit.*

[2] L. 1, *de Rebus creditis*, XII, 1.

[3] D'après la théorie générale du mandat, lorsque l'intérêt du mandant n'est pas en jeu, l'exécution est nécessaire pour rendre le mandat obligatoire.

[4] *Précis de droit romain*, 4me édition, II, p. 378.

[5] L. 1, § 14, *Dep.*, XVI, 3.

[6] Inst., § 3, *De Mand.*

[7] Inst., §§ 5 et 6, *De Mand.*

Ce dernier cas, sans doute, était le plus fréquent, et cela se conçoit aisément si l'on songe
que le *mandatum pecuniæ credendæ* était usité
dans les rapports entre les banquiers et leurs
clients. Mais le champ d'application du *mandatum pecuniæ credendæ*, c'est Julien qui nous le
dit[1], était aussi vaste que celui de la fidéjussion.
Toute obligation qui pouvait être garantie par
un fidéjusseur pouvait l'être également par un
mandatum : « *in summa quicumque contractus
tales sunt, ut eorum nomine fidejussor obligari
potest, et mandati obligationem consistere puto :
neque enim multum referre, præsens quis inter-
rogatus fidejubeat, an absens mandet.* » Aussi
n'est-il pas étonnant de voir au Code et au Digeste les deux matières réunies en un même titre
intitulé : *De fidejussoribus et mandatoribus*[2].

C'est du reste pour perfectionner la dernière
forme d'*adpromissio* que fut introduit le *mandatum pecuniæ credendæ*. Mais cette innovation
n'alla pas sans difficulté. Les Commentaires de
Gaïus nous montrent que la validité de ce mandat fut d'abord douteuse : « *Et adeo hæc ita sunt,
ut quæratur an mandati teneatur, qui mandavit
tibi ut Titio pecuniam fœnerares*[3]. »

---

[1] L. 32, *Mandati*, xvii, 1.
[2] Dig. xlvi, 1. — Cod. viii, 41.
[3] Gaïus, C. iii, § 156.

Le mandat, disaient les adversaires de l'innovation, n'est pas valable lorsqu'il est donné uniquement dans l'intérêt exclusif du mandataire.
Et c'est bien ce qui arrive dans l'espèce que nous
rapporte Gaïus. C'est d'un prêt à intérêt qu'il
s'agit, d'un *fœnus*, et ce prêt ne doit profiter
qu'au mandataire. Le mandant ne doit donc pas
être obligé. Il ne peut être responsable que de
son dol ou de sa mauvaise foi. Voilà pourquoi
Servius refusait au mandataire l'action *mandati*.
Mais son opinion ne prévalut pas, car nous
voyons le *mandatum* employé de bonne heure
comme mode de cautionnement, grâce à Sabi-
nus et aux jurisconsultes de son école : «... *præ-
valuit Sabini sententia obligatorium in hoc casu
mandatum, quia non aliter Titio credidisses
quam si tibi mandatum esset*[1]. » On répondait
aux partisans de l'opinion de Servius que ce
mandat était bien aussi contracté dans l'intérêt du débiteur qui, sans lui, n'aurait pas obtenu le crédit dont il avait besoin. Il s'agissait
donc d'un mandat donné en faveur du mandataire et d'un tiers. Rien ne s'opposait à sa validité[2].

Mais la controverse n'eut-elle lieu que pour
l'espèce rapportée par Gaïus ? Il est permis de le

---

[1] Gaïus, iii, § 156, *in fine*.
[2] L. 2, § 5, D., xvii, 1.

penser, car le texte précité ne vise que le prêt à
intérêt, de même qu'un autre texte de Paul[1].
On peut donc croire que le *mandatum pecuniæ
credendæ* fut accepté plus facilement dans tous
les cas où bien évidemment l'intérêt du mandataire n'était pas seul en jeu, mais bien aussi
d'une façon claire celui du débiteur[2].

Cette nécessité pour le *mandatum* d'être dans
l'intérêt d'un tiers le distingue du simple conseil. On peut donner comme exemple de ce dernier le cas où le *mandator* a simplement recom-
mandé un genre d'affaire, mais sans désigner la
personne en qui il persuadait d'avoir confiance[3].
C'est ce qui arrive, dit Gaïus, « si je vous donne
mandat de faire le placement de votre argent
en achetant des terres plutôt qu'en le prêtant à
intérêt, ou inversement en le prêtant à intérêt
plutôt qu'en achetant des terres. Un tel mandat
est plus un conseil qu'un mandat et pour cette
raison n'est pas obligatoire, parce qu'une personne ne peut être obligée par un conseil alors
même qu'il aurait nui à celui à qui il a été donné ; car il est permis à chacun d'apprécier l'utilité d'un conseil donné[4]. » L'action *mandati* ne

---

[1] L. 71, § 2, D., *De fidej.*
[2] M. Accarias, *Cours de Pandectes* 1889-90.
[3] Inst., 3, 26, § 6.
[4] L. 2, § 6, D., *Mand.*

naît donc pas ici. Il ne peut y avoir de recours
contre le *mandator* que s'il a engagé sa responsabilité par son dol ou sa mauvaise foi.

S'il faut distinguer le *mandatum* du simple
avis, on doit éviter aussi de le confondre avec
le *jussum*[1] auquel il ressemble en beaucoup de
points. Comme le *jussum*, le *mandatum* émane
du simple consentement. Ils ne sont ni l'un ni
l'autre assujettis à des formes déterminées. Enfin, le *mandator* et le *jubens* se trouvent tous
deux obligés sans être intervenus au contrat.

Mais ces points de rapprochement laissent
subsister des différences essentielles[2]. Pour les
mieux distinguer, analysons chacun de ces deux
actes dans l'hypothèse d'un prêt à intérêt.

Supposons d'abord que je vous donne *mandat*
de faire un prêt à Titius. C'est Titius qui vous

---

[1] Dans l'ordre chronologique, le *jussum* a précédé le *mandatum pecuniæ credendæ*. Le *jussum* était en usage au temps d'Auguste (L. 19, D. xlvi, 3 : « *Labeo ait...* ») tandis que le mandat était encore contesté au temps de Marc-Aurèle et de Gaïus (Gaïus, iii, 156).

[2] Ce que nous disons ici suppose admise la théorie suivant laquelle le *jussum* est « une déclaration de volonté par laquelle j'autorise une personne à faire un acte juridique qui me concerne et je prends à ma charge les effets de cet acte comme si je l'avais moi-même accompli. » (Gide, *Études sur la Novation et le transport des créances en droit romain*, p. 463.) — Voir aussi dans le même sens M. de Salpius (*Novation*, §§ 9-12, 1864), — M. Pernice (*Labeo*, t. I, p. 504, 1873), — M. Mandry *(Das gem. Familiengüterrecht*, t. II, p. 543, 1876), — M. Dreshler *(Die actio quod jussu*, 1877). — D'après d'autres auteurs le *jussum* qui s'adresse à une personne libre ne serait qu'un mandat ordinaire.

empruntera. C'est vous qui lui prêterez. Quant à moi, je suis étranger au contrat. Il est pour moi *res inter alios acta*. Vous ne pouvez intenter l'action *creditæ pecuniæ* contre moi, pas plus que je ne peux l'intenter contre Titius. Sans doute, vous pourrez me poursuivre si Titius n'exécute pas son engagement. Mais c'est alors d'une action subsidiaire que vous vous servirez contre moi, l'action *mandati contraria,* car je ne suis que *mandator* ou caution.

Si, au contraire, je vous ai donné l'*ordre,* le *jussum,* de faire un prêt à Titius, je ne suis plus ici étranger au contrat. C'est moi qui prête à Titius et je puis intenter contre lui l'action *creditæ pecuniæ.* De même vous pourrez intenter cette action contre moi, car je vous ai fait un emprunt. Voilà pourquoi le Digeste nous dit : « *Aliud jubere, aliud mandare*[1]. » C'est qu'en effet comme *mandator* je ne suis que caution ; comme *jubens* au contraire je suis cocontractant.

Le *mandatum* et le *jussum* ne peuvent donc se confondre en droit. Mais en fait il est souvent difficile de dire en face duquel de ces deux actes on se trouve, car aucun d'eux n'est assujetti à une forme déterminée. D'après M. Gide[2], « la ques-

---

[1] L. 1, § 5, D., *q. jussu,* xv, 4.
[2] *Op. cit.,* page 473, note 4.

tion de savoir si dans une espèce donnée il y a mandat ou *jussum* dépend surtout de l'intention des parties : ai-je entendu vous charger de faire vous-même un contrat avec un tiers ? ai-je voulu au contraire faire moi-même le contrat en vous chargeant simplement de fournir ou de recevoir la *res* à ma place ? Au premier cas, nous aurons un mandat, et au second un *jussum.* »

§ II. — Caractères du mandatum pecuniæ credendæ.

Le *mandatum pecuniæ credendæ* n'est autre chose que le mandat dont on s'est servi comme mode perfectionné de cautionnement. Il doit donc avoir les caractères généraux de ce contrat, sauf à présenter quelques particularités par suite de son emploi spécial.

1° *Le mandatum pecuniæ credendæ est un contrat.* — On peut donc y introduire telle modalité que l'on veut, soit un terme, soit une condition[1]. On a mandé par exemple à quelqu'un de devenir créancier moyennant qu'on lui fournisse une sûreté réelle, une hypothèque, et le créancier n'a pas accompli cette condition : l'action *mandati* lui sera refusée. « *Si creditor conditioni*

______

[1] L. 6, § 1, D., *De fidej.*

mandato adscriptæ quum pecuniam mutuam daret, in accipiendis hypothecis non paruit ; frustra te judicio mandato convenit, quando non aliter te obligare intelligaris quam si pignoris contraheretur obligatio [1]. »

2° *C'est un contrat consensuel*, et c'est là un grand avantage qu'il présente sur la fidéjussion que l'on crée au moyen d'une stipulation. Le simple consentement suffit à le faire naître. Il n'est assujetti à aucune condition de forme. Aussi peut-il intervenir entre absents, par lettre, ou par l'intermédiaire d'un *nuncius* [2]. On juge aisément de la grande extension qu'il dut prendre pour cette raison. Nous trouvons en effet plusieurs textes supposant le *mandatum pecuniæ credendæ* intervenant *inter absentes* et donné par lettre [3].

Le consentement peut même être tacite. Le Digeste nous en donne plusieurs exemples [3]. C'est alors à celui qui allègue l'existence du *mandatum* à la prouver.

3° *Il est synallagmatique et de bonne foi. —*

---

[1] L. 7, C. viii, 44.

[2] Le *nuncius* n'est qu'un porte-paroles. C'est une lettre qui parle, dit Cujas. « *Nuncius est epistola loquens.* » Il remplit, dit M. Accarias (*Cours de Pandectes* 1889-1890), une fonction machinale, et joue le même rôle que chez nous le télégraphe ou le téléphone. — Voir M. Maurice Aubert, Thèse pour le doctorat, *Du contrat per nuncium*, Paris, 1893.

[3] L. 53, D., *Mandati.*

Par ce caractère encore il est supérieur à la fidéjussion, contrat unilatéral et de droit strict. Le
mandator, en effet, peut demander compte au
mandataire, non seulement des actions qui lui
restent encore, mais aussi de celles qu'il a per-
dues par sa volonté ou par sa faute[1]. Et quand
une contestation amènera le *mandator* et le
mandataire devant le juge, celui-ci aura les pouvoirs les plus étendus. Il tiendra compte des circonstances de fait, de l'intention des parties ; il
statuera *ex æquo et bono*, comme le disent les
jurisconsultes.

Tout au contraire en cas de fidéjussion, pour
mesurer exactement l'engagement des fidéjusseurs, le juge devra se borner à analyser les pa-
roles échangées dans la stipulation.

4° *Le mandatum pecuniæ credendæ est un
contrat accessoire.* — Consolider le crédit du
débiteur en assurant au créancier l'exécution
de l'obligation contractée envers lui, tel était le
but commun de la fidéjussion et du *mandatum
pecuniæ credendæ*. Le fidéjusseur, de même que
le *mandator*, n'intervenait que pour venir en
aide au débiteur, pour lui rendre service.

Titius, par exemple, s'adressait à un capitaliste pour avoir de l'argent. Mais, peu confiant

---

[1] L. 95, § 11, *De sol.*, xlvi, 3.

dans sa solvabilité, on exigeait de lui une sûreté personnelle. Le prêt qu'on lui faisait, voilà l'opération principale ; le cautionnement qu'il fournissait, voilà l'opération accessoire.

Si cela était rigoureusement vrai pour la fidéjussion, ne semble-t-il pas qu'il en devait être autrement pour le *mandatum* ? N'était-ce pas le *mandator* qui prenait l'initiative de l'opération ? N'était-il pas le *suasor operis*, comme l'appellent les textes ? Ne jouait-il pas en somme le rôle principal ? Non, bien certainement, car c'était en fait le débiteur qui demandait au *mandator* d'intervenir pour rassurer le créancier. Comme le dit M. Gérardin[1], « le créancier qui voulait obtenir des cautions avait le droit d'exiger du débiteur des *mandatores* ; il ne consentait à faire crédit qu'autant qu'on lui donnait mandat de prêter ; c'est ainsi que les choses devaient le plus souvent se passer : les *mandatores* ne venaient pas spontanément s'offrir : ils donnaient au capitaliste leur espèce de mandat, après avoir reçu du débiteur principal un véritable mandat : ils accomplissaient ce dernier en donnant le premier. »

5° *Le mandatum pecuniæ credendæ est un contrat distinct.* — Nous voulons dire par là d'abord

____

[1] *Étude sur la solidarité*, p. 14.

que le *mandatum* peut se produire à une époque différente et dans un autre lieu que le contrat principal. De même, il pourra être conditionnel ou à terme tandis que le *creditum* sera pur et simple, et ce sont là deux points qu'il a de commun avec la fidéjussion [1].

Mais nous voulons dire encore et surtout par là que l'engagement du *mandator* et celui du débiteur principal sont tout à fait différents et par leur cause et par leur objet.

Les deux obligations n'ont pas la même cause. Elles dérivent de deux causes différentes. Si nous prenons, par exemple, l'hypothèse où il a été mandé de faire un prêt, le *mandator* est obligé à cause du mandat, *ex causa mandati*, le débiteur à cause de la somme qu'il a reçue, *ex causa mutui*.

Les deux obligations n'ont pas le même objet. Comme le dit M. Accarias [2], tandis que l'engagement du débiteur porte sur une somme prêtée, le *mandator*, lui, ne s'oblige qu'à indemniser le mandataire des conséquences de l'exécution du mandat. Cette différence apparaît dans l'*intentio* de la formule. Supposons que la dette principale ait pour objet une somme de dix. L'*intentio* de l'action principale portera : « *si paret decem dare*

---

[1] L. 49, § 2, D. xlvi, 1.
[2] *Cours de Pandectes* 1889-90.

oportere ». Au contraire, l'*intentio* de la formule qui sera donnée contre le *mandator* portera : « *Quidquid paret* », formule *incerta*.

C'est là une différence essentielle avec la fidéjussion. Dans celle-ci en effet, le débiteur et le fidéjusseur doivent *idem*. Tout au contraire, dans le *mandatum* (en reprenant l'exemple ci-dessus), le débiteur principal doit la somme prêtée et le *mandator* doit *prœstare creditorem indemnem esse*.

De la coexistence de ces deux obligations distinctes, au cas de *mandatum pecuniœ credendœ* résultent d'importantes conséquences.

a) Le paiement fait par le *mandator* n'éteint pas *ipso jure* l'obligation du débiteur principal. Sans doute le créancier se verra repousser par une exception lorsqu'il s'adressera au débiteur principal. Mais il est intéressant pour le *mandator* que l'action subsiste, car il pourra se faire céder cette action et l'exercer même après le paiement par lui fait. C'est ce que nous apprenons de la loi 28, D. XVII, 1 : « *Papianus ait, mandatorem debitoris solventem, ipso jure reum non liberare : propter mandatum enim suum solvit et suo nomine, ideoque mandatori actiones putat adversus reum cedi debere.* »

Tout au contraire, nous dit Pothier[1], lorsqu'un

---

[1] *Œuvres de Pothier,* annotées par M. Bugnet, T. II, p. 247.

fidéjusseur a payé la dette pour laquelle il s'est rendu caution sans requérir, en faisant le paiement, la cession des actions du créancier contre le débiteur principal, il éteint la dette et ne peut plus se faire céder les actions du créancier contre le débiteur principal.

b) La poursuite dirigée contre l'emprunteur ne libère pas le *mandator*. Le créancier s'il n'est pas complètement payé pourra agir contre le *mandator*.

Le fidéjusseur, au contraire, est libéré par la poursuite dirigée contre le débiteur principal. Tous deux ont promis le même objet, *idem*. La *litis contestatio* intervenue, le droit du créancier est éteint.

Tels sont les caractères principaux que l'on rencontrera dans tout *mandatum pecuniæ credendæ*. Il reste un dernier caractère qu'il présentera très souvent, mais non pas forcément.

6° *Le mandatum pecuniæ credendæ constituera généralement un acte d'intercessio.* — L'*intercessio* proprement dite, disons-nous avec M. Accarias [1], est le fait de celui qui, sans intérêt personnel, s'adjoint à l'obligation d'autrui ou y substitue sa propre obligation.

Aucune forme de s'obliger ne fonctionne

---

[1] *Précis de droit romain*, II, p. 208.

comme moyen de la réaliser, dit le même auteur. On la rencontre dans tout acte qui réunit les deux caractères suivants contenus dans notre définition : 1° Engagement pour autrui ; 2° Absence d'intérêt personnel à le faire [1].

Il semble bien au premier abord que ces deux caractères se retrouvent dans le *mandatum pecuniæ credendæ :* pour rendre service au débiteur, le *mandator* s'oblige envers le créancier. Il y a bien là *intercessio.*

C'est en effet ce qui arrivera le plus souvent et la présomption d'*intercessio* est attachée jusqu'à preuve contraire à toute obligation qui s'annonce contractée pour autrui : « *præsumptio sumitur ex eo quod plerumque fit.* » Mais on peut trouver des hypothèses où l'intérêt personnel du *mandator* apparaîtra clairement et nous aurons alors un *mandatum* sans *intercessio,* permis même aux personnes auxquelles il est défendu d'intercéder [2].

J'ai chargé, par exemple, un entrepreneur de me construire une maison, mais l'argent me manque actuellement pour payer les ouvriers et les matériaux employés à la construction. Je

---

[1] On trouve cependant employés les mots *intercessio, intercedere,* alors même qu'il y a un intérêt personnel pour celui qui intervient. (L. 13, pr. *Ad Sct. Vell.,* xvi, 1.)

[2] Voir chapitre suivant, page 41.

vous donne mandat de lui en prêter. Il y a bien
là un *mandatum pecuniæ credendæ,* car, sur
mon ordre et à mes risques et périls, vous consentez à devenir le créancier de mon entrepreneur. Mais s'il est vrai que je me suis engagé
pour autrui, il est vrai aussi que je ne me suis
pas engagé dans l'intérêt d'autrui; j'ai agi *in
rem meam*[1]. Une de nos deux conditions essentielles fait défaut. Il n'y a donc pas *intercessio.*

[1] M. Accarias, *op. cit.,* page 209.

CHAPITRE II.

CAUSES DE NULLITÉ DU MANDATUM PECUNIÆ CREDENDÆ.

Le *mandatum pecuniæ credendæ* est assujetti à toutes les causes de nullité du mandat ordinaire. Mais en outre, à raison de son emploi particulier comme mode de cautionnement, il peut être nul pour des causes qui lui sont spéciales et dont nous allons donner l'énumération pour les examiner ensuite en détail :

PREMIÈRE CAUSE DE NULLITÉ : *Le mandatum pecuniæ credendæ a été donné postérieurement à la naissance de la dette principale.*

DEUXIÈME CAUSE DE NULLITÉ : *La dette principale n'est pas valable.*

TROISIÈME CAUSE DE NULLITÉ : *Le mandator ne s'est pas engagé pour une personne déterminée.*

QUATRIÈME CAUSE DE NULLITÉ : *Le mandator ne s'est pas engagé envers le même créancier que le débiteur principal.*

Cinquième cause de nullité : *Le mandator n'avait pas la capacité spéciale d'intercéder dans les cas où le mandatum pecuniæ credendæ constituait une intercessio.*

Première cause de nullité : *Le mandatum pecuniæ credendæ a été donné postérieurement à la naissance de la dette principale.* — C'est la décision que nous trouvons au Digeste[1], qui nous cite l'exemple suivant : « Si après que l'argent a déjà été prêté, je donne mandat au créancier de le prêter, Papinien dit avec une parfaite raison que ce mandat est nul. »

Ulpien, dont nous venons de traduire un fragment, ajoute immédiatement une petite exception au principe : « Si, dit-il, je vous donne mandat d'attendre (de patienter), et de ne pas presser le débiteur de payer, de manière à lui donner un certain délai, si en un mot je vous dis que le risque que vous courez m'incombera, alors je crois exact de dire que tout le risque de la créance (le dommage qui serait causé au créancier en cas de non paiement) doit retourner sur le *mandator*[2]. »

---

[1] L. 12, § 14, xvii, 1.

[2] Il faut supposer que l'*adjectio diei* a été faite au moyen d'un pacte *de non petendo*. Sinon, il y aurait novation, obligation principale que le *mandatum* aurait précédé d'après la règle générale.

En règle générale donc, l'engagement du *mandator* est nécessairement préalable à l'obligation
principale, et c'est là une des nombreuses différences qui séparent le *mandatum* de la fidéjussion. Celle-ci, en effet, peut être constituée soit
avant soit après l'obligation principale : « *adhi-
beri autem fidejussor tam futuræ quam præ-
cedenti obligationi potest* [1]. » Et il faut trouver là
une des raisons pour lesquelles la fidéjussion
coexista avec le *mandatum pecuniæ credendæ*,
malgré la supériorité de ce dernier.

Ainsi donc, le *mandatum* ne peut garantir que
les obligations contractuelles. Il ne peut s'appliquer aux obligations résultant de délits ou de
quasi-délits. La fidéjussion le peut-elle donc ? Il
existe un adage, nous dit Gaïus, d'après lequel on
ne peut recevoir un fidéjusseur pour un délit [2].
Mais cette maxime demande à être bien comprise et le jurisconsulte nous en indique la signification exacte.

Elle veut dire d'abord que celui qui a commis
un vol en société avec un autre ne peut pas
faire engager de fidéjusseur pour la restitution
de la part qui lui revient.

Elle signifie aussi que celui qui a été poussé

---

[1] L. 6, § 2, D., xlvi, 1.
[2] L. 70, § 5, D., xlvi, 1.

par les exhortations d'une autre personne à commettre un *furtum*, ne peut pas recevoir de celleci un fidéjusseur en ce qui concerne la peine.

Mais le propriétaire volé peut parfaitement recevoir un fidéjusseur pour garantir la peine attachée au *furtum*. « *Id quod vulgo dictum est maleficiorum fidejussorem accipi non posse, non sic intelligi debet ut in pœnam furti is, cui furtum factum est, fidejussorem accipere non possit, nam pœnam ob maleficia solvi, magna ratio suadet*[1]. » Tout au contraire, le *mandatum pecuniæ credendæ* qui ne peut s'employer que pour les obligations à naître ne pourra servir à garantir le paiement de la *pœna*.

Deuxième cause de nullité : *La dette principale n'est pas valable.* — *Le mandatum pecuniæ credendæ* n'est qu'un contrat accessoire. Son sort est donc lié à celui du contrat principal : « *Accessorium sequitur principale.* » La nullité de l'obligation principale entraînera celle du *mandatum*. La validité de la première obligation est la condition de la validité de la seconde.

La dette principale peut être nulle, et après elle le mandat, pour défaut de cause. Ainsi je vous mande de faire un prêt à Titius. Vous exé-

---

[1] L. 70, § 5, D., xlvi, 1.

cutez ce mandat, mais avec des écus ne vous appartenant pas et dont par suite vous n'avez pu transférer la propriété. Le *mutuum* est nul faute de cause. Le *mandatum* ne sera pas valable. « *Si nummos alienos quasi tuos mutuos dederis sine stipulatione, nec fidejussorem teneri Pomponius ait* [1]. » Ce texte suppose que les *nummi* n'ont pas été consommés. Le véritable propriétaire pourra alors les revendiquer. Mais si nous supposons avec Papinien [2] que les écus ont été consommés, qu'arrivera-t-il? Le *tradens* pourra intenter la *condictio sine causa* contre l'*accipiens* [3] qui est obligé, non *ex mutuo*, mais par suite de son enrichissement. Cette obligation sera-t-elle garantie par le *mandator*? Papinien nous répond par l'affirmative. Le *mandator* a entendu assurer le remboursement des *nummi* en tout état de cause, quelque fût le nom qu'on dût donner à l'acte juridique à intervenir. L'*accipiens* est obligé : le *mandator* le sera aussi : « *Quid ergo, si consumptis nummis nascitur condictio? Puto fidejussorem obligatum fore ; in omnem causam acceptus videbitur quæ ex ea numeratione nasci potest.* »

La dette principale peut encore être nulle pour

---

[1] L. 56, § 2, D., xlvi, 1.
[2] *Id.*
[3] L. 13, § 1, D., xii, 1.

cause illicite[1], pour défaut d'objet[2], pour défaut
de consentement. Le fou, par exemple, ne peut
faire aucun acte juridique en dehors des inter-
valles lucides, car il est alors incapable de con-
sentir. Le contrat passé entre lui et le mandataire sera nul[3]. Le mandat aura le même sort.

Si le défaut de consentement invalide l'obligation, il n'en est pas de même des simples vices du
consentement, la violence et le dol[4], qui laissent
subsister l'obligation d'après le droit civil. L'o-
bligation du *mandator* sera-t-elle valable ? Sans
doute, le *mandator* ne pourra opposer la nullité
au créancier qui le poursuivra et lui faire refuser toute action, mais il le repoussera, comme
le ferait le débiteur principal, par les moyens de
droit prétorien, les exceptions *de dolo* et *quod
metus*. Ces exceptions ont en effet pour base le
caractère de la dette et, comme toutes les exceptions *rei cohærentes*, nous le verrons plus
loin, elles peuvent être opposées au créancier
par la caution : « *rei cohærentes exceptiones*

---

[1] L. 70, § 5, D., xlvi, 1.

[2] L. 57, pr., D., xviii, 1.

[3] De ce que le fou ne peut s'obliger, il n'en résulte pas qu'il ne peut
être obligé, par une gestion d'affaires par exemple, qui n'exige pas
le consentement du maître. Mais pour garantir l'obligation née de
ce quasi-contrat, un fidéjusseur pourra intervenir (L. 70, § 4, D.
xlvi, 1). Le *mandatum pecuniæ credendæ* ne peut être employé
en pareil cas, car il s'agit d'une obligation déjà née.

[4] L. 21, § 5, D., iv, 2.

etiam fidejussoribus competunt, ut... doli mali, ...quod metus causa factum est[1]. »

L'incapacité du débiteur principal est encore une cause de nullité. Les incapables du droit romain sont : les fils de famille emprunteurs, les esclaves, les prodigues interdits, les pupilles, et les mineurs de 25 ans[2]. Mais les actes qu'ils passent ne sont pas nécessairement dépourvus de tout effet ; ils peuvent engendrer une obligation naturelle, et celle-ci, Ulpien nous le dit[3], est susceptible d'être cautionnée. Examinons donc dans quels cas le cautionnement de l'obligation de l'incapable échappera ainsi à la nullité.

I. *Fils de famille emprunteur.* — Le fils de famille en droit romain est considéré comme étant *sui juris* au point de vue de la capacité de s'obliger. Telle est la règle donnée par Gaïus : « *filiumfamilias ex omnibus causis tanquam paterfamilias obligatur*[4]. »

Mais si le fils de famille, n'ayant pas exécuté ses engagements, subissait une condamnation,

---

[1] L. 7, § 4, D., xliv, 1.

[2] Nous omettons les femmes à dessein dans cette énumération, car à l'époque classique la tutelle perpétuelle des femmes était en pleine décadence. Il suffira d'appliquer *a fortiori* à l'obligation de la femme qui a contracté *sine tutoris auctoritate* ce que nous dirons de l'obligation du pupille formée dans les mêmes conditions.

[3] L. 6, § 2, D., xlvi, 1.

[4] L. 39, D., *De obligat.*

on se trouvait dans l'impossibilité de le faire payer durant tout le temps qu'il était *alieni juris,* car il était alors hors d'état de se constituer un patrimoine ; « *nihil suum habere potest,* » nous dit Gaïus[1]. Nous pensons même avec M. Machelard[2], que les voies d'exécution contre la personne trouvaient un obstacle dans la puissance paternelle dont les droits étaient inviolables[3]. Aussi, les créanciers, ou plutôt les usuriers, dont le nombre était très grand à Rome, demandaient aux fils de famille emprunteurs des intérêts exagérés, de façon à compenser les risques qu'ils couraient. C'est pour sévir contre ces usuriers, qui le plus souvent favorisaient la débauche des fils de famille, qu'intervint, sous l'empire de Vespasien, le sénatus-consulte Macédonien qui interdit de prêter à intérêt à un fils de famille[4].

La capacité générale subsista à l'égard du fils de famille. Le sénatus-consulte ne réprouvait

---

[1] Gaïus, C. II, § 84. — Il pouvait cependant avoir un pécule *castrens.*

[2] *Des obligations naturelles en droit romain,* pages 104 et 105.

[3] Voir un exemple dans les *Sentences* de Paul, liv. XXII, tit. xxi, a, § 9.

[4] M. Glück et plusieurs autres auteurs s'appuient sur quelques passages de Térence et de Cicéron pour faire remonter jusqu'au temps de la République les dispositions prohibitives du prêt d'argent à l'égard des fils de famille. D'après M. Machelard *(op. cit.),* Suétone (*Vespas.,* ch. ix) est positif pour attribuer à Vespasien la proposition du sénatus-consulte Macédonien.

que le *mutuum*, et encore le *mutuum* ayant pour
objet de l'argent monnayé[1]. Dans ce cas même
l'obligation n'était pas dépourvue de tout effet.
Toute satisfaction était refusée au prêteur[2], il
est vrai, et cela même après que le fils de famille était devenu *sui juris*. Mais le prêteur n'en
était pas moins créancier naturel. « *Naturalis
obligatio manet*[3]. »

Cette obligation naturelle peut-elle servir de
support à un cautionnement? Ulpien nous répond affirmativement[4]. Mais le *mandator* n'est
obligé que naturellement. Si la contravention au
sénatus-consulte est évidente, toute action sera
refusée contre lui. Si elle n'est prouvée que devant le juge, le *mandator* pourra repousser l'action que le créancier aurait obtenue contre lui[5]

---

[1] Il en était de même des autres contrats déguisant un prêt
d'argent. (L. 3, § 3 ; L. 7, § 3, D., *De senat. Maced.*) — Quant aux
autres emprunts ils restaient permis aux fils de famille. La loi 7,
§ 3, *De sen. Maced.* nous le dit. Ce texte montre cependant qu'il y
avait eu discussion sur ce point. On pouvait en effet se demander
si l'expression *pecunia* dont s'était servi le sénatus-consulte n'af-
fectait pas la signification large qu'elle avait souvent et notamment en matière de *mandatum pecuniæ credendæ* comme nous
l'avons vu au début de cette étude. — En tout cas, si le fils de famille n'avait fait un emprunt, autre que d'argent, que pour re-
vendre l'objet emprunté, il y aurait eu prêt d'argent déguisé, atteint par le sénatus-consulte par conséquent.

[2] L. 1, pr., D., *De sen Maced.*, xiv, 6.

[3] L. II, D. xiv, 6.

[4] L. 9, § 3, D., xiv, 6.

[5] « Le sénatus-consulte s'appliquait, dit M. Machelard *(op.cit.)*,
tantôt par voie de refus de l'action, tantôt au moyen d'une excep-

au moyen d'une exception fondée sur le sénatus-consulte. Cette exception, en effet, est *rei cohærens* et peut être invoquée par le *mandator* comme par le débiteur principal. S'il en était autrement, nous dit Ulpien (loc. cit.), le *mandator* après avoir payé intenterait l'action *mandati* contre le fils de famille afin de se faire rembourser, et le sénatus-consulte serait éludé.

Ainsi donc la position du *mandator* est identique à celle du débiteur principal. Il est protégé par le sénatus-consulte. Mais s'il paie, il ne peut répéter car il s'est acquitté d'une obligation naturelle. Tout recours de plus lui sera refusé car il aurait dû invoquer l'exception.

Mais on devra accorder le droit de recours au *mandator* de bonne foi qui a fourni son engagement dans la persuasion que l'opération était licite ; par exemple s'il a cru que le père approuvait l'emprunt ou devait en profiter. Ici en effet le *mandator* n'est plus le complice d'une fraude. Il a cru valable le mandat que lui donnait le fils de famille et l'action *mandati* naîtra à son profit.

tion. Il y avait lieu de dénier l'action toutes les fois que la contravention au sénatus-consulte était constante aux yeux du magistrat. Cette contravention était-elle contestée, le créancier obtenait une action, sous la réserve d'une exception qui laissait au juge le soin d'examiner si l'affaire n'avait pas été conclue dans des circonstances telles qu'il y eût violation du sénatus-consulte. »

L'obligation du *nandator* ne sera plus naturelle, mais bien civile s'il a déclaré intervenir *donandi animo*. Ici en effet il a entendu se charger du *periculum*, et non affranchir le fils de famille des entraves du sénatus-consulte. Il a refusé toute action contre le fils de famille. Ce n'est pas pour éluder la loi qu'il a agi. Son obligation est complètement valable.

L'obligation du *mandator* serait encore valable civilement si le mandat intervenait conformément à la volonté du *pater familias* : « *Sed si non donando animo, patris tamen voluntate, intercesserunt (mandatores aut fidejussores), totus contractus a patre videbitur comprobatus* [1]. »

En serait-il de même si le fils avait fait un emprunt pour l'administration du pécule que son père lui aurait confié ? Le fils n'a même pas obligé ainsi son père naturellement [2]. Un *mandator* ne peut donc intervenir.

II. *Esclaves.* — L'esclave, incapable d'après le droit civil, pouvait s'obliger naturellement, et comme conséquence son obligation pouvait servir de support à un cautionnement. C'est ce que Gaïus nous dit : « ... *pro servo quoque obligetur, sive extraneus sit qui a servo fidejussorem acci-*

[1] L. 9, § 3, D., xiv, 6, *in fine*.
[2] L. 18, D. xiv, 6.

piat, sive dominus in id quod sibi debeatur[1]. »

Ainsi donc, l'obligation naturelle contractée par l'esclave, soit envers son maître, soit envers un *extraneus*, peut être fortifiée par un *mandatum* valable civilement. On refusera au créancier toute action contre l'esclave, débiteur principal, et cela se comprend, car cette action rejaillirait sur le maître, mais on accordera au contraire un recours contre le *mandator*, car la raison de le refuser n'existe plus.

La situation sera-t-elle la même si l'on suppose que l'esclave s'est engagé relativement au pécule dont son maître lui a confié l'administration ? Il faut distinguer : si le *mandator* a entendu cautionner l'esclave lui-même, il a garanti en ce cas une obligation naturelle et son engagement accessoire aura la même étendue que l'engagement principal. Il sera tenu civilement pour le tout, « *etiam si nihil in peculio sit.* » Si, au contraire, le *mandator* a eu l'intention de cautionner le maître de l'esclave, ce n'est plus ici une obligation naturelle qu'il aura fortifiée, mais bien une obligation civile, car le maître est obligé vis-à-vis des créanciers du pécule qui peuvent intenter contre lui l'action *de peculio*. Mais l'engagement du *mandator* sera restreint, comme

---

[1] Inst. iii, 20.

celui du maître, à la valeur du pécule tel qu'il est non au jour de la *litis contestatio*, mais au jour du jugement[1].

III. *Prodigues.* — Nous avons vu précédemment que l'obligation contractée par le *furiosus* durant un intervalle lucide était pleinement valable, et que l'obligation contractée au contraire durant un moment de folie était non seulement nulle mais inexistante[2].

Pour le prodigue il n'en était pas de même. Ou bien son curateur agissait lui-même et l'acte était valable s'il n'excédait pas les limites de ses pouvoirs[3]; ou bien le prodigue avait agi lui-même, et l'acte accompli était valable ou nul, suivant que cet acte améliorait ou empirait sa situation.

Si le prodigue, nous le supposons, a fait sa condition pire, l'obligation qu'il aura contractée, nulle *jure civili*, ne sera-t-elle pas au moins

---

[1] L. 30, pr. ; L. 47, § 2, *De pec.* ; L. 5, § 2, *De lib. leg.*, xxxiv,3.

[2] L. 70, § 4, *De fidej.*, xlvi, 1.

[3] Nous admettons la théorie de M. Gérardin, suivant laquelle le curateur agissait seul librement, sans avoir besoin de donner de *consensus*, qu'il était sinon propriétaire, du moins dépositaire des biens du prodigue interdit. (Tutelle et curatelle, *Revue historique de droit*, 1889, p. 11 et s. — Cours de Pandectes, 1894-92. — Cf. M. Labbé sur Ortolan, II, appendice vii.) — Les textes ne font jamais allusion à l'intervention simultanée du prodigue et de son curateur dans un même acte. (L. 10, pr., D., *De cur. fur.*, xxvii, 10; L. 5, § 1, D., *De acq. vel omitt.*, xxix, 2 ; L. 28, § 1, D., *De pactis*, ii, 14 ; L. 4, § 25, D., *De dol.*, xliv, 4.)

valable *jure naturali* et susceptible d'être garantie par un fidéjusseur ou un *mandator*?

Nous nous trouvons ici en face de deux textes d'Ulpien absolument contradictoires : le fragment 6, *De verborum obligatione,* XLV, 1, et le fragment 25, *De fidej. et mand.,* XLVI, 1.

Fr. 6 : « *Is cui bonis interdictum est stipulando sibi adquirit, tradere vero non potest vel promittendo obligari : et ideo nec fidejussor pro eo intervenire potest sicut nec pro furioso.* » Ainsi donc d'après ce texte, le prodigue interdit ne peut contracter aucune obligation civile ou naturelle. Il ne peut pas plus y avoir d'obligation naturelle pour lui que pour le fou, *sicut nec pro furioso.*

Fr. 25 : « *Marcellus scripsit : Si quis pro pupillo sine tutoris auctoritate obligato prodigove vel furioso fidejusserit, magis esse ut ei non subveniatur, quoniam his mandati actio non competit.* » D'après Marcellus, le fidéjusseur est tenu personnellement. Il a donc cautionné une obligation valable au moins naturellement.

Nous n'essaierons pas de concilier ces deux textes. La question a soulevé une des controverses les plus importantes parmi les interprètes et a donné lieu à plusieurs systèmes. Nous allons exposer brièvement les principales solutions qui ont été proposées et voir l'influence que chacune d'elles peut avoir sur la question de validité du *mandatum pecuniæ credendæ.*

D'après Cujas[1], Doneau[2] et Pothier[3], le fragment 6 contient la règle générale au point de vue des obligations qui naissent *ex contractu.* Le contrat passé par le prodigue est nul aussi bien naturellement que civilement, comme pour le fou.

Le fragment 25 au contraire vise les dettes qui sont nées *re quasi ex contractu,* ou *quasi ex delicto.* Ces dettes sont pleinement valables.

Par conséquent, en ce qui concerne les dettes contractuelles du prodigue, le cautionnement est impossible. Au contraire un fidéjusseur pourra garantir la seconde classe d'obligations. Mais un *mandator* ne pourra pas intervenir, car il s'agit de dettes déjà nées.

M. Ortolan[4] résout la difficulté par une explication historique. Les jurisconsultes auraient discuté notre question. Ulpien aurait exposé d'abord l'opinion de Marcellus pour la réfuter ensuite et repousser l'obligation naturelle du prodigue et toute possibilité de la cautionner.

---

[1] Cujas, *Opera,* Naples, x, c. 529 (*ad* D., xli, 3, 19.)
[2] Doneau, *ad legem,* 6, *de verb. oblig.,* nº 16 ; *Opera, Flor.,* xi, p. 630.
[3] Pandect., *De fidejus.,* xvi.
[4] *Explication historique des Institutes,* i, p. 180.

Reprenant la théorie de Vinnius[1], de Noodt[2]
et de Glück[3], M. Machelard[4] admet que l'obligation du prodigue peut être naturelle : « Puis-
qu'on peut cautionner un pupille qui a contracté
sine tutoris auctoritate, pourquoi n'en serait-il
pas de même du prodigue chez lequel l'aptitude
à une obligation naturelle semble encore plus
évidente que chez le pupille ? » La loi 6 ne pré-
voirait que le cas où le fidéjusseur est intervenu
à la suite d'une erreur excusable. Son engagement dans ce cas serait nul. Au contraire la
règle générale serait contenue dans la loi 25 :
l'obligation du prodigue étant naturelle peut être
valablement cautionnée, soit par un fidéjusseur,
soit par un *mandator*[5].

Pour M. Demangeat[6] et quelques romanistes
allemands, la loi 25 aurait été altérée par les ré-
dacteurs du Digeste. On aurait substitué le mot
fidejusserit aux expressions *spoponderit* et *fide-
promiserit.* La *sponsio* et la *fidepromissio* auraient été valables alors même que le débiteur

---

[1] Vinnius, tit., xxi, *de fidejus.*, t. II, p. 163.

[2] Noodt, Pandect., *ad tit. de minor.*

[3] Glück, Pandect., iv, p. 57, n° 61 ; v, p. 564, 565.

[4] M. Machelard, *Obligations naturelles*, p. 266-273.

[5] M. Accarias s'est rangé à cette opinion (*Précis de droit romain*, II, p. 638, note 2) de même que M. Molitor (*Les obligations en droit romain*, II, p. 574.)

[6] M. Demangeat, *Cours de droit romain*, p. 313.

principal n'aurait pas été obligé, et c'est bien là ce que semble nous dire Gaïus [1]. Mais pour toute autre forme de cautionnement la loi 6 resterait entière : l'interdit, ne pouvant s'obliger naturellement, ne peut avoir ni fidéjusseur, ni *mandator*.

Lenel [2], Pernice [3], et Gradenwitz [4] mettent de plus à la charge des compilateurs l'addition au texte des mots *vel furioso*. La loi 25 ne rapprocherait donc que le pupille et le prodigue, et seulement le prodigue interdit *secundum legem* XII *Tabularum* ; ce dernier, en effet, restait pleinement capable sur les autres biens que les *bona paterna*. Voici leur conclusion, défendue chez nous avec grand talent par M. Audibert [5] : la loi 6 est la véritable expression de la jurisprudence classique ; l'obligation de l'interdit est nulle absolument et ne peut être cautionnée.

IV. *Pupilles*.—Le pupille *infans* est complètement incapable de s'obliger. Il est dépourvu de tout discernement. L'obligation qu'il contracte est absolument nulle faute de consentement.

Le pupille *non infans* peut, par contrat, rendre

---

[1] C. iii, 119.

[2] Lenel, *Poalingen. jur.*, ii, p. 475.

[3] Pernice, *Zum ræm. sacrab.*, 1886, p. 1, n° 191, n. 2.

[4] Gradenwitz, *Interpolationen*, p. 37.

[5] M. Audibert, *Études sur l'histoire du droit romain*, i, p. 148 et suiv.

seul sa condition meilleure, mais non la rendre pire[1]. Mais si, ayant contracté *sine tutoris aucto-ritate*, il s'est enrichi, on obtiendra contre lui une condamnation dans la mesure où « *quatenus locupletior factus est.* »

Supposons que le pupille n'ait retiré aucun profit du contrat passé sans le tuteur. On n'aura donc plus ici d'action à exercer contre lui. Tout au moins le pupille sera-t-il tenu d'une obligation naturelle ?

On peut dire que de nos jours la grande majo-rité des auteurs admet ici l'existence d'une obli-gation naturelle[2], malgré les solutions en ap-parence contradictoires que l'on trouve dans les textes[3]. On reconnaît du moins l'existence de l'obligation naturelle en tant qu'elle permet l'in-tervention d'un fidéjusseur ou d'un *mandator*[4], et

---

[1] Institutes, *De auctor. tut.*, pr.

[2] Puchta cependant, reproduisant l'opinion de Cujas et de Po-thier, restreint l'existence de l'obligation naturelle au cas où il y a eu enrichissement.

[3] Justinien reconnaît l'existence de cette obligation naturelle. A l'époque classique, la plupart des jurisconsultes affirment son exis-tence (Gaïus, III, § 119 ; Papinien, L. 25, § 1, D. xxxvi, 2 ; Marcien, L. 44, D., *De sol. ;* Ulpien, L. 19, § 4, *De don.*) Trois textes au con-traire semblent la nier. (Licinius Rufinus, L. 59, D. xliv, 7 ; Néra-tius, L. 41, D., *De cond. ind. ;* Paul, L. 13, § 1, D., *De cond. ind.)* On a proposé différents systèmes de conciliation. Cf. M. Machelard, *op. cit.*, p. 205 et suiv. — M. Accarias, *op. cit.*, ii, p. 636, note 1.

[4] D'après le système de Vinnius, indiqué déjà par Doneau, le contrat doit rester inoffensif relativement au pupille, mais l'obli-

c'est le seul point de vue qui nous intéresse.

Le créancier pourra donc recourir contre le *mandator* qui se trouve obligé civilement, et lorsque ce dernier aura payé, il sera sans recours contre le pupille, car le pupille n'a pu s'engager envers lui[1].

Mais pour que le créancier puisse ainsi poursuivre le *mandator*, il faut qu'il n'y ait pas faute de sa part à n'avoir pas exigé l'*auctoritas tutoris*. Sinon il devrait supporter les conséquences de sa faute, car le *mandatum* est un contrat de bonne foi.

V. *Mineurs de 25 ans.* — A partir de la Constitution de Marc-Aurèle, dont la teneur nous a été conservée par l'historien Capitolinus, les mineurs de 25 ans furent divisés en deux classes : 1° les mineurs ayant un curateur et qui sont dessaisis de l'administration de leur patrimoine. De même que les pupilles ils ne peuvent faire leur condition pire sans le *consensus* de leur curateur. S'ils ont contracté avec ce *consensus*, l'*in integrum restitutio* leur est refusée ; 2° les mineurs de 25 ans dépourvus de curateurs. Dans cette situation ils peuvent s'obliger civilement,

gation naturelle existe vis-à-vis des tiers qui auront accédé à son engagement. Ce système est adopté par M. de Vangerow (t. i, § 279), qui cite en faveur de cette opinion Glück, Weber, Reinhardt, Rosshirt, Unterholzner.

[1] L. 25, D., *De fidej. et mand.* XLVI, 1.

.mais s'ils sont lésés, ils auront la ressource de l'*in integrum restitutio* par l'effet de laquelle ils se trouveront dégagés.

1° Le mineur est pourvu d'un curateur. S'il rend sa condition pire sans le *consensus* de son curateur, son obligation est nulle. C'est ce que décident les empereurs Dioclétien et Maximien[1]. Cette obligation nulle *jure civili* sera-t-elle du moins naturelle et susceptible d'être cautionnée? L'affirmative paraît certaine, car on ne saurait admettre pour le mineur de 25 ans une incapacité plus grande que pour le pupille. Un *mandator* pourra donc garantir la dette du mineur de 25 ans qui aura agi sans le *consensus* de son curateur.

2° Le mineur de 25 ans n'a pas de curateur. Il peut, avons-nous dit, s'obliger civilement. S'il éprouve un préjudice, il obtiendra la *restitutio in integrum*. La question de savoir si les débiteurs accessoires participeront ou non au bénéfice de la restitution ne peut être résolue, en face de textes contradictoires, que par des distinctions[2].

Le sort des fidéjusseurs, nous dit Ulpien, est abandonné à l'appréciation du magistrat qui s'en occupera dans la *causæ cognitio*. Le mineur doit,

[1] C. III, xi, 22.
[2] M. Machelard, *op. cit.*, p. 242 et s.

de toute façon, être dégagé. Il faut donc sacrifier soit le créancier, soit la caution. S'il s'agit,
par exemple, d'un fidéjusseur qui est intervenu
précisément pour garantir le créancier contre
les risques de la restitution, il sera évidemment
privé de tout recours. S'il s'agit d'un *mandator*,
c'est Ulpien qui l'ajoute, la solution sera plus facile, car c'est lui « qui a poussé à contracter le
tiers qui ne s'y est décidé qu'en considération du
mandat ; l'action *mandati* devra être maintenue
contre lui, malgré la restitution du mineur [1]. »

L'état de minorité étant généralement connu,
la présomption sera donc que les cautions ont
voulu mettre le créancier à l'abri de la restitution. Aussi les lois 1 et 2, C., *De fidej. minor.*,
posent-elles comme règle générale que les
cautions ne pourront être dégagées. C'est aussi
la doctrine de Paul : « *Qui sciens prudensque se
pro minore obligavit, si id consulto consilio fecit,
licet minori succuratur, ipsi tamen non succuratur* [2]. » Mais il peut arriver que les cautions
soient intervenues dans l'ignorance de l'état de
minorité des mineurs de 25 ans. Elles profite-
ront alors de la *restitutio in integrum* [3].

Disons enfin quelle marche doit suivre le mi-

[1] M. Machelard, *op. cit.*, p. 242 et s.
[2] *Sent.*, lib. I, tit. ix, § 6.
[3] L. 51, pr., D., *De procurat.*

neur qui veut obtenir le bénéfice de la restitution et se mettre à l'abri de tout recours :
« Comme il est obligé envers deux personnes,
et qu'il a à craindre une action, soit de la part
du créancier principal, soit de la part du fidéjusseur (ou du *mandator*), le parti le plus sûr,
dit le jurisconsulte (Ulpien), est de mettre en
cause les deux adversaires afin que le magistrat, soit contradictoirement avec tous les intéressés, soit en l'absence de ceux qui refuseraient
de comparaître, puisse régler définitivement la
portée qu'il doit donner à la restitution [1]. »

Troisième cause de nullité : *Le mandator
ne s'est pas engagé pour une personne déterminée.*
— Il y a alors un simple conseil, nous l'avons
vu, dépourvu d'effets. Ainsi donc, au cas où il
devra y avoir plusieurs personnes obligées à la
même dette, le *mandator* ne s'engagera valablement qu'en désignant formellement une ou
plusieurs d'entre elles [2].

Quatrième cause de nullité : *Le mandator
et le débiteur principal ne sont pas engagés envers le même créancier.*—Supposons, par exemple, que je donne mandat à un *filiusfamilias*

[1] M. Machelard, *op. cit.*, p. 244.
[2] M. Accarias, *Cours de Pandectes* 1889-90.

de devenir créancier de son père. L'obligation
naturelle qui naît à la charge du père peut être
cautionnée. Le fils est donc créancier naturel de
son père, débiteur principal. Mais je suis, moi
mandator, obligé non envers le fils, mais envers
le *pater* qui a acquis le bénéfice de l'action née
en la personne de son fils. Le père, débiteur
principal, aurait donc une action contre le *mandator*? Ce résultat est impossible. Dans ce cas,
le *mandatum* est nul [1].

Le *mandatum* ne serait pas nul si, inversement, c'était le père qui avait mandé de prêter
à son fils. Ici en effet, le fils, débiteur principal,
et son père, sa caution, seraient engagés envers
le même créancier, le prêteur de deniers [2].

La cause de nullité que nous étudions pouvait
produire dans la pratique des résultats peu sa-
tisfaisants. Un fils de famille, par exemple,
songe à prêter à Titius, et fait dès maintenant
engager un *mandator*. Puis il est émancipé et
réalise le prêt. C'est donc envers lui qu'est tenu
Titius. Mais le *mandator* est tenu envers le père.
Le *mandatum* est donc nul, et le fils n'aura
aucun recours contre la caution. N'est-ce pas
contraire à l'intention des parties?

[1] L. 56, § 1, D., *De fidej*.
[2] L. 56, § 1, D., *De fidej., in fine*.

Cela paraît bien évident ; aussi cette décision fut-elle corrigée en pratique, ainsi qu'en témoigne un texte de Papinien[1]. « *Humanitatis intuitu,* » nous dit ce jurisconsulte, un recours sera donné au *filiusfamilias* émancipé. On étendra, *utilitatis causa,* l'action qui aurait été donnée si l'état de choses qui existait au jour de l'engagement du *mandator* n'avait pas changé. Le fils, en un mot, aura une action utile, fictice. Mais qu'importe ? Les effets de l'action utile sont les mêmes que ceux de l'action directe ; la différence n'est que dans la forme[2].

CINQUIÈME CAUSE DE NULLITÉ : *Le mandator n'a pas la capacité spéciale d'intercéder dans les cas où le mandatum pecuniæ credendæ constitue une intercessio.*

Voyons donc quelles sont les personnes auxquelles l'*intercessio* est interdite :

1° Les militaires et les décurions qui ne peuvent intercéder pour les fermiers des impôts publics[3].

2° Les ecclésiastiques, sauf dans les causes publiques[4].

3° Les esclaves. — Ordinairement les obliga-

---

[1] L. 47, § 1, D., *De fidej.*

[2] M. Accarias, *Cours de Pandectes* 1889-1890.

[3] Inst. § 2, *De exc.*, IV, 43 ; L. 8, § 1, *Qui sat cog.*, II, 8 ; LL. 30 et 31, C., *De loc.*, IV, 65.

[4] Novelle 123.

tions de l'esclave réfléchissent contre son maître qui en est tenu *de peculio*. Mais si l'esclave s'est obligé comme *intercessor*, c'est-à-dire pour autrui, le maître ne sera pas tenu du tout. Le *mandatum pecuniæ credendæ* sera nul vis-à-vis du maître. L'esclave, sans doute, sera obligé naturellement : c'est la règle générale et la dérogation ne porte ici que sur les effets des engagements de l'esclave à l'encontre du maître. D'ordinaire celui-ci est tenu *de peculio*. Ici il ne l'est pas.

Mais le *mandatum* ne sera pas nul si l'esclave s'est obligé, non pour autrui, mais dans l'intérêt même de son pécule, *ex causa peculari*. Dans ce cas, en effet, il n'y a plus *intercessio*.

Qu'arrivera-t-il si l'esclave ayant fait acte d'*intercessio*, ayant par suite contracté un mandat non valable, a néanmoins effectué le paiement ? Le maître pourra-t-il répéter ? Oui, nous dit le jurisconsulte Julien [1], parce que le maître n'est pas tenu *de peculio*. Mais par quelle action le maître exercera-t-il cette répétition ? Julien distingue :

a) L'esclave a-t-il payé en prenant de l'argent appartenant à son maître ? Celui-ci *vindicare potest*.

---

[1] L. 9, D., *De fidej.*, *in fine*.

b) L'esclave a-t-il payé avec l'argent de son pécule ? Il a aliéné valablement l'argent, mais l'a aliéné sans cause. Le maître a, non plus une *vindicatio*, mais une *condictio*, la *condictio sine causa* [1].

4° Les femmes. — Des édits de Claude et d'Auguste avaient défendu à la femme d'intercéder pour son mari. La jurisprudence alla plus loin et tendit à annuler l'*intercessio* de la femme, même quand elle avait intercédé pour un autre que pour son mari. Le sénatus-consulte Velléien vint consacrer et affermir cette jurisprudence. Il résulte de ses termes que la femme ne peut plus intercéder pour personne et dans aucune forme.

Ainsi donc, sera nul tout *mandatum* de la femme contenant une *intercessio*, ce qui arrivera le plus souvent. S'il y a doute à ce sujet, le créancier obtiendra bien contre la femme l'action de mandat. Mais celle-ci demandera au magistrat d'insérer dans la formule de l'action une exception ainsi libellée : « *Si nihil in ea re contra senatus-consultum Velleianum factum est.* » La femme qui aura négligé d'invoquer cette exception se verra condamner par le juge. Toute ressource ne sera pas encore perdue pour

[1] M. Accarias, *Cours de Pandectes* 1889-1890.

elle, car la même exception pourra repousser l'action *judicati*[1].

Pratiquement, nous le voyons, l'exception du sénatus-consulte rend l'obligation de la femme dépourvue de tout effet. Les textes nous apprennent même que la femme n'est pas tenue naturellement. Une obligation naturelle, en effet, peut être cautionnée, et lorsqu'elle est exécutée, la répétition n'est pas accordée. Nous voyons au contraire que l'engagement de la femme qui a intercédé ne peut être cautionné, « *quia totam obligationem senatus improbat*[2], » et que si la femme a payé le créancier par erreur, la *condictio indebiti* lui est accordée[3].

On peut indiquer deux exceptions à la règle que le *mandatum pecuniæ credendæ* donné par la femme est nul lorsqu'il constitue une *intercessio* :

La première nous est indiquée par Gaïus[4] : Une femme a donné mandat à un mineur de 25 ans de prêter de l'argent à un tiers. Si ce tiers était solvable, la femme pourrait repous-

---

[1] L. 11, D. xiv, 6.

[2] L. 16, § 1, D., xvi, 1.

[3] La *condictio indebiti* aurait été refusée à la femme si elle avait payé en connaissance de cause. Car si le sénatus-consulte défend à la femme de s'obliger, il ne lui défend pas d'aliéner. (L. 4, § 1, D., xvi, 1; C. I, *ad S. Vell.*, iv, 29.)

[4] L. 12, D. iv, 4.

ser par l'exception du sénatus-consulte les poursuites du créancier. Mais ce tiers est insolvable.
Lequel des deux incapables va-t-on sacrifier ?
La femme, nous dit le jurisconsulte : « ...... *mu-
lier non utetur senatus-consulti auxilio.* »

L'*intercessio* de la femme sera encore valable
dans un deuxième cas, lorsque la femme aura
employé des manœuvres dolosives à l'égard du
créancier[1]. L'exception pourra bien être invoquée par la femme, mais une *replicatio doli* du
créancier en détruira les effets[2].

Les règles concernant l'*intercessio* furent profondément modifiées par Justinien. En ce qui
concerne les *intercessiones* faites en faveur du
mari, l'empereur byzantin maintint et peut-être
aggrava[3] les anciennes rigueurs, en décidant
que l'obligation serait toujours nulle dès le début et resterait nulle nonobstant toute confir-
mation, à moins qu'il ne fût établi avec évidence
qu'elle eût tourné au profit de la femme[4].

Quant aux autres *intercessiones*, elles furent
au contraire singulièrement favorisées. Si la
femme majeure de 25 ans, en effet, a confirmé

---

[1] L. 2, § 3, D., xvi, 1.
[2] C. 18, iv, 29.
[3] Gide et Esmein, *Étude sur la condition privée de la femme,*
p. 193.
[4] Nov. 134, *cap.* viii.

son *intercessio* après deux ans écoulés, soit par écrit, soit par la constitution d'une sûreté quelconque, cette *intercessio* sera inattaquable[1]. Bien plus, dès le début son obligation sera valable d'une façon absolue à la condition d'être constatée par un acte public portant que la femme a reçu quelque chose pour intervenir[2]. Ainsi donc l'intercession en faveur des tiers reste interdite à la femme. « La prohibition subsiste, mais on l'élude par un mensonge solennel, tel est en deux mots le droit nouveau[3]. »

[1] C. 22, iv, 29.
[2] C. 23, viii, 29.
[3] M. Accarias, *op. cit.*, ii, p. 215.

CHAPITRE III

RAPPORTS DU CRÉANCIER AVEC LE « MANDATOR »
OU LES « MANDATORES. »

§ I. — Le créancier peut poursuivre d'abord
le « mandator credendæ pecuniæ ».

Le *mandatum pecuniæ credendæ*, nous l'avons vu, est un contrat de bonne foi par lequel le *mandator* s'engage à indemniser le créancier des conséquences du mandat exécuté. Il semblerait bien qu'il dût résulter de là le droit pour le *mandator* de n'être poursuivi qu'en second lieu, car, pour savoir si l'exécution du mandat doit finalement préjudicier au créancier, ne faut-il pas d'abord que celui-ci se soit adressé au débiteur principal comme l'exige la bonne foi ?

Les textes cependant donnent au créancier le droit de poursuivre le *mandator* en premier lieu[1], et Justinien dut accorder aux *mandato-*

---

[1] L. 19, Code, VIII, 41 ; L. 56; pr., D. XVII, 1.

res le bénéfice de discussion comme aux fidéjusseurs.

Cette solution se comprenait parfaitement dans les *adpromissiones,* car dans celles-ci le débiteur principal et la caution promettaient le même objet au créancier. Celui-ci pouvait donc demander cet objet indifféremment à tous ceux qui l'avaient promis [1], et ce résultat était indispensable au créancier si l'on songe à l'effet extinctif de la *litis contestatio.* « *Bis de eadem non sit actio.* » Le créancier ne pouvait intenter qu'une fois son action. C'était donc à lui à rechercher lequel des deux, du débiteur ou du fidéjusseur, était le plus solvable, afin de pouvoir aboutir à un résultat.

Mais aucune raison semblable ne se retrouvait au cas de *mandatum pecuniæ credendæ.* Le créancier n'épuisait pas son droit en poursuivant le débiteur principal. Il avait deux actions distinctes à exercer, l'une contre le débiteur, en vertu du contrat principal, l'autre contre le *mandator,* l'action *mandati contraria.*

Pour expliquer cette règle, il faut se rappeler le but que l'on se proposa en utilisant le mandat comme mode de cautionnement. On n'eut pas le dessein de favoriser les débiteurs acces-

---

[1] On peut, au point de vue du droit de poursuite, rapprocher la fidéjussion de la corréalité. (L. 3, § 1, D., xlv, 2.)

soires. On voulut rendre possible le cautionnement aux absents et soustraire les créanciers à
l'effet extinctif de la *litis contestatio*. Ces résultats atteints, la situation des cautions devait
rester la même. On n'avait pas songé à rendre
leur sort préférable à celui des fidéjusseurs.

Il n'était pas du reste dans les mœurs de
poursuivre d'abord les cautions. « Les créanciers bien élevés, dit M. Accarias[1], éprouvaient
du scrupule à s'adresser de préférence aux *adpromissores*. Cela avait, dit Cicéron[2], quelque
chose de peu gracieux (*quamdam* δυσωπίαν).
Quintilien[3] est encore plus énergique. Selon
lui, il n'y a que l'insolvabilité du débiteur principal qui permette au créancier de poursuivre
les *adpromissores* sans compromettre son honneur *(salvo pudore)*. Et Gaïus atteste que l'action dirigée contre eux peut constituer le délit
d'injures à l'égard du débiteur principal qui est
prêt à payer[4]. En présence de ces témoignages,
on ne s'étonnera pas que la pratique romaine,
sans rien sacrifier des droits du créancier, ait
cherché divers moyens pour le forcer ou l'in-
viter à s'adresser de préférence au débiteur

---

[1] M. Accarias, *op. cit.*, II, p. 186, note 1.
[2] Cicéron, *Ad Att.*, XVI, 15.
[3] Quintilien, *Decl.*, 273.
[4] L. 19, D. XLVII, 10.

principal. » Plusieurs de ces moyens étaient applicables en cas de *mandatum pecuniæ credendæ*.

Le fidéjusseur, pour permettre au créancier d'échapper à l'effet extinctif de la *litis contestatio*, pouvait d'abord donner mandat au créancier de s'adresser en premier lieu au débiteur principal. Si ce dernier était insolvable, le mandant, c'est-à-dire le fidéjusseur, se voyait intenter l'action *mandati contraria*, grâce à laquelle le créancier obtenait satisfaction intégrale [1].

La *fidejussio indemnitatis* procurait le même résultat : le fidéjusseur s'engageait envers le créancier à l'indemniser pour tout ce qu'il ne pourrait obtenir du débiteur principal, « *quanto minus a debitore consecutus fuerit* [2]. » Ce n'était donc qu'après la discussion du *reus* que la caution pouvait être poursuivie.

Un autre procédé, applicable au *mandatum pecuniæ credendæ*, pouvait être employé en supposant que la même dette fût garantie par un fidéjusseur et par une hypothèque. « Il pouvait être exprimé, soit dans la formule même de l'interrogation, soit par un pacte adjoint, que le créancier commencerait par vendre le bien

---

[1] Inst. § 2, *De mandato*, iii, 26.
[2] L. 116, D., *De verb. oblig.*, xlv, 1 ; L. 21, *De sol.*, xlvi, 3.

grevé et que le fidéjusseur ne serait poursuivi que jusqu'à concurrence de l'excédent de la dette sur le prix de la vente[1]. Cette convention ne l'affranchissait pas de la nécessité de payer la dette entière, lorsque le bien hypothéqué venait à périr par cas fortuit[2] ; mais elle lui donnait grande chance de ne faire qu'une avance minime ou même de n'en faire aucune[3]. »

Enfin le *mandator* pouvait certainement, au moyen d'un pacte, échapper au danger d'être poursuivi le premier : le créancier s'engageait envers lui à s'adresser d'abord au débiteur principal. Le mandat est un contrat de bonne foi ; les pactes adjoints *in continenti* font partie de ce contrat et sont sanctionnés par la même action que lui[4].

---

[1] L. 17, C., *De fid.*

[2] L. 52, pr. ; L. 63, *De fid.*

[3] M. Accarias, *op. cit.*, ii, p. 198.

[4] Ce pacte pouvait-il être adjoint à la fidéjussion ? Les Constitutions impériales de Caracalla et de Dioclétien (L.L. 5 et 19, C., *De fid.*) semblent admettre l'affirmative. Selon M. Accarias, (*op. cit.*, ii, p. 199, note 1), ces textes ne se rapporteraient qu'à la *fidejussio indemnitatis* et peut-être aussi au premier et au troisième des procédés que nous avons indiqués, et cela parce que la *litis contestatio* était considérée à l'époque classique comme une règle d'ordre public. « Le jour où il fut reçu, dit le même auteur, comme nous l'apprend Justinien, qu'un pacte adjoint au contrat de fidéjussion pourrait empêcher que l'effet extinctif de la *litis contestatio* ne se produisit *erga omnes*, on dut admettre aussi la validité du pacte par lequel le créancier s'engageait à poursuivre en premier lieu le débiteur principal. »

§ II. — Que peut demander le créancier au « mandator » ?

Le *mandator* peut donc être poursuivi avant
ou après le débiteur principal. Si le débiteur
principal est poursuivi le premier, le *mandator*,
s'étant engagé à indemniser le créancier, pourra
se voir demander par l'action *mandati contraria* ce que n'a pu donner la première poursuite. Contrairement à ce qui se passe en matière de fidéjussion dans laquelle l'action est
unique, le créancier obtiendra ici satisfaction
complète en exerçant ses deux actions successivement : « *Si mandato meo Titio decem cre-
dideris,et mecum mandati egeris, non liberabitur
Titius ; ... item si cum Titio egeris, ego non libe-
rabor ; in id duntaxat tibi obligatus reo, quod
a Titio servare non potueris.* »

Mais, que la poursuite contre le *mandator* ait
lieu en premier ou en dernier lieu, il est nécessaire de savoir ce à quoi il sera tenu. Etant
obligé par son mandat, le *mandator* sera tenu
de toutes les conséquences de l'exécution de
celui-ci. Il garantira donc toutes les obligations
qui dérivent normalement de l'obligation cautionnée, « qui n'en sont que le développement
et pour ainsi dire le produit[1]. » Les intérêts,

---

[1] M. Accarias, *op. cit.*, ii, n° 563.

par exemple, dus par le débiteur principal, devront être payés par le *mandator* : « *quum fidejussor in omnem causam se applicuit, æquum videtur ipsum quoque agnoscere onus usurarum*[1]. » Et de plus, son obligation pourra être aggravée par le débiteur principal dont il est responsable. « La caution, dit M. Gérardin[2], qui ne limite pas son engagement, promet tout ce que peut devoir actuellement et dans l'avenir le débiteur principal. »

Ainsi donc, le *mandator* subira le contre-coup de la faute du débiteur[3]. La mise en demeure de ce dernier également lui sera préjudiciable si l'obligation cautionnée est de bonne foi. Dans les contrats de cette nature, en effet, la mise en demeure fait courir les intérêts contre le débiteur. Le *mandator* en sera tenu aussi.

Dans le pacte de constitut, au contraire, l'obligation du constituant n'a pas de variation ; elle demeure telle qu'elle était au moment du constitut. Quant à l'obligation du fidéjusseur, elle est sans doute très large, car celui-ci doit la même chose que le débiteur principal, et l'obligation de ce dernier peut s'élever beaucoup, nous venons de le voir. Mais la respon-

---

[1] L. 54, pr., D. xix, 2.
[2] *Étude sur la solidarité*, p. 17.
[3] L. 32, pr., xxvi, 7.

sabilité du *mandator* est la plus vaste et c'est un des grands avantages que présente pour les créanciers le mode de cautionnement que nous étudions. Le *mandator* doit, en effet, rembourser toutes les dépenses, tous les frais qui ont été faits pour l'exécution du mandat. Comme le dit M. Molitor, qui prend l'hypothèse d'un prêt, « l'obligation du *mandator* est donc plus étendue que celle du fidéjusseur en ce sens que, d'après les principes du mandat, le mandant doit rembourser au mandataire non seulement la somme que celui-ci a prêtée, mais aussi tous les dommages et intérêts, le tout suivant les règles de bonne foi et d'équité qui régissent le mandat[1]. »

Si le *mandator* est tenu des suites du mandat, il n'est nullement tenu de ce que le créancier a fait au-delà de celui-ci. Mais il ne faut pas dire que le mandat est nul si le mandataire a outre-passé ses droits, si par exemple devant prêter 100 à Titius, il lui a prêté 110. Paul le décidait ainsi, il est vrai, « *qui excessit fines mandati aliud quid facere videtur*[2]. » Mais l'opinion contraire des Proculiens devait l'avoir emporté à l'époque classique. On devait accorder un recours au

---

[1] M. Molitor, *Les obligations en droit romain*, ii, p. 556.
[2] L. 5, pr., xvii, 1.

mandataire dans les limites de son mandat, car il s'agit ici de l'interprétation d'un contrat de bonne foi. On peut bien soutenir, et cela a été soutenu, que la fidéjussion contractée *in duriorem causam* est nulle pour le tout et non seulement réductible à la quotité de l'obligation, mais la bonne foi n'autorise pas à annuler ainsi le *mandatum* pour le tout [1].

De l'hypothèse où le mandataire a outrepassé ses droits il faut rapprocher celle où il a commis une faute. Il devra seul en supporter les conséquences, ce qui arrivera, par exemple, au cas où le débiteur qu'il a négligé de poursuivre est devenu insolvable. Tout recours lui sera refusé. De même il sera privé de l'action *mandati* s'il n'a pas exécuté le contrat comme il avait été convenu, si, par exemple, ayant reçu mandat de prêter moyennant une hypothèque, il a négligé de prendre celle-ci [2].

§ III.—Où le créancier peut-il poursuivre le « mandator »?

Lorsque le créancier veut poursuivre le *mandator,* le tribunal compétent se détermine-t-il *ex parte mandatoris* ou *ex parte rei principalis* ?

[1] M. Accarias, *Cours de Pandectes* 1889-90 ; L. 22, Code, *De fidej*.

[2] L. 59, § 6, D., *Mandati*.

Sur cette question nous ne trouvons dans les textes qu'un seul cas prévu, celui où il a été convenu entre le mandataire et le créancier que l'exécution aurait lieu dans un endroit déterminé. C'est dans ce lieu également que le *mandator* sera poursuivi. Il est censé avoir contracté lui-même par l'intermédiaire de son mandataire : « *Si*, nous dit Paul.[1], *cum pecunia mutua daretur, ita convenit, ut in Italia solveretur ; intelligendum, mandatorem quoque simili modo contraxisse.* »

En l'absence de convention de ce genre, le *mandator* peut-il être poursuivi devant le tribunal compétent *ex parte rei principalis*? Nous ne le pensons pas. Les textes, sans doute, ne résolvent pas directement la question. Mais nous trouvons au Digeste une loi qui nous incline à croire que le *mandator* pouvait être poursuivi en principe devant le magistrat de son propre *forum*. Papinien, en effet, dans une espèce particulière refuse le bénéfice de division, de peur de procès nombreux devant des juges différents, « *variæ quæstiones apud diversos judices*[2]. » C'est donc qu'en règle générale il était permis de poursuivre le débiteur et les cautions, chacun devant son propre tribunal.

[1] L. 64, D., *De fidej. et mand.*, XLVI, 1.
[2] L. 12, D., XLVI, 6, *in fine*.

§ IV. — Bénéfice de discussion.

Le bénéfice de discussion, nous l'avons vu, n'avait pas été accordé tout d'abord au *mandator credendæ pecuniæ*, bien que la logique l'eût ainsi exigé.

La pratique avait imaginé divers moyens devenus de style pour arriver aux résultats qu'eut donnés ce bénéfice, mais ce ne fut que Justinien, qui, comme le dit M. Accarias [1], « mettant la loi en harmonie avec les faits, le consacra législativement, en 535 de notre ère, dans sa Novelle IV. »

Cette Novelle fait allusion à une *lex antiqua* qui aurait institué le bénéfice de discussion tombé ensuite en désuétude. Mais on ne trouve aucun vestige de cette loi, et les différentes théories émises à son sujet ne sont que des conjectures dépourvues de fondements. On admet généralement avec Cujas qu'il s'agit de la loi des XII Tables. En effet sous le régime des *legis actiones* on ne connaissait pas l'effet extinctif de la *litis contestatio* ; la discussion du débiteur ne pouvait préjudicier au créancier. Deux actions, il est vrai, ne pouvaient être intentées *de eadem re* [2]. Mais

---

[1] *Précis de droit romain*, ii, p. 364 et note.
[2] Gaïus, iv, 108.

ce principe, dit M. Accarias[1], ne s'appliquait probablement qu'*inter easdem partes*.

Quel avantage ce bénéfice procure-t-il à la caution ? Lui permet-il de se soustraire définitivement aux poursuites du créancier ? Non, ce bénéfice n'est, en somme, qu'une exception dilatoire : « *non litem infitiatur, sed personam evitat.* » On poursuivra d'abord le débiteur principal et ce n'est que si le créancier n'obtient aucune satisfaction ou s'il n'obtient qu'une satisfaction incomplète qu'il se retournera contre le *mandator*. Il arrivera donc le plus souvent que le *mandator* sera dispensé de faire l'avance inutile de tout ou partie de la dette. Sa responsabilité se mesurera exactement au degré d'insolvabilité du débiteur, comme le veut l'équité.

Le bénéfice de discussion n'était pas accordé de plein droit[2]. Il fallait l'invoquer sous forme d'exception, *in limine litis*, avant toute défense au fond, sinon les poursuites du créancier étaient valables. Mais une fois la discussion demandée, tous les risques étaient désormais à la charge du créancier qui devenait responsable de l'insolvabilité du *reus* survenue faute de poursuites,

---

[1] M. Accarias, *op cit.*, II, p. 374, note 3.

[2] Justinien ne le dit pas formellement, mais c'est ainsi qu'on a toujours interprété la Novelle et cette interprétation a passé dans notre code civil (art. 2022.)

ou par suite de lenteurs impardonnables. Ainsi le voulait le caractère de bonne foi de l'obligation du créancier.

Le bénéfice de discussion une fois demandé était accordé. Telle était la règle. Mais il était refusé exceptionnellement dans quelques cas que nous allons examiner.

La discussion n'avait pas lieu lorsque le débiteur principal était absent. Il serait dur, disait Justinien, de renvoyer le créancier à attaquer le débiteur qui est absent, alors qu'il peut poursuivre immédiatement la caution. L'empereur cependant accorda même dans ce cas [1] une faveur à la caution. Le *judex præsidens causæ* dut lui donner un délai pour faire comparaître le *reus*. Ce délai passé sans comparution, la poursuite suivait son cours contre le *mandator* : « *Si vero tempus in hoc indultum excesserit, (convenit namque etiam definire judicantem), debitum exigatur contra eum pro quo mandatum scripsit* [2]. »

Mais on peut se demander pourquoi était donné ce délai, pourquoi le créancier n'agissait pas contre le *reus* ? La raison en est simple : les Romains n'ont jamais connu la procédure par

___

[1] C'est sur ce point, nous dit Justinien, que se trouvait la lacune de la *lex antiqua*.

[2] Nov. IV, *cap.* i, *in fine*.

défaut. Cela est vrai sous la procédure formulaire comme sous la procédure extraordinaire.
Aucune action n'était possible contre un absent.
Les voies d'exécution n'étaient autorisées que
contre le *reus* absent par le dol[1]. S'il n'y avait
pas dol, il fallait donc admettre, ou bien que
les poursuites ne pourraient pas être exercées
du tout, ou bien qu'elles s'engageraient contre
le *mandator*.

Notre bénéfice était en second lieu refusé au
mandator in rem suam pour lequel le bénéfice
de cette faveur ne se rencontrait pas. En effet le
mandator in rem suam fait sa propre affaire en
s'obligeant. Il est donc naturel qu'il subisse immédiatement les poursuites; on ne saurait avoir
pour lui les ménagements qu'il est juste d'avoir
à l'égard de ceux qui, en se portant cautions,
rendent un service d'ami[2].

On ne pouvait, en troisième lieu, accorder le
bénéfice de discussion au *mandator* qui avait
cautionné une obligation naturelle dans les différents cas que nous avons examinés au chapitre précédent. Le débiteur principal, en effet,
ne pouvait être poursuivi. Il fallait donc per-

---

[1] On accordait bien une *missio in possessionem*, mais à titre
purement conservatoire. Elle ne pourrait aboutir à une *bonorum
venditio*.

[2] M. Accarias, *Cours de Pandectes* 1889-90.

mettre de recourir immédiatement contre le *mandator*, sinon le cautionnement des obligations naturelles dont parlent les textes n'auraient aucune portée.

Les *argentarii*[1] enfin qui se portaient cautions n'avaient pas droit au bénéfice de discussion. Cette règle provoqua des plaintes de la part des *argentarii* de Constantinople qui formaient une corporation puissante[2]. « Lorsque nous sommes fidéjusseurs, disaient-ils, nous n'avons pas le bénéfice de discussion, et lorsque nous sommes créanciers, les fidéjusseurs de nos débiteurs nous l'opposent très bien. » Pour leur donner satisfaction, Justinien édicta la règle suivante[3] : Les *argentarii* continueront, étant cautions, de ne pas avoir le bénéfice de discussion ; mais un banquier pourra exiger, en faisant un prêt, que

---

[1] On traduit généralement *argentarii* par banquiers. Cette traduction n'est pas tout à fait exacte. Plusieurs différences existent entre les banquiers modernes et les *argentarii*. Ceux-ci en effet, assistés des *coactores*, étaient souvent chargés de ventes publiques (L. 88, D., *De solutionibus* ; L. 18, D., *De heredit petit.*) Ils s'adonnaient aussi, comme les trapézites athéniens, au négoce et au commerce maritime. (Pétrone, *Satyricon*, LXXV et LXXVI.) — Cf. M. Guillard, *Les banquiers athéniens et romains*.

[2] Après l'avènement de l'empire, il y eut à Rome un *Collegium argentariorum* avec un *decanus* qui présidait, sous la surintendance du *præfectus urbis*. (M. Guillard, *op. cit.*, p. 46.) Le collège de Constantinople devait être organisé d'une façon semblable.

[3] Novelle 136.

la caution fournie par l'emprunteur renonce au bénéfice de discussion.

De là naît la question suivante : Il s'agit de savoir si, d'une façon générale, et en dehors de l'hypothèse de cautions s'engageant envers des banquiers, les cautions pouvaient renoncer au bénéfice de discussion. Dans notre droit ils le peuvent, et cela arrive souvent. Mais que décider en droit romain, d'après la Novelle 136 ? Il est difficile d'établir une doctrine certaine. Il y a contradiction dans la Novelle. D'une part, Justinien a l'air d'accorder un avantage aux banquiers en compensation de la règle qui leur interdit, quand ils sont eux-mêmes cautions, d'opposer le bénéfice de discussion. D'autre part, il dit qu'il n'y a pas d'inconvénient à permettre ici un pacte qui n'est pas *contra leges*. C'est contradictoire : s'il y a faveur accordée aux banquiers, c'est que le pacte de renonciation au bénéfice de discussion est *contra leges ;* si on dit au contraire que ce pacte n'est que l'application du droit commun, c'est qu'aucune faveur n'est accordée aux banquiers. La question est donc fort douteuse. Nous sommes portés à croire, avec M. Accarias[1], que la renonciation au bénéfice de discussion était permise d'une façon générale.

[1] *Cours de Pandectes* 1889-90.

Disons, en terminant l'étude de ce bénéfice, qu'il fut accordé par Justinien non seulement au *mandator*, au fidéjusseur et au constituant, mais encore, et dans les mêmes conditions, au tiers détenteur. La situation de ce dernier fut même favorisée. Supposons une dette garantie par une hypothèque et un *mandatum*. L'objet hypothéqué a été vendu par le débiteur. La caution poursuivie aura-t-elle le droit de demander qu'on poursuive d'abord le tiers détenteur? Ce droit lui sera refusé. Tout au contraire, le tiers détenteur pourra renvoyer le créancier à discuter, non pas seulement le débiteur principal, dit la Novelle, mais aussi les *mandatores*[1]. La décision de notre Code civil est différente et nous la croyons meilleure. D'après l'article 2170 du Code civil, le tiers détenteur ne peut faire discuter que les principaux obligés.

§ V. — Bénéfice de cession d'actions.

Ce bénéfice est le premier qui fut accordé aux cautions. Le texte le plus ancien qui en fasse mention est la loi 17, *De fidej.*, du jurisconsulte Julien, contemporain de l'empereur Adrien.

[1] Novelle IV, ch. II.

Ce texte nous montre ce bénéfice comme fonctionnant couramment[1].

Il est un fait certain cependant : c'est que ce bénéfice ne peut pas remonter plus haut que le régime formulaire. Il se réalisait, en effet, au moyen d'une *procuratio in rem suam* et ce procédé était impossible à employer sous le régime des *legis actiones*. Il est probable, du reste, qu'une fois le régime formulaire introduit, le bénéfice de cession d'actions ne fut pas long à apparaître, et la raison en est qu'il ne nuit en aucune façon au créancier. La condition, en effet, pour qu'il soit accordé, c'est le paiement intégral de l'obligation ; or ce paiement aurait pour résultat d'éteindre toutes les actions du créancier ; dès lors rien de plus naturel que la cession, faite par ce dernier à la caution qui le désintéresse complètement, des actions qui ne peuvent plus servir à rien à lui-même et qui seront fort utiles à la caution[2]. Les autres bénéfices, au contraire, sont gênants pour lui : le bénéfice de discussion l'oblige à poursuivre en premier lieu le débiteur principal quelqu'intérêt qu'il ait à poursuivre d'abord la caution ; quant au bénéfice de division, il l'oblige à morceler ses poursuites, et l'empêche de se faire payer en une seule fois.

[1] M. Accarias, *Cours de Pandectes* 1889-90.
[2] *Id.*

Examinons les avantages de la cession d'actions et les conditions dans lesquelles elle est accordée.

I. — AVANTAGES DE LA CESSION D'ACTIONS.

1re HYPOTHÈSE : *La dette qui a été garantie par un cautionnement l'est en même temps par des gages ou hypothèques.*

La cession d'actions a pour effet de transporter à la caution les gages ou l'hypothèque, c'est-à-dire les actions servienne et quasi-servienne[1]. L'action personnelle en remboursement qui appartient au *mandator* sera ainsi doublée d'une action beaucoup plus solide. Si l'hypothèque a un bon rang, le *mandator* ne courra aucun risque[2].

2me HYPOTHÈSE : *Il y a plusieurs mandatores.*

Ici l'importance de la cession d'actions est très grande. La cession est nécessaire au *mandator* pour pouvoir agir contre ses *comandatores*. En effet il n'existe aucun lien entre eux.

---

[1] LL. 2, 11, 14, 21, Code, viii, 41 ; LL. 17, 39, 59, D., *De fidej.*

[2] Si nous supposons qu'il y a des tiers détenteurs, la caution peut-elle réclamer contre eux la cession des créances ? Certainement oui avant Justinien. Cela résulte de la loi 36, D., *De fidej.* et principalement de la loi 14, C., viii, 41. Mais cet empereur ayant donné aux tiers détenteurs le bénéfice de discussion à l'encontre de tous ceux qui étaient obligés personnellement à la dette, « il est probable que la caution perdit le bénéfice de cession à l'encontre de ces tiers détenteurs. » (M. Beauregard, *Du paiement avec subrogation*, Thèse pour le Doctorat, Paris, 1876, page 21.)

Si l'un paie, il est réputé payer uniquement
pour le débiteur principal ; il n'a pas de recours contre ses *comandatores*[1]. Eh bien, grâce
à la cession d'actions, le *mandator* qui a payé
pourra recourir contre ses *comandatores*.

Mais on a nié qu'une caution pût exiger du
créancier la cession des actions contre les autres cautions. M. de Savigny[2] refuse ce droit au
fidéjusseur contre ses cofidéjusseurs, et si l'on
admet son système, « il faut évidemment l'appliquer dans les rapports des *mandatores credendæ pecuniæ*[3]. »

La théorie de M. de Savigny s'appuie sur
les textes suivants : § 4 Inst., *De fidej.* (3-20) ;
§ 122, Gaïus, C. III ; L. 39, D., *De fidej.* ; L. 11,
C., *eod.*

Ces textes, en effet, n'accordent aucune action entre fidéjusseurs : « *Si creditor*, dit Gaïus,
*ab uno tantum consecutus fuerit, hujus solius et
detrimentum erit scilicet si is pro quo fidejussit
solvendo non sit.* » Les deux lois citées parlent
sans doute d'actions cédées, mais, dit M. de Savigny, rien n'indique dans la loi 39 que cette
cession puisse être exigée, et dans la loi 11 il

---

[1] L. 11, Code, *De fidej.*

[2] M. de Savigny, *Obligations*, I, n° 25, p. 302 et suiv. de la traduction de MM. Gérardin et Jozon.

[3] M. Beauregard, *op. cit.*, p. 19.

est question de la cession d'un *jus pignoris*, ce qui ne peut s'appliquer qu'à la cession des actions du créancier contre le débiteur principal. Et ce résultat, ajoute-t-on, est tout naturel, car il n'existe entre les cofidéjusseurs aucun lien. Ils ignorent le plus souvent leur existence mutuelle.

Nous repoussons cette doctrine pour suivre celle de M. Beauregard [1]. Il n'est pas tenu compte par M. de Savigny des termes généraux et absolus dans lesquels les lois 17 et 36, D., *De fidej.* posent le principe de la cession forcée. La loi 17 particulièrement permet au fidéjusseur qui est prêt à payer toute la dette de réclamer du créancier *cœterum nomina* [2]. Quant aux fragments cités par M. de Savigny, il faut, pour en comprendre la portée, les rapprocher de l'ensemble du § 122, C. III, de Gaïus. Dans ce paragraphe, le jurisconsulte déclare bien que celui qui a effectué le paiement total de la dette supporte seul l'insolvabilité du débiteur principal, mais il ne fait que donner une explication du principe suivant qu'il vient de poser : *Ad fidejussores lex Apuleia non pertinet.* « Il refuse

---

[1] *Op. cit.*, p. 20.

[2] C'est le sens donné à ces mots par Cujas et M. Demangeat. (Cujas, *in lib.* 90, D., *Salv. Jul. ad leg.* 17, *De fidej.* — M. Demangeat, *Obligations solidaires*, p. 248.)

donc aux fidéjusseurs, dit M. Beauregard[1], le droit d'exercer entre eux l'action *pro socio*, mais il ne songe nullement au bénéfice de cession d'actions. Cette remarque en expliquant les autres textes leur enlève toute la portée qu'on prétend leur donner dans l'opinion contraire. Quant à ce fait, qu'il n'existe aucun lien entre les fidéjusseurs, il explique bien l'absence d'un recours direct, mais ne saurait conduire à refuser un bénéfice fondé sur l'équité. »

3me HYPOTHÈSE : *Il n'y a qu'un mandator et il n'existe ni gage ni hypothèque.*

Les textes ne s'occupent pas du tout de cette hypothèse parce qu'elle a très peu d'intérêt pratique. Néanmoins on peut trouver deux cas[2] où la cession présentera de l'utilité :

1° Le créancier avait un privilège. Mieux vaut évidemment pour le *mandator* ce privilège que son action *mandati* ou *negotiorum gestorum*.

2° Le créancier avait une action rentrant dans la catégorie de celles *quæ infitiatione duplantur*.

II. — CONDITIONS D'EXERCICE DU « BENEFI-CIUM CEDENDARUM ACTIONUM. »

---

[1] *Op. cit.*, p. 20.
[2] M. Accarias, *Cours de Pandectes* 1889-90.

1re CONDITION : Le *mandator* doit indemniser complètement le créancier[1]. — Nous pouvons en trouver deux raisons[2] :

a) Si le mandator qui paie seulement une part de la dette avait droit à la cession des actions, il arriverait qu'il serait en concours avec le créancier en ce qui concerne les gages ou hypothèques. Chez nous, ce résultat est évité, grâce à la règle : *Nemo contra se subrogasse censetur,* que nous voyons formulée dans l'art. 1252 du Code civil. Mais cette règle n'existait pas en droit romain. De là le droit pour le créancier de refuser la cession de ses actions au *mandator* qui ne lui offrait pas un paiement intégral ; autrement il aurait été obligé, pour ce qui lui serait resté dû sur sa créance, de subir le concours de ce dernier.

b) Le créancier, premier en date, a seul le droit de vendre ; plus exactement, c'est le seul qui puisse, en vendant, conserver à l'acquéreur un droit absolument ferme, inattaquable. Celui qui achète du créancier premier en rang ne peut être évincé par personne. Au contraire, celui qui achèterait d'un créancier hypothécaire deuxième en rang pourrait être évincé par le

---

[1] L. 17, D., *De fidej.;* LL. 2 et 11, C., *eod.*
[2] M. Accarias, *Cours de Pandectes* 1889-90.

premier créancier. Eh bien, les Romains se sont dit que si le *mandator* pouvait se faire céder les actions pour partie, le *mandator* cessionnaire et le cédant, ayant le même rang, auraient tous les deux le droit de vendre ; leurs deux droits dès lors se contrarieraient. Ils ont évité ce résultat en disant au *mandator* : payez tout ou vous ne serez pas subrogé.

Le désintéressement complet du créancier est donc exigé du *mandator*. Bien plus, dans un cas au moins, le paiement intégral de la dette cautionnée ne sera pas suffisant pour donner au *mandator* le *beneficium cedendarum actionum*. Il devra payer plus que le montant de la dette principale. C'est ce que nous trouvons dans la loi 2, C., *De fid.*, qui ne vise que le fidéjusseur, mais dont la solution doit être étendue au *mandator*, car il n'y a aucune raison de distinguer : « *Sed cum in alia quoque causa eadem pignora vel hypothecas habet obligatas, non prius compellendus est transferre pignora, quam omne debitum exsolvatur.* » Le fidéjusseur qui réclame la cession de l'hypothèque du créancier sur un bien du débiteur principal devra payer, non seulement la dette qu'il a cautionnée, mais encore le montant de toutes les autres créances pour lesquelles le créancier a hypothèque sur les mêmes immeubles.

Pour trouver les motifs de cette décision, distinguons deux hypothèses :

a) La dette garantie par un fidéjusseur est la première. Si le fidéjusseur pouvait obtenir la cession d'actions en payant seulement la première dette, il aurait le pas sur le créancier en ce qui concerne l'action hypothécaire. Le créancier peut très bien ne pas vouloir se mettre à la discrétion du fidéjusseur.

b) La dette garantie par le fidéjusseur est la seconde. Nous n'avons plus cet inconvénient à craindre : le créancier après avoir cédé sa seconde hypothèque resterait premier créancier hypothécaire. Néanmoins le second créancier hypothécaire (le fidéjusseur cessionnaire) pourrait vendre ; sans doute, le créancier cédant pourrait méconnaître cette vente, déclarer qu'elle ne lui est pas opposable, mais enfin cela lui donnerait de l'embarras.

Ces raisons sont-elles suffisantes ? Nous ne le pensons pas. Avec M. Beauregard [1], qui ne parle que de la première de nos hypothèses, mais dont la critique s'applique *a fortiori* au cas prévu dans la deuxième, nous ne saurions approuver la solution romaine : « elle ne nous paraît pas conforme à l'intention des parties ;

---

[1] *Op. cit.*, p. 33.

le créancier, en effet, n'a eu d'autre but, en réclamant à la fois une hypothèque et un fidéjusseur, que de se prémunir contre les éventualités
qui pourraient faire perdre à l'hypothèque son
efficacité, et c'est détourner l'opération de son
véritable sens que de permettre au créancier
d'actionner de préférence le fidéjusseur dans le
dessein d'augmenter la valeur de droits hypo-
thécaires acquis postérieurement. »

Il faudra du reste appliquer la règle excep-
tionnelle posée dans la loi 2 d'une façon très
étroite. C'est ainsi que nous ne permettrons
pas au créancier qui aurait reçu deux *mandatores* de refuser, à celui qui lui offrirait le
paiement intégral de la dette, la cession de
son action contre l'autre, sous prétexte qu'il a
contre cet autre une seconde créance chirogra-
phaire[1].

De ce que le créancier avait la faculté d'exiger de la caution le paiement total, il s'en suivait que celle-ci ne pouvait à la fois invoquer
le bénéfice de division et le bénéfice de cession
d'actions. Elle ne pouvait que choisir entre les
deux selon son intérêt. Si elle ne redoutait en
aucune façon l'insolvabilité du *reus*, le bénéfice
de division était préférable, car il la dispen-

---

[1] En ce sens, M. Beauregard, *op. cit.*, p. 34.

sait de faire l'avance de la totalité de la dette. Ce bénéfice était encore pour elle le plus avantageux si elle était en droit de craindre cette insolvabilité et qu'il n'y eût pas de sûretés réelles, car elle pouvait alors répartir la responsabilité sur toutes les cautions également. Au contraire, dans le cas où la dette principale était garantie par des hypothèques, le bénéfice de cession d'actions lui assurait un recours pleinement efficace.

2ᵐᵉ CONDITION : La cession d'actions doit être demandée. — N'est-ce pas là ce que nous dit la Constitution de l'empereur Alexandre : « *Potuisti sane, cum fisco solveris, desiderare ut jus pignoris quod fiscus habuit in te transferretur; et si hoc ita factum est, cessis actionibus uti poteris*[1]. » La règle donnée dans ce cas spécial doit être généralisée. On peut dire, avec M. Beauregard[2], « que la cession d'actions n'a jamais été prononcée par le juge, et que la subrogation du débiteur aux actions personnelles du créancier n'a jamais eu lieu de plein droit. »

Le *mandator* avait deux moyens pour forcer le créancier à lui céder ses actions : une excep-

---

[1] C. II, viii, 1.

[2] *Op. cit.*, p. 47. — M. Beauregard expose et réfute les théories de Renusson, de Dumoulin, de Pothier, de M. de Savigny et de M. Demangeat.

tion et une action [1]. Le fidéjusseur, au contraire, n'avait que la première ressource [2].

1° *Exception*. — C'est l'exception de dol qui servait au *mandator* à obtenir la cession avant d'avoir effectué le paiement. Ainsi donc le créancier commettait une sorte de dol entraînant l'absolution du défendeur lorsqu'il refusait de

---

[1] On a dit quelquefois que l'*arbitrium* du juge fournissait au juge dans les actions réelles un moyen de forcer le créancier à céder ses actions. Mais le *jussum* ne pouvait s'adresser qu'au défendeur. Cette règle ne souffrait exception que dans l'action *de eo quod certo loco*. (L. 2, D., *De eo quod...* xiii, 4.)

[2] On rencontrait en cette matière au cas de fidéjussion, des difficultés qui ne se retrouvent plus ici. Et d'abord, comment le fidéjusseur pouvait-il se faire céder des actions que son paiement avait éteintes ? Les jurisconsultes avaient résolu le problème en considérant la somme versée par le fidéjusseur, non comme un paiement, mais comme un prix de vente. Le créancier était ainsi obligé de céder ses actions, sinon le magistrat lui refusait la formule qu'il réclamait.

Mais le refus du créancier pouvait avoir une cause sérieuse, par exemple un désaccord entre lui et le fidéjusseur sur le montant de la créance. Le magistrat lui donnait alors son action en insérant l'exception de dol dans la formule. Bien certainement, il n'avait commis aucune injustice en refusant la cession demandée et l'exception de dol ne pouvait le faire succomber qu'autant qu'il persistait dans son refus devant le juge. Et c'est ici qu'apparaît la seconde difficulté. Comment pouvait-il céder ses actions personnelles devant le juge, puisque la *litis contestatio* les avait éteintes ? La pratique romaine avait trouvé, pour résoudre la question, divers moyens dont M. Beauregard (*op. cit.*, p. 38 et suiv.) nous indique les principaux. Si ces moyens faisaient défaut, dit M. Accarias, « peut-être que le créancier faisait une cession conditionnelle avant la délivrance de la formule, la condition consistant dans le paiement intégral des droits du demandeur tels qu'ils seraient liquidés par le juge. » (*Précis de droit romain*, ii, p. 191, n. 565.)

céder ses actions sans raison sérieuse. Sans doute on pouvait aussi lui opposer une exception *in factum, « nisi cessæ fuerint actiones »*, mais cette exception était considérée par les Romains comme rentrant dans l'exception de dol[1].

Cette exception n'avait pas besoin d'être opposée avant la *litis contestatio* devant le magistrat, car on la sous-entendait toujours *in judices bonæ fidei*. On pouvait donc se dispenser de la faire insérer dans la formule. Bien plus, en supposant que le *mandator* se fût laissé condamner faute de l'avoir invoquée, il lui était encore possible de l'opposer après la condamnation sur l'action *judicati*[2].

2° *Action.*—En second lieu, le *mandator* pouvait obtenir la cession des actions après avoir effectué le paiement. Le débiteur principal, en effet, n'avait pas été libéré *ipso jure* par ce paiement, puisque, nous l'avons vu, l'obligation principale et l'obligation accessoire formaient deux dettes distinctes ayant chacune un objet différent ; l'extinction de l'une laissait subsister l'autre. L'action du créancier contre le *reus* n'était donc pas éteinte ; elle n'était paralysée entre ses mains que par l'exception qu'avait le droit

---

[1] L. 18, § 5, D., x, 2 ; L. 65, D. xxi, 2 ; L. 25, D. xxvi, 7.
[2] L. 41, § 1, D., xlvi, 1.

de lui opposer le *reus*. Mais cette exception ne pouvait être opposée au *mandator* qui ne commettait aucun dol en réclamant au débiteur l'avance qu'il avait faite pour lui. Les actions du créancier pouvaient donc être cédées utilement au *mandator* même après le paiement. « *Papianus, libro 3 quæstionum, ait..... cedi debere*[1]. »

Cette cession, le *mandator* y « avait droit, dit M. Beauregard[2], non pas seulement à titre de bénéfice accordé par la loi, mais à raison de sa situation de mandant vis-à-vis du créancier. » Le mandat, en effet, est un contrat de bonne foi. Le créancier, en qualité de mandataire, était obligé, c'est Papinien qui nous le dit[3], de conserver les actions et de les céder[4]. L'action *mandati* sanctionnait ces obligations. Sans doute, cette action ne faisait pas obtenir directement au *mandator* la cession des actions, car à Rome les condamnations étaient pécuniaires ; « mais elle aboutissait à lui faire restituer par le créancier l'équivalent de ce qu'il avait payé à ce dernier,

---

[1] L. 28, D. xvii, 1.
[2] *Op. cit.*, p. 38.
[3] L. 95, § 11, D., *De solut.*
[4] Dans la fidéjussion, au contraire, contrat de droit strict, le créancier n'est pas tenu de conserver les actions, et il a fallu une exception pour l'obliger à faire la cession. Aucune obligation, en effet, n'existe ici à la charge du créancier. (L. 15, § 1, D., *De fidej.* ; L. 25, C., *De fidej.*) C'est la règle du *mandatum pecuniæ credendæ* qui a passé dans notre code civil. (Art. 2037.)

ét l'on comprend que le créancier, menacé d'une pareille condamnation, ne pouvait guère s'obstiner dans son refus[1].

Lequel des deux moyens offerts au *mandator* pour obtenir la cession était pour lui le plus avantageux ? L'un et l'autre lui garantissaient pleinement le remboursement de ses avances si le mandataire était tout à fait solvable. Mais vis-à-vis d'un mandataire d'un crédit peu solide l'exception était certainement pour la caution le moyen le plus sûr de n'éprouver aucun préjudice. En opposant l'exception à ce mandataire avant tout paiement, la caution se voyait libérée si la cession lui était refusée. Si au contraire, ayant payé, elle demandait ensuite la cession des actions par l'action *mandati,* il pouvait se faire que le créancier eût perdu ses actions ou eût rendu son gage. Sans doute, le mandataire était responsable de cette perte et de ce dessaisissement. Mais nous avons supposé un mandataire insolvable. L'action *mandati* n'offrait alors à la caution qu'un recours illusoire.

§ VI. — Bénéfice de division.

Plaçons-nous avant l'introduction du bénéfice de division et supposons plusieurs *mandatores*

[1] M. Beauregard, *op. cit.,* p. 38.

engagés envers le même créancier désireux de diminuer les risques d'insolvabilité par le nombre de débiteurs. Chaque *mandator* s'étant engagé séparément des autres par un contrat spécial, le créancier se trouve vis-à-vis chaque débiteur accessoire comme s'il était seul. Il a donc autant d'actions que de *mandatores*. Il peut s'adresser à qui il veut pour le tout[1] et recourir contre chaque débiteur accessoire successivement jusqu'à complet désintéressement. La *litis contestatio* intervenue entre le créancier et l'un des *mandatores* ne libère nullement les autres[2]. Le *mandator* qui paie ne fait que remplir son obligation. Aucun recours ne lui est donné contre les autres *mandatores* qui lui sont étrangers, bien qu'ils soient à l'abri des poursuites du créancier désormais satisfait.

Cet état de choses était peu équitable. Visant la situation analogue faite aux *sponsores* et aux *fidepromissores*, la loi Apuleia avait établi une société de plein droit entre les *sponsores* et les *fidepromissores*. Celui qui payait intégralement la dette pouvait donc recourir contre les autres pour une part virile. De plus, la loi Furia avait divisé la dette de plein droit au jour de l'échéance

---

[1] A moins qu'il n'ait été convenu autrement.

[2] Si les *mandatores* étaient en même temps des *correi*, la *litis contestatio* intervenue avec l'un libérerait tous les autres.

entre les mêmes débiteurs accessoires qui s'engageaient en Italie.

Quant aux fidéjusseurs et aux *mandatores,* ces dispositions ne leur étaient pas applicables. En ce qui concernait le *mandatum* cependant, contrat synallagmatique et de bonne foi, on aurait dû admettre le bénéfice de division, mais on ne le fit pas immédiatement. A quelle époque fut donc accordé ce bénéfice aux *mandatores* ? Il semble résulter d'une Constitution de Justinien[1] que ce bénéfice fut donné en même temps par l'empereur Adrien aux *mandatores* et aux fidéjusseurs : « *Divi Hadriani epistolam, quæ de periculo dividendo inter mandatores et fidejussores loquitur, locum habere, in his etiam qui pecunias pro aliis simul constituunt, necessarium est.* » Mais nous croyons plutôt que le bénéfice de division, accordé d'abord aux fidéjusseurs, fut étendu par analogie très peu de temps après aux *mandatores pecuniæ credendæ.* Nous trouvons, pour fonder cette opinion, un texte de Papinien. Ce jurisconsulte, en effet, postérieur à Adrien[2], accorde le bénéfice de division aux *mandatores,* mais est obligé de motiver ainsi sa décision : « *Nam etsi mandato plurium pecuniæ*

---

[1] C. III, *De const. pec.,* IV, 18.
[2] Adrien mourut en 138 de notre ère. Papinien naquit vers 142.

credatur, æque dividitur actio : si enim quod datum pro alio, solvitur, cur species actionis æquitatem excludit [1]. » Aurait-il eu besoin de parler ainsi si l'*epistola Hadriani* avait compris dans ses termes les *mandatores credendæ pecuniæ* ?

Nous étudierons sur le bénéfice de division les différentes questions suivantes : I. A quels *mandatores* appartient-il ? — II. Sous quelles conditions est-il accordé ? — III. Dans quelles formes est-il opposé ? — IV. Quels effets produit-il ? — V. Comment se perd-il ?

I. *A quels mandatores le bénéfice de division est-il accordé ?*

Tous les *comandatores* ont droit à ce bénéfice, mais pour être tels, il ne suffit pas à deux personnes d'avoir garanti la même dette ; il faut, c'est là la condition essentielle, qu'elles se soient engagées pour le même débiteur [2]. Partant de cette idée, nous allons trouver trois hypothèses dans lesquelles les *mandatores* d'une même dette ne seront pas *comandatores*.

1re *hypothèse* : Le créancier a reçu un seul *mandator*. Celui-ci s'est engagé lui-même sur le mandat d'un autre *mandator* que nous pouvons

---

[1] L. 7, D. xxvii, 7.

[2] M. Accarias, *Cours de Pandectes* 1889-90, et *Précis de droit romain*, ii, p. 194, n. 567.

appeler comme chez nous, certificateur. Ce certificateur poursuivi peut-il opposer notre bénéfice? Ulpien répond négativement[1]. En voici la raison : le *mandator* joue le rôle de débiteur principal à l'égard du certificateur; or un débiteur ne peut pas voir demander la division de l'obligation entre lui et le *mandator*.

La solution est différente, c'est Ulpien qui l'ajoute, si nous modifions ainsi l'hypothèse : il y a, non plus un seul *mandator*, mais deux *mandatores*, Primus et Secundus. Un seul, Secundus, donne un certificateur, Tertius. Il est certain que Tertius ne peut pas faire diviser l'obligation entre lui et Secundus : c'est le cas précédent; mais ne peut-il pas la faire diviser entre lui et Primus? Il faut répondre affirmativement avec Ulpien. Si nous n'admettions pas la division, nous aurions un *mandator* dont la condition serait plus dure que celle du débiteur principal. En effet, Secundus et Tertius jouent l'un vis-à-vis de l'autre le rôle de débiteur principal et de *mandator*. Eh bien, si Secundus, débiteur principal, peut faire diviser la poursuite entre lui et

---

[1] L. 27, § 4, D., *De fidej*. — Dans ce texte, Ulpien parle de fidéjusseurs, mais, en ce qui concerne le bénéfice de division, la fidéjussion et le *mandatum* étaient soumis aux mêmes règles. (M. Accarias, *op. cit.*, ii, p. 548, note 2.) — Aussi la plupart des textes que nous citerons dans ce paragraphe seront-ils choisis dans la matière de la fidéjussion.

Primus (autre débiteur principal), Tertius, son *mandator,* doit avoir le même droit.

2me *hypothèse* : Deux *rei promittendi* sont cautionnés séparément par des *mandatores,* chacun pour le tout. Par exemple, l'un des deux *correi* a donné deux *mandatores* A et B, l'autre un seul C. Le créancier ne sera pas obligé de diviser son action entre ces trois personnes : il la divisera en deux parts seulement. C'est qu'en effet, les *mandatores* respectifs fournis par deux *correi* ne sont pas entre eux *comandatores*[1].

3me *hypothèse* : Il y a deux *mandatores.* L'un d'eux vient à mourir laissant des héritiers. Entre eux, ceux-ci ne sont pas *comandatores.* Chacun doit une part, c'est vrai, mais c'est l'effet de la division des dettes qui s'opère entre les héritiers; ce n'est pas l'effet du rescrit d'Adrien. Dans leurs rapports avec l'autre *mandator,* au contraire, ils sont *comandatores* et peuvent se prévaloir du bénéfice de division.

Ainsi donc, en règle générale, le bénéfice de division peut être invoqué par tous les *comandatores.* Il n'est pas nécessaire qu'ils se soient engagés en même temps et sous les mêmes modalités.

Peu importe d'abord, disons-nous, que les

---

[1] L. 51, 2, D., *De fidej.*

comandatores se soient obligés *diversis temporibus,* l'un à une certaine époque, l'autre plus tard. On pourrait sans doute dire ceci : la division doit bien être accordée au *mandator* qui s'est engagé le deuxième, mais non à celui qui s'est engagé le premier. Mais les Romains n'ont pas fait cette distinction. Les deux *mandatores* ont le bénéfice de division et cette solution peut s'expliquer[1]. On voulait favoriser le crédit, faciliter l'engagement des cautions, et pour cela, il importait de donner à celles-ci tous les avantages compatibles avec la sûreté des créanciers[2].

Peu importe également que les *comandatores* se soient engagés sous des modalités différentes. Ainsi, un *mandator* s'est engagé *pure.* A côté de lui, un autre *mandator* s'est engagé *sub conditione* ou à terme. Si, avant l'échéance, ou *pendente conditione,* le *mandator* obligé *pure* est poursuivi, peut-il opposer le bénéfice de division ? La loi 27, pr., *De fidej.,* nous répond : « *Succurri oportet ei qui pure acceptus est dum existere conditio potest, scilicet ut interim in virilem conveniatur.* » Jusqu'à l'avènement de la condition, le *mandator* qui s'est engagé *pure* ne

---

[1] M. Accarias, *Cours de Pandectes* 1889-90.

[2] L. 48, § 1, *De fidej.* — Cette loi refuse, il est vrai, la division, mais dans des conditions exceptionnelles, de telle sorte que notre solution s'en dégage *a contrario.*

sera donc poursuivi que pour sa part virile. Mais si, à l'arrivée de la condition, le second *mandator* n'est pas solvable, il est évident que le bénéfice de division dont s'est prévalu le premier ne devait pas être accordé; le texte cité ci-dessus nous dit que le créancier pourra alors de nouveau s'adresser à lui pour lui demander l'autre moitié : « *Sed si quum conditio extitit, non est solvendo, qui sub conditione acceptus est, restituendum actionem in pure acceptum, Pomponius scripsit.* »

Le bénéfice de division sera refusé aux *mandatores* qui y auront renoncé à l'avance. Rien n'empêche de renoncer à une faveur qui est offerte. Mais, en dehors de cette hypothèse, le bénéfice de division sera encore refusé dans les deux cas suivants :

1° Une dette est cautionnée par deux *mandatores,* l'un majeur, l'autre mineur. Le *mandator* majeur est intervenu le premier, le mineur n'est venu qu'ensuite. Le *mandator* majeur s'est donc engagé sans avoir en vue le bénéfice de division. Il a pu et dû se dire : si le créancier me poursuit, il faudra bien que je réponde à sa poursuite puisque je suis seul. Il supportera donc seul, c'est Papinien qui nous le dit[1], tout le far-

---

[1] L. 48, § 1, D., *De fidej.*

deau de la dette. Le jurisconsulte apporte une exception à sa décision au cas où le mineur s'est porté *mandator*, déterminé par les manœuvres dolosives du créancier. Ce dernier pourra alors se voir opposer le bénéfice de division par le majeur.

2° Le second cas nous est indiqué également par Papinien : une femme s'est portée *mandator* malgré la prohibition du sénatus-consulte Velléien. Son *comandator* se verra refuser le bénéfice de division, attendu qu'il a pu savoir, ou du moins, n'a pas dû ignorer que la femme en intercédant faisait un acte inutile : « *quum scire potuerit, aut ignorare non debuerit, mulierem frustra intercedere*[1]. »

II. *Conditions auxquelles est subordonné le bénéfice de division.*

1re CONDITION : *Il doit être demandé.*—La règle est en effet que le *mandator* est tenu *in solidum*. Le rescrit d'Adrien ne supprime pas cette règle, mais l'entame seulement. Le bénéfice de division, en effet, s'oppose par la voie d'une exception et le magistrat n'accorde aucune exception qui ne lui soit demandée. L'exception de dol cependant est toujours sous-entendue dans les actions de bonne foi. Le *mandator* ne pourra-t-il

---

[1] L. 48, pr., D., *De fidej.*

pas ainsi opposer l'exception de division sans l'avoir fait insérer ? Non pas, car le créancier ne commet aucun dol en réclamant la totalité de la dette au *mandator* ; ce dernier est tenu pour le tout.

2me CONDITION : *Il faut que les mandatores contre lesquels on demande la division soient solvables.* — Pour apprécier la solvabilité d'un *mandator*, il suffira d'estimer son actif brut et d'en déduire le passif. Si la soustraction donne un résultat négatif, c'est que le *mandator* est insolvable. La règle est bien simple. Mais une complication pourra se produire si nous supposons que le *mandator* a été lui-même cautionné par un autre *mandator*, que précédemment nous avons appelé certificateur. On devra, dans cette hypothèse, ajouter à l'actif du *mandator* celui de son propre *mandator* [1]. Par exemple, le premier *mandator* a un actif de 100 et un passif de 110. Son certificateur a un actif de 20 et pas de passif. Les deux actifs réunis forment 120 ; il reste encore 10, la soustraction effectuée. Le bénéfice sera accordé.

A quel moment doit-on se placer pour apprécier la solvabilité des *mandatores* ? Gaïus nous répond [2] qu'il faut se placer au jour de la *litis*

[1] L. 27, § 2, D., *De fidej.*
[2] III, § 121.

contestatio engagée entre le créancier et celle des cautions qu'il poursuit en premier lieu. On examinera à ce moment la solvabilité des autres *mandatores*. Mais nous trouvons au Code une loi qui semble à première vue contredire la doctrine de Gaïus. La loi 10, § 1, VIII, 41, en effet, nous dit que la solvabilité des cautions s'apprécie « *ante condemnationem* ». C'est donc que la division ne se fait que devant le juge et non devant le magistrat avant la délivrance de la formule. Cette théorie ne peut pas se soutenir puisque le bénéfice de division s'oppose par voie d'exception. Que veut donc dire le texte précité ? Le mot *condemnatio* ne désigne probablement pas ici la sentence de condamnation prononcée par le juge, mais la partie de la formule portant ce nom[1]. Le texte signifierait alors que l'exception doit être insérée *post intentionem* et *ante condemnationem,* ce qui est parfaitement admissible, car les exceptions suivaient ordinairement l'*intentio* et précédaient la *condemnatio.*

III. *Dans quelles formes le bénéfice de division s'oppose-t-il ?*

Ce bénéfice s'oppose au moyen de l'exception de division et par elle seule : « *Si contendat fidejussor,* nous dit Paul, *cæteros solvendo esse, etiam*

---

[1] M. Accarias, *Cours de Pandectes* 1889-90.

exceptionem ei dandam « *si non et illi*[1] *solvendo sint*[2]. » C'est là un moyen prétorien employé par l'empereur Adrien qui voulut atténuer les rigueurs de l'ancien droit civil et non pas l'abroger. Voici la conséquence que l'on peut en tirer : si le *mandator*, omettant de se prévaloir de cette exception, paie la dette intégralement, tout recours lui sera refusé, car il n'a pas payé l'indû.

Cette exception est-elle temporaire ou perpétuelle ? Nous pensons qu'on doit la ranger parmi les exceptions temporaires. Elle est exposée, en effet, à disparaître, par suite de la survenance de l'insolvabilité chez l'une des cautions. De plus, la loi 49, § 1, D., *De fidej.* semble bien le démontrer. Il s'agit dans ce texte de deux *mandatores* dont l'un paie la totalité de la dette par erreur. Peut-il répéter ? Non, répond Papinien. C'est donc que l'exception de division est simplement temporaire. En effet, celui qui étant protégé par une exception péremptoire, paie la dette par erreur, peut se faire restituer par la *condictio indebiti* ce qu'il a payé ; il est considéré comme ayant payé l'indû[3].

---

[1] Le magistrat devra évidemment désigner nommément les cautions solvables : « *Si Titius, Mœvius, etc., solvendo sint.* »

[2] L. 28, D., *De fidej.*

[3] Il y a des exceptions à cette règle, par exemple en ce qui concerne l'exception du sénatus-consulte Macédonien qui est donnée plutôt en haine du créancier que pour protéger le débiteur. — Cf. M. Accarias, *Précis de droit romain*, ii, p. 436, note 2.

IV. *Effets du bénéfice de division.*

Pour étudier ces effets, distinguons trois hypothèses :

1re *hypothèse* : L'insolvabilité des *mandatores* est évidente ; le magistrat la reconnaît *a priori*, Il délivrera alors l'action purement et simplement pour le tout. Mais il restera au *mandator* ainsi poursuivi *in solidum* le droit au bénéfice de cession d'actions.

2me *hypothèse* : La solvabilité apparaît comme certaine. De deux choses l'une : ou bien le créancier lui-même divisera son action. C'est ce qu'il fera en général s'il a la conviction que tous les *mandatores* sont solvables. Ou bien le magistrat, sur la réclamation du défendeur, imposera au demandeur la division.

Quelles sont les conséquences de cette division ? Si, au lieu de *mandatores,* nous supposons qu'il s'agit de fidéjusseurs et que l'un d'eux devienne insolvable postérieurement à la *litis contestatio,* cette insolvabilité retombera sur le créancier[1] par suite de l'effet extinctif de la *litis contestatio.* Ce résultat est peu équitable, car il peut arriver que pendant les délais de l'instance, des cautions solvables au moment de la *litis contestatio* deviennent insolvables avant le juge-

___
[1] L. 51, § 4, D., *De fidej.*

ment. Il n'en est pas ainsi au cas de *mandatum pecuniœ credendœ*. Le créancier, en effet, en poursuivant l'un des *mandatores,* n'a aucunement perdu son action ni contre les autres *mandatores,* ni contre le débiteur principal. Tous demeurent tenus jusqu'au paiement intégral[1].

3me *hypothèse* : Il y a des doutes sur la solvabilité. On ne sait pas, *in jure,* si les *mandatores* sont tous solvables ou non. Que fera le magistrat ? Une question de preuve se posera d'abord. Est-ce au *mandator* à prouver la solvabilité de ses *comandatores,* ou au créancier poursuivant à prouver qu'ils sont insolvables ? En principe, le défendeur qui oppose une exception doit la prouver. C'est donc ici au *mandator* poursuivi à établir, dans le doute, que ses *comandatores* sont solvables. S'il n'y parvient pas, le magistrat délivrera la formule avec l'exception ; il renverra au juge l'examen de la question de savoir si les *comandatores* sont solvables et si la division demandée était fondée.

Mais Ulpien nous indique un expédient employé pour permettre de faire diviser néanmoins dans ce cas la poursuite *in jure*[2]. Le *mandator* poursuivi se trouvant dans l'impossibilité de prouver la solvabilité de ses *comandatores* tien-

---

[1] L. 52, D., § 3, xlvi, 1 ; C. 28, viii, 41.
[2] L. 10, pr., D., *De fidej.*

dra au créancier le langage suivant : « Je vais vous donner mandat de poursuivre mes *comandatores* chacun pour une part, et vous les poursuivrez ainsi à mes risques et périls. Par conséquent, si vous subissez un préjudice par suite de l'insolvabilité de ceux que je vous charge de poursuivre, je vous indemniserai. » Le créancier devra accepter ce moyen, nous dit le jurisconsulte, mais à deux conditions : 1° le *mandator* donnera caution, et voici pour quelle raison : le créancier, qui suivant le mandat a poursuivi les autres *mandatores,* pourrait les trouver insolvables et la situation du *mandator* poursuivi le premier ne serait peut-être pas meilleure quand on viendrait recourir contre lui. Le créancier sera garanti contre cette éventualité par une *satisdatio.* 2° Il faudra, en outre, que tous les *comandatores* que l'on dit être solvables soient présents.

Le *mandator* poursuivi, au lieu de recourir à ce mandat, ne ferait-il pas mieux de demander au créancier la cession de ses actions ? Sans doute, mais il ne peut pas toujours employer ce moyen, car, nous dit Ulpien, peut-être n'a-t-il pas sous la main l'argent nécessaire pour effectuer le paiement : « *Nec enim semper facile est nominis emptio quum numeratio totius debiti non sit in expeditio.* »

Le *mandator* n'a pu prouver la solvabilité de ses *comandatores* devant le magistrat. La formule a été délivrée avec l'insertion de l'exception. Que va-t-il se passer ? Deux cas peuvent se prévoir :

1° Le *mandator* ne réussit pas encore devant le juge à prouver cette solvabilité. Il faudra donc le condamner pour le tout. Un recours lui sera donné contre le débiteur principal et contre les autres cautions. Nous verrons dans le chapitre suivant dans quelle mesure il agira et par quels moyens.

2° Le *mandator* arrive à prouver que ses *comandatores* étaient solvables au jour de la *litis contestatio*. Il établit, par exemple, qu'il ne devait être poursuivi que pour 25. Le juge le condamnera pour 25 seulement, car la formule de l'*intentio* délivrée contre un *mandator* porte ces mots : « *Quidquid paret...* » Il n'y a aucune difficulté.

En matière de fidéjussion au contraire, dans l'hypothèse ci-dessus, lorsque le fidéjusseur aura démontré qu'il ne doit être poursuivi que pour 25, la question suivante se posera : le juge ne devra-t-il pas absoudre le fidéjusseur ? Il semble bien que oui au premier abord. En effet, l'exception est présentée comme une condition qui empêche la condamnation ; lorsque l'exception est reconnue fondée, il semble qu'il y a défaillance de la condition à laquelle est subordonnée la condamnation et que dès lors l'absolution s'impose [1].

Sans doute, il est vrai qu'en général la reconnaissance de la part du juge du bien fondé d'une exception a pour résultat d'enlever à l'*intentio* toute sa force, et par suite de faire absoudre le défendeur. Mais il n'en est pas toujours ainsi. D'après la loi 22, pr., D., *De except.*, il y a des exceptions qui emportent absolution pure et simple, d'autres qui diminuent seulement la condamnation et c'est à cette deuxième classe que devait appartenir l'exception de division [2]. La solution opposée serait évidemment contraire à l'esprit du rescrit d'Adrien qui a voulu atténuer et non supprimer l'obligation des fidéjusseurs [3].

[1] Gaïus, IV, § 119 ; L. 1, D., *De except.*

[2] M. Accarias, *Cours de Pandectes* 1889-90.

[3] Une autre difficulté se présentait encore dans notre hypothèse, en cas de fidéjussion. En effet, nous avons supposé le fidéjusseur, qui a fait insérer l'exception, poursuivi pour le tout. L'objet dû tout entier a donc été déduit *in judicium*. Les fidéjusseurs sont alors libérés ainsi que le débiteur principal. Les Romains avaient probablement imaginé un moyen pour éviter ce résultat. Peut-être accordait-on une *restitutio in integrum* contre ceux qui n'avaient pas été poursuivis ? Peut-être aussi insérait-on dans la formule, à la requête du demandeur, une de ces *præscriptiones a parte actoris* dont nous parle Gaïus (IV, § 131) ? Les effets de la *deductio in judicium* et de la *litis contestatio* se limitaient alors

V. *Comment se perd le bénéfice de division ?*

Trois faits peuvent faire perdre au *mandator* le bénéfice de division. Ce sont : l'*inficiatio*, la renonciation et le paiement.

1° *Inficiatio.* Le *mandator* qui nie avoir garanti la dette principale ne peut plus opposer notre bénéfice : « *inter fidejussores dividitur actio, si non inficientur, nam inficientibus auxilium divisionis non est indulgendum* [1]. » Mais le *mandator* peut être de bonne foi. Il est héritier, par exemple de celui qui a cautionné la dette, mais ignore que son auteur ait garanti cette dette. Il est certain alors que, niant ainsi son obligation de bonne foi, il ne commettra pas d'*inficiatio*, car celle-ci suppose la mauvaise foi. Festus nous le dit en effet [2] et le Digeste considère l'*inficiatio* comme un vol : « *Inficiatio prope furtum est.* »

2° *Renonciation.* On peut bien certainement renoncer à l'exception de division en ne la faisant pas insérer dans la formule. Mais peut-on

à la créance que devait payer le fidéjusseur poursuivi, et le créancier pouvait, sans craindre l'exception *rei in judicium deductæ*, s'adresser au débiteur principal et aux autres fidéjusseurs. (Cf. M. Accarias, *Précis de droit romain,* II, n° 567, A, *in fine,* et la note.) Quoi qu'il en soit, les résultats de l'action *mandati* étaient bien préférables.

[1] L. 10, § 1, D., *De fidej*.

[2] Festus, *De verborum significatione.*

y renoncer d'avance ? Nous le pensons, car il s'agit ici d'une exception non pas basée sur l'ordre public, mais créée en faveur de la caution uniquement [1].

3° *Paiement.* On pourrait dire que le *mandator* qui paie, renonce tacitement au bénéfice de division. Cela arrive souvent, en effet, mais pas toujours. Pour que le paiement contienne une renonciation, il faut que le *mandator* ait payé sciemment, sachant qu'il avait un certain nombre de *comandatores,* tous solvables, et qu'il pouvait invoquer ce bénéfice. Car on ne peut renoncer, même tacitement, à un bénéfice qu'on ne sait posséder.

Au paiement, il faut assimiler la compensation, la novation, le pacte de constitut. Ces modes d'extinction des obligations entraînent aussi renonciation à notre bénéfice.

Tous les faits extinctifs que nous venons d'examiner se produisent de la part du *mandator*. Le bénéfice de division se perd-il aussi par le fait du créancier ? Nous ne le pensons pas. Supposons, en effet, deux *mandatores*, Primus

---

[1] C. III, Code, viii, 41. — Dans cette Constitution, l'empereur discute comme si la réclamation du créancier était soutenable. Il se borne à faire ressortir que dans l'espèce visée il n'y a pas eu de renonciation. C'est donc que la renonciation est possible. — Voir aussi L. 51, pr., D., *De fidej.*

et Secundus. Le créancier accorde à Primus un pacte *de non petendo* et poursuit ensuite Secundus pour le tout. Celui-ci pourra encore opposer l'exception de division. Le *mandatum*, en effet, est un contrat de bonne foi, et le mandataire (ici le créancier) ne peut aggraver la situation du *mandator* sans engager sa responsabilité.

S'il s'agissait de deux fidéjusseurs, au contraire, le créancier, après avoir accordé un pacte *de non petendo* au premier, pourrait très bien poursuivre le second pour le tout sans que celui-ci pût le repousser par l'exception de division. C'est ce qui ressort de l'exemple suivant donné par Julien : « *Si ex duobus qui apud te fidejusserant in viginti, alter, ne ab eo peteres, quinque tibi dederit vel promiserit, nec alter liberabitur, et si ab altero quindecim petere institueris, nulla exceptione summoveris*[1]. »

[1] L. 15, § 1, D., *De fidej.*

CHAPITRE IV

RAPPORTS DU « MANDATOR » AVEC LE DÉBITEUR
PRINCIPAL.

§ I. — Action « mandati ».

Le recours le plus ordinaire du *mandator* qui a payé la dette s'exerce contre le débiteur au moyen de l'action *mandati*. Le plus souvent, en effet, la caution ne s'engage pas spontanément, mais bien sur le mandat du débiteur principal, et, lorsqu'elle a payé, il est juste qu'elle demande à ce débiteur de l'indemniser du préjudice que lui cause l'exécution de son mandat.

Deux conditions sont requises pour que l'action *mandati* appartienne ainsi au *mandator* : 1° Il faut que le *reus* ait été libéré par le *mandator* ; 2° Cette libération doit avoir coûté quelque chose au *mandator*.

1° Il faut que le *reus* ait été libéré par le *mandator*. — L'action *mandati* sera donc refusée au *mandator* s'il a fait un paiement nul de droit, ce qui arrivera, par exemple, lorsqu'il aura payé entre les mains d'un faux mandataire du créancier[1], ou lorsqu'il aura livré des *res alienas*[2].

Dans trois cas exceptionnels cependant, l'action *mandati* sera donnée au *mandator* avant qu'il ait libéré le *reus*. Ils nous sont indiqués par la loi 10, Code, IV, 35[3] : « *Si pro ea contra quam supplicas fidejussor seu mandator intercessisti, et neque condemnatus es, neque bona sua eam dilapidare postea cœpisse comprobare possis, ut tibi justam metuendi causam præbeat, neque ab initio ita te obligationem suscepisse, ut eam possis et ante solutionem convenire, nulla juris ratione, antequam satis creditori pro ea faceris, eam ad solutionem urgeri certum est.* » Ces trois cas sont donc les suivants : 1° La caution a été condamnée ; 2° La caution est en mesure de prouver que le débiteur dissipe ses biens et s'achemine vers l'insolvabilité ; 3° Il a été convenu au début que le débiteur libérerait la caution à une époque déterminée. Le *mandator*, au moyen de l'action *mandati*, pourra, dans le premier cas, se faire indemniser, et dans les deux derniers, exiger sa libération.

2° Il faut que la libération du débiteur par le *mandator* ait coûté quelque chose à celui-ci. —

[1] L. 26, § 5, D., *Mandati*.
[2] L. 47, § 1, D., *eod.*
[3] Voir aussi L. 38, § 1, D., *eod.*

Il semble bien que cette condition sera toujours remplie. Voici pourtant une hypothèse où nous ne la rencontrerons pas : Le créancier voudrait libérer *ipso jure* le débiteur principal qui se trouve en voyage actuellement. Il fera alors acceptilation au *mandator*. Bien évidemment, le *mandator* qui n'a été que l'instrument dont s'est servi le créancier pour libérer le *reus*, n'aura aucun recours contre le débiteur principal, parce que la libération ne lui a rien coûté.

Malgré la réunion de ces deux conditions, le *mandator* pourra se voir refuser l'action *mandati,* momentanément du moins, s'il a payé la dette avant son échéance. Il ne pourra recourir, dans ce cas, qu'à l'arrivée du terme. Que décider si le juge a accordé au *mandator* un délai pour payer ? Ce *mandator* pourra-t-il exercer son recours *intra dies judicati* ? Oui, cela lui sera possible, car il est certain qu'il sera en perte, mais le juge aura le droit de permettre au *reus,* au lieu de le condamner à indemniser la caution, de prendre fait et cause pour elle dans l'action *judicati.*

Quel est le montant du recours que le *mandator* exercera ainsi par l'action *mandati* ? Il sera égal, nous dit la loi 26, § 4, *Mandati,* à son déboursé, mais ne pourra lui être supérieur. Cette réponse n'est peut-être pas rigoureusement exacte, car l'action *mandati* est de bonne foi, et des intérêts peuvent être alloués au *mandator* si le juge estime que c'est nécessaire pour le rendre indemne, et cela, indépendamment de la *mora* du débiteur.

Qu'arrivera-t-il si le *mandator*, ayant négligé d'opposer un moyen de défense au fond ou une exception, a payé néanmoins ? Pourra-t-il intenter l'action *mandati* contre le *reus* ? Examinons deux hypothèses :

I. *Moyens de défense tirés du fond.* — Supposons que le *reus* a effectué le paiement. Le *mandator*, ignorant ce fait, a payé une seconde fois. Ulpien[1] nous dit que le *mandator* pourra recourir par l'action *mandati* s'il a payé par suite d'une erreur de fait, « *si quidem factum ignoravit, recipi ignorantia ejus potest,* » car le *reus* est en faute de ne pas avoir averti la caution du paiement fait par lui. L'action *mandati*, au contraire, lui sera refusée s'il a payé par suite d'une erreur de droit, « *si vero jus, aliud dici debet.* »

II. *Exceptions.*

A. Exceptions nées *ex persona rei principalis.*

a) Exceptions péremptoires. — Le *mandator*

___
[1] L. 29, §§ 1 et 2, D., *Mandati.*

poursuivi n'a pas fait valoir une exception péremptoire et a payé. On pourrait être tenté de
dire que de toute façon il y a paiement de l'indû
de la part du *mandator*. Il faut distinguer cependant si le *mandator* est en faute oui ou non.
S'il a connu l'exception, l'action *mandati* lui sera
refusée ; s'il l'a ignorée, on la lui accordera[1].
Dans le premier cas, la *condictio indebiti* appar-
tiendra au *mandator*, dans le second, au *reus*[2].

b) Exceptions dilatoires. — Le *mandator* peut
très bien omettre d'opposer de telles exceptions
sans commettre de dol et sans perdre son recours contre le *reus*. C'est ce que nous dit Ulpien dans un cas particulier qu'il donne comme
exemple : « *Quædam tamen etsi sciens omittit
fidejussor, caret fraude, utputa si exceptionem
procuratoriam omisit, sive sciens, sive ignarus*[3]. »
Cette décision doit être étendue aux exceptions
litis dividuæ et *rei residuæ*, car celui qui invoque
de telles exceptions n'est pas de bonne foi.

[1] L. 29, pr., D., *Mandati*.

[2] On pourrait objecter qu'il manque ici une des conditions exi-
gées pour la *condictio indebiti*, à savoir l'erreur du *solvens*. C'est
vrai, mais le *mandator* n'a pas du tout payé dans l'intention de
gratifier le créancier ; il n'est pas comparable à celui qui paie
animo donandi. (M. Accarias, *Cours de Pandectes* 1889-90.) —
Cette *condictio indebiti* sera refusée quand le paiement aura été
fait en vertu d'une condamnation, car l'action *judicati* croît au
double. Il en sera de même dans le cas où une exception est donnée *odio creditoris*.

[3] L. 29, § 4, D., *Mandati*.

B. Exceptions nées *ex persona mandatoris*.
— Si une telle exception est propre au *mandator*,
il est évident que le *reus* ne peut pas lui faire un
grief de ne pas l'avoir opposée. Au contraire,
s'il s'agit d'une exception que le débiteur peut
opposer lui-même, bien que née en la personne
du *mandator*, ce dernier est obligé de l'opposer
en principe, sinon l'action *mandati* ne lui ap-
partiendra pas[1].

Terminons enfin sur l'action *mandati* en exa-
minant deux cas dans lesquels le *mandator* sera
déchu du droit de l'intenter.

1er Cas. — L'action *mandati* sera refusée au
mandator qui, condamné par suite de l'injustice
du juge, n'aura pas usé de la faculté d'appel :
« *Fidejussorem vero, seu mandatorem, exceptione munitum, et injuria judicis damnatum, et ap-
pellatione contra bonam fidem minime usum,
nec posse mandati agere manifestum est*[2]. » Le
mandator a commis une faute, presque un dol
en n'appelant pas. Il doit en subir les conséquences[3].

[1] LL. 15, pr., et 32, D., *De fidej*.

[2] L. 10, Code, *Mandati*.

[3] Il semble résulter du texte précité que la caution qui n'inter-
jette pas appel commet nécessairement un dol. Mais il faut distinguer avec Ulpien (L. 8, § 8, *Mandati*) si le défaut d'appel est im-
putable à la mauvaise foi ou non. En droit romain, en effet, l'appel était périlleux. L'appelant qui succombait encourait une peine

2ᵐᵉ Cas.— Elle sera encore refusée au *mandator* qui aura négligé d'avertir le *reus* du paiement par lui effectué, de telle sorte que ce dernier a payé une seconde fois. Ici encore, il y a quelque chose de voisin du dol dans le fait du *mandator* : « *Oportet mandati agentem fidejussorem repelli,* » nous dit la loi 29, § 3, à notre titre. Mais la dernière phrase de ce texte permet au *mandator* dans ce cas de se faire céder par le *reus* la *condictio indebiti* qui appartient à ce dernier contre le créancier enrichi indûment. L'effet de la déchéance encourue par le *mandator* sera ainsi le plus souvent annihilé, mais pas toujours, car l'action *mandati* aurait réussi contre un *reus* solvable tandis que la *condictio indebiti* s'adressera peut-être à un créancier qui ne l'est pas.

§ II. — Action « negotiorum gestorum ».

L'action *mandati* est, avons-nous dit, le recours le plus ordinaire offert au *mandator credendæ pecuniæ,* mais il n'est pas le seul. Indépendamment des moyens de recours que lui procure le

égale au tiers de l'intérêt engagé. La caution pouvait hésiter à se servir de cette voie de recours qui lui aurait peut-être coûté cher. Elle ne commettait aucun dol en agissant ainsi et n'était pas déchue de son recours.

bénéfice de cession d'actions, le *mandator* peut avoir contre le *reus* l'action *negotiorum gesto-rum*, au cas où il s'est engagé *ignorante debitore*.

Deux différences séparent le recours du gérant d'affaires de celui du mandataire : 1° Le mandataire, jusqu'à la fin de la période classique [1], n'est pas, contrairement au *negotiorum gestor*, responsable de sa faute *in abstracto*. Il ne répond que de son dol et de la *culpa proxima dolo*; 2° Le mandataire peut se faire rembourser tout ce qu'il a déboursé *intra fines mandati*; le gérant d'affaires, au contraire, est traité rigoureusement et ne peut recouvrer ses dépenses que dans la mesure où elles ont été faites utilement.

§ III.— Cas où le « mandator » est dépourvu de tout recours.

1er Cas. — Le *mandator* s'est engagé *in rem suam* [2]; il est donc le principal intéressé. Il supportera seul la dette, car il est tenu *pro reo* [3], et si le débiteur principal a payé, un recours lui sera donné.

---

[1] Cette doctrine subsista jusqu'au commencement du iii° siècle. Nous la trouvons encore dans la *Collatio legum mosaïcarum*, X, chap. 2, § 3, (Pellat, p. 882) : « *In mandati vero judicium, dolus, non etiam culpa deducitur.* » Ce texte est de Modestin qui fut consul avec Probus en 228.

[2] Nous en avons cité un exemple chapitre i, page 15.

[3] L. 24, D., ii, 14.

2me Cas. — Le *mandator* s'est engagé *animo donandi*. Le paiement effectué, la donation sera parfaite et le donataire ne pourra être inquiété.

3me Cas. — La chose due a péri, « *facto mandatoris seu post moram mandatoris.* »

4me Cas. — Le débiteur principal n'est tenu que naturellement. Donner dans cette hypothèse un recours au *mandator* qui a payé serait retirer d'une main au débiteur la protection qu'on lui donne de l'autre. Il ne repousserait en effet le créancier que pour succomber aux attaques du débiteur.

5me Cas. — Le *mandator* s'est engagé contre le gré du débiteur principal, *invito reo*. Il n'aura pas de recours. C'est la décision que nous trouvons dans les textes, mais la question avait été controversée.

Quelques auteurs, nous dit Paul[1], accordaient ici au *mandator* une action utile en se fondant sur ce qu'il a rendu au débiteur principal un service dont ce dernier a profité. Mais le jurisconsulte se ralliait à l'opinion contraire soutenue par Pomponius et que voici : L'action *negotiorum gestorum* a pour but d'encourager les tiers à gérer les intérêts d'un absent. Le motif

[1] L. 40, D., xvii, 1.

de l'action est d'empêcher que les biens d'un absent me soient abandonnés. Ce motif n'existant pas dans notre espèce, tout recours devra être refusé.

La controverse fut tranchée par Justinien[1]. Il décida qu'un gérant d'affaires n'aurait aucune espèce d'action après l'opposition du maître à lui signifiée par écrit ou devant témoins : «..... *sancimus, si contradixerit dominus et eum res suas administrare prohibuerit, secundum Juliani sententiam, nullam esse adversus eum, vel directam, vel utilem contrariam actionem, scilicet post denuntiationem quam ei dominus transmiserit, non concedens ei res ejus attingere.* »

---

[1] C. 24, C., II, 19. — La controverse n'avait pas seulement lieu dans le cas de fidéjussion et de *mandatum pecuniæ credendæ*. Elle avait une portée plus générale. On se demandait si un gérant d'affaires, agissant contre le gré du *dominus*, avait une action contre lui, soit directe, soit utile. Justinien nous dit que trois opinions s'étaient produites sur ce point.

CHAPITRE V.

En droit français, « lorsque plusieurs personnes ont cautionné un même débiteur pour
une même dette, la caution qui a acquitté la
dette a recours contre les autres cautions, chacune pour sa part et portion[1]. » En droit romain nous ne trouvons aucune règle semblable.
Il n'y a pas de rapport juridique, en principe,
entre *adpromissores* ou *comandatores*. A ce principe, la loi Apuleia[2] vint déroger pour les *sponsores* et les *fidejussores*, mais les autres cautions
demeurèrent sans recours direct les unes contre
les autres à moins qu'elles n'aient fait une société entre elles, ou qu'elles ne se soient donné
mutuellement mandat de cautionner, soit expressément, soit tacitement. L'action *pro socio*
et l'action *mandati* leur permettait alors de faire
supporter une partie de la dette à leurs *comandatores*, en cas d'insolvabilité du débiteur.

[1] C. civ., art. 2033, § 1.
[2] Gaïus, III, 122.

Mais un moyen indirect était donné au *mandator* qui payait la dette pour lui permettre de rentrer dans ses déboursés ; c'était le bénéfice de cession d'actions[1]. Grâce à lui, le *mandator* tenait entre les mains les mêmes voies de recours que le créancier. Nous allons examiner dans quelle mesure il pouvait en user.

Soient une dette de 100 et deux *mandatores*, Primus et Secundus. Primus paie les 100 en se faisant céder les actions du créancier. Il pourra agir pour 50 contre Secundus. Cela ne fait pas de difficulté. Mais supposons quatre *mandatores*. Primus paie 100 ; peut-il recourir contre l'un quelconque des autres pour 75 ou doit-il fractionner sa poursuite et ne demander que 25 à chacun ? Nous pensons qu'on avait adopté cette seconde solution. Les textes nous manquent sur ce point[2], mais voici sur quel raisonnement nous croyons pouvoir nous appuyer. Le *mandator* qui a payé ne peut avoir plus de droits que son cédant n'en aurait eu lui-même. Comme le dit M. Beauregard[3], « la cession ne doit pas

---

[1] Nous avons vu au chapitre III, page 66, que certains auteurs nient l'existence du bénéfice *cedendarum actionum* au profit de la caution qui a payé contre les autres cautions.

[2] On a invoqué pourtant dans l'opinion que nous soutenons les LL. 10, pr., D., *De fidej.* ; 5, pr., D., *De cens.* L. 15. — Cf. M. Accarias, *op. cit.*, II, page 190, note 2.

[3] *Op. cit.*, page 72.

aggraver la situation du cédé. » Or, le créancier aurait pu sans doute, en théorie, demander tout le reste de la dette, c'est-à-dire 75, à l'un quelconque des autres *mandatores*, mais c'était là un droit purement platonique ; pratiquement, il aurait échoué devant le bénéfice de division. Le créancier aurait dû diviser sa poursuite et ne demander que 25 à chacun des *mandatores* (en les supposant tous solvables évidemment). Eh bien, le *mandator* qui a payé ne doit pouvoir demander aux autres que ce que le créancier lui-même aurait pu leur réclamer d'une façon efficace, c'est-à-dire sans se heurter au bénéfice de division [1].

---

[1] M. Accarias, *Cours de Pandectes* 1889-90.

CHAPITRE VI.

CAUSES D'EXTINCTION DU « MANDATUM PECUNIÆ CREDENDÆ. »

Le *mandatum pecuniæ credendæ* est soumis à toutes les causes ordinaires d'extinction des obligations. Mais, à cause de son caractère accessoire, il peut aussi s'éteindre par voie de conséquence en même temps que le contrat principal.

Nous allons examiner les principaux modes d'extinction des obligations, opérant soit *ipso jure,* soit *exceptionis ope,* en nous attachant aux deux points de vue suivants[1] :

1° Etant donnée une cause d'extinction se produisant *ex persona rei principalis,* l'obligation du *mandator* sera-t-elle éteinte dans tous les cas, ou, au contraire, subsistera-t-elle quelquefois ?

2° En sens inverse, quand la cause d'extinction se produira *ex persona mandatoris,* est-ce que l'obligation du *reus* subsistera toujours ?

[1] M. Accarias, *Cours de Pandectes* 1889-90.

§ I. — Modes d'extinction opérant « ipso jure ».

Les Institutes en citent quatre : le paiement, la novation, l'*acceptilatio,* le *contrarius consensus.* Il en est deux autres qu'elles ne citent pas et qui sont : la perte de la chose due et la confusion. Un sixième mode fut créé par Théodose le Jeune, la prescription libératoire de 30 ans. Nous parlerons aussi de la *dotis dictio,* de la *litis contestatio* et de la *capitis deminutio*[1].

1° *Paiement.*

Le paiement est le mode le plus ordinaire de libération. S'il est fait par le *reus,* il libère tous les obligés ; si au contraire il est fait par un *mandator,* il libère bien les autres *mandatores*[2], mais le débiteur principal reste obligé [3], car ce-

---

[1] On peut encore citer l'arrivée du terme extinctif ou de la condition résolutoire qui éteignent le *mandatum* soit directement, soit accessoirement en même temps que l'obligation principale, et le refus injuste de céder les actions dont résulte, nous l'avons vu, la libération du *mandator.* Nous omettons la transaction, car son effet extinctif tient à ce qu'elle comprend ou une acceptilation ou un pacte *de non petendo,* et la compensation qui n'éteint aucun droit par elle-même ; ce qui le prouve, c'est que le défendeur qui néglige de s'en prévaloir conserve intact le droit sur lequel il aurait pu la fonder. (M. Accarias, *Précis de droit romain,* ii, p. 585, note 2.)

[2] L. 52, § 3, D., *De fidej.*

[3] L. 95, § 10, D., xlvi, 3. — Mais il peut repousser le créancier par une exception. Il est libéré envers lui *exceptionis ope.*

lui qui a payé peut obtenir contre lui la cession des actions.

A côté du paiement proprement dit il faut placer la *datio in solutum*, au sujet de laquelle nous rencontrons ici deux controverses :

1re CONTROVERSE : La *datio in solutum* éteignait-elle la dette *ipso jure*, ou seulement *exceptionis ope* ? Gaïus[1] nous apprend que l'école Sabinienne et l'école Proculienne étaient divisées sur cette question. La première enseignait l'extinction *ipso jure* ; la seconde l'extinction *exceptionis ope*. Ce fut cette dernière qui triompha définitivement[2].

2me CONTROVERSE : En supposant que la *datio in solutum* ait eu pour objet la chose d'autrui, que le créancier l'ait acceptée et qu'il ait été ensuite évincé, quels étaient les droits du créancier ?

1er *système*, soutenu principalement par Marcien[3]. La *datio in solutum* ne doit pas avoir plus d'effet que le paiement de la chose due. Le paiement n'est libératoire que si le *solvens* est *dominus* de la chose livrée[4]. Il doit en être de même ici. Si donc le créancier est évincé, l'obli-

---

[1] C. iii, § 168.
[2] C. 17, *De solut. et lib.*, viii, 43.
[3] L. 46, pr., D., *De solut.*
[4] L. 60, D., xlvi, 3.

gation primitive reparaîtra telle qu'elle était, c'est-à-dire vis-à-vis les *mandatores* aussi bien que vis-à-vis le débiteur principal. Le créancier pourra exercer les mêmes droits qu'antérieurement.

2ᵐᵉ *système,* soutenu par Ulpien [1] : « Celui qui donne en paiement, dit ce jurisconsulte, une chose autre que la chose due, doit être comparé à un vendeur ; il vend cette chose moyennant un prix égal au montant de son obligation, et il se produit une compensation entre sa dette et sa créance du prix. » Ce point de vue admis, le créancier évincé a, contre l'auteur de la *datio in solutum,* une action *ex empto* utile ; mais quant à sa créance, elle est éteinte. Il a perdu ses droits, soit contre le *reus* [2], soit contre le *mandator.*

Ces deux théories se retrouvent au Code [3] sans qu'on puisse dire celle qui l'emporta définitivement. Notre législateur a consacré la seconde dans l'article 2038 du Code civil ainsi conçu : « L'acceptation volontaire que le créancier a faite d'un immeuble ou d'un effet quelconque en paiement de la dette principale, décharge la

---

[1] L. 24, pr., D., XIII, 7.

[2] Mais le *reus* libéré à l'égard du créancier reste tenu vis-à-vis du *mandator* qui a fait la *datio in solutum.*

[3] C. 8, *De sent. et int.,* VII, 45 ; C. 17, *De sol.,* VIII, 43 ; C. 4, *De evict.,* VIII, 45.

caution, encore que le créancier vienne à être
évincé. » Ce choix s'explique aisément si l'on
remarque que la solution donnée par Ulpien
est la plus favorable aux cautions.

2° *Novation.*

L'effet extinctif de la novation, dit M. Accarias [1], n'est pas moins énergique que celui du
paiement, et cette comparaison est indiquée par
les jurisconsultes eux-mêmes [2]. Il en résulte que,
grâce à la novation, la dette est éteinte *erga omnes*, et que les *mandatores* sont libérés. Mais
rien n'empêche ceux-ci d'accéder par un engagement nouveau à l'obligation qui doit remplacer l'ancienne. « *Novatione legitime perfecta...
prioris contractus fidejussores vel mandatores
liberatos esse non ambigitur; si modo in sequenti
se non obligaverunt* [3]. »

Ce que nous venons de dire de la novation s'applique également : 1° à la stipulation aquilienne ;
les textes, en effet [4], nous la présentent comme
un procédé de novation ; 2° à la délégation, car,
en tant qu'elle amène l'extinction d'une obliga-

---

[1] *Précis de droit romain*, ii, p. 550, n° 696.
[2] L. 21, § 3, D., *De ann. leg.*, xxxiii, 1 ; L. 31, § 1, D., *De nov.* ;
L. 60, D., *De fidej.*, xlvi, 1.
[3] C. 4, *De fidej.*, viii, 41.
[4] L. 18, § 1, D., *De accept.*, xlvi, 4 ; L. 4, D., *De trans.*, ii, 15.

tion, elle n'est qu'une novation par changement de débiteur.

La novation se rencontre aussi dans le contrat *litteris,* soit par changement de cause, si le *codex* contient une *transcriptio a re in personam,* soit par changement de débiteur, si le *codex* contient une *transcriptio a persona in personam.* Dans toutes ces hypothèses le *mandator* est libéré de plein droit.

3° *Acceptilatio.*

Les Instituts nous présentent l'*acceptilatio* comme un mode d'extinction spécial aux obligations nées *verbis,* c'est-à-dire pratiquement aux obligations nées *ex stipulatu.* Le *mandator,* obligé par un contrat consensuel, ne peut donc être libéré par une *acceptilatio*[1]. Mais il peut profiter de l'*acceptilatio* faite au débiteur principal tenu d'une obligation née *verbis*[2].

4° *Contrarius consensus.*

Le *mandatum* est un contrat consensuel. Il peut donc, contrairement à la fidéjussion, être

[1] Le fidéjusseur, au contraire, le pouvait. L'*acceptilatio* qu'on lui faisait permettait même de libérer un *reus* tenu en vertu d'une vente, d'un délit, etc. (L. 13, § 7, D., xlvi, 4.)

[2] L. 16, D. xlvi, 4.

dissous par le mutuel dissentiment des parties contractantes, à condition qu'il n'ait pas été exécuté, *re non secuta*[1]. Si l'exécution a eu lieu, la *voluntas contraria* fera naître un pacte *de non petendo* qui aura pour effet d'éteindre l'obligation du *mandator, exceptionis ope.*

La dette principale née d'un contrat consensuel peut aussi s'éteindre par le *contrarius consensus*. Ainsi, le mutuel dissentiment intervenant, *rebus integris,* entre le vendeur et l'acheteur, les libère l'un vis-à-vis de l'autre *ipso jure*. Dans ces conditions, l'obligation du *mandator* ne peut pas naître. Celui-ci ne peut en effet devenir responsable des effets d'un contrat qui n'existe plus et qui n'a reçu aucune exécution[2].

---

[1] L. 2, C. *Quand. ab empt. disc.,* IV, 45.

[2] L'extinction des obligations de l'acheteur et du vendeur ainsi produite entraînait-elle aussi celle des fidéjusseurs ? Un texte de Papinien (L. 95, § 12. D., *De solut.*) répond affirmativement. Mais cette solution ne paraît pas avoir été acceptée unanimement. Dans la loi 3, D., XVIII, 5, on rencontre une décision contraire de Paul, d'après lequel, dans notre hypothèse, le fidéjusseur ne serait libéré qu'*exceptionis ope*. On a nié la divergence des deux textes, mais les expressions employées par le jurisconsulte, « *quæsitum est,* » la démontrent bien. Il est probable que ceux qui admettaient l'extinction de plein droit ne considéraient pas comme une exécution de la part de l'acheteur le fait d'avoir donné un fidéjusseur. Paul, au contraire, se plaçant à un autre point de vue, voyait dans ce fait une exécution partielle.

5° *Perte de la chose due.*

Pour étudier les effets de cette perte, distinguons deux hypothèses :

1re HYPOTHÈSE : La chose due a péri par le fait ou après la demeure du débiteur principal. Celui-ci demeure obligé bien certainement et les textes nous disent que la caution demeure également tenue [1].

2me HYPOTHÈSE : La chose due a péri par le fait ou après la demeure du *mandator*. Le *reus* est libéré ; c'est comme si la chose avait péri par le fait d'une tierce personne. Mais alors ne doit-on pas dire que l'obligation du *mandator* disparaît par voie de conséquence ? Non pas, car le *mandator* a promis au créancier, non de lui donner la même chose que le *reus*, mais de l'indemniser des conséquences du mandat ; il lui doit donc satisfaction [2].

---

[1] L. 24, § 1, D., xxii, 1 ; L. 91, § 4, D., *De verb. oblig.*

[2] La logique voulait, au contraire, que le fidéjusseur, devant la même chose que le débiteur principal, fût libéré par la perte de l'objet dû, même si cette perte était survenue par son propre fait. Ce fut là l'ancienne théorie romaine. Mais il y eut une réaction. L'action de dol une fois créée, permit de maintenir l'obligation du fidéjusseur ; désormais en effet, s'il est libéré de l'action *ex stipulatu*, il est tenu de l'action *de dolo*. Ce remède, adopté, nous dit Papinien (L. 19, D., iv, 3), par Neratius Priscus et par Julien, dont le premier était sabinien et le second proculien, ne pouvait pas suffire. L'action de dol, en effet, n'était pas transmissible passive-

6° *Confusion.*

On appelle ainsi la réunion sur la même tête des qualités incompatibles de créancier et de débiteur. Cette situation entraîne l'extinction de l'obligation. Pour en étudier les effets nous examinerons quatre hypothèses :

1re HYPOTHÈSE : *La qualité de créancier et celle de débiteur principal sont réunies.*

L'obligation principale est alors éteinte et le *mandator* est libéré. Il répugne à la raison, en effet, qu'une personne soit tenue envers elle-même. Les Romains de plus voyaient dans la confusion quelque chose d'analogue au paiement[1]. On trouve aussi dans les textes une autre raison de l'effet extinctif de la confusion ; c'est qu'une personne ne peut jouer vis-à-vis d'un *mandator*

ment, et de plus, entraînait l'infamie. On donna au créancier, nous dit Africain, contemporain d'Antonin (L. 38, § 4, D., xlvi, 3), une *restitutio in integrum* ayant pour but de faire renaître l'ancienne action éteinte par le fait du fidéjusseur. Ce moyen présentait encore des inconvénients, car il fallait s'adresser au magistrat. Marcien accorda alors (L. 32, § 5, D., xxii, 1) une *actio ex stipulatu utilis* contre le fidéjusseur. La *restitutio in integrum* fut tenue pour sous-entendue. Enfin, l'action directe put être exercée contre le fidéjusseur. C'est là ce que décidèrent Paul (L. 88, D., xlvi, 1) et Papinien (L. 95, § 1, *De solut.*, *in fine.*)

[1] L. 21, § 1, D., xxxiv, 3 ; L. 50, D., *De fidej.* ; L. 41, § 2, D., xxi, 2. — Cette idée est dangereuse et les Romains la repoussaient eux-mêmes dans d'autres cas. Mais elle explique que la confusion opère *ipso jure* et *erga omnes.*

le rôle de débiteur et celui de créancier : « *nemo potest eumdem apud eumdem obligatum esse*[1]. »

Il résulte de ce dernier motif une conséquence importante : le *mandatum* sera éteint même dans le cas où le *mandator*, s'il payait, n'aurait pas de recours à exercer contre le débiteur. Ici pourtant, on comprendrait très bien qu'on écartât le bénéfice de l'extinction opérant en faveur du *mandator*, car le créancier, en même temps débiteur, après avoir exigé le paiement du *mandator* ne pourrait se voir demander par lui le remboursement. Néanmoins le *mandator* profitera de la confusion. Il en sera ainsi pour les *mandatores* qui se seraient engagés *animo donandi* ou *reo invito*; de même encore pour le *mandator* engagé *in rem suam*.

Nous n'avons parlé jusqu'ici que du cas où ne se rencontrait qu'un seul débiteur principal. Supposons qu'il y ait deux *correi promittendi*, Primus et Secundus, et que la confusion s'opère dans la personne de Primus. Quelle va être la situation de Secundus ? S'il y a société, Secundus est libéré pour moitié, car, s'il payait le tout, il aurait immédiatement un recours pour se faire rembourser la moitié. Si au contraire il n'y a pas de société, Secundus restera tenu pour le

---

[1] L. 24, § 3, D. ; L. 71, pr., D., *De fidej.*

tout[1]. C'est ici que les Romains écartaient l'idée que la confusion produit exactement l'effet d'un paiement ; car, en appliquant cette idée, on arriverait à dire que les deux *correi* sont libérés.

Secundus restant tenu, que va devenir l'obligation du *mandator* ? Elle variera suivant que le *mandator* se sera engagé pour Primus, pour Secundus, ou pour les deux à la fois :

1° Le *mandator* s'est obligé pour Primus, en la personne de qui s'est opérée la confusion. Il est évidemment libéré. C'est comme s'il n'y avait qu'un *reus* et qu'un *mandator*.

2° Le *mandator* s'est obligé pour Secundus qui reste tenu. Il restera tenu également et dans la même mesure que lui, pour le tout ou pour la moitié, selon qu'il y a ou non société.

3° Le *mandator* s'est obligé pour les deux *correi*. Théoriquement donc il est libéré d'un côté et reste tenu de l'autre. La situation est contradictoire. En pratique, si le *mandator* paie, il pourra recourir contre celui des deux *correi* qu'il lui plaira de choisir. Si donc il paie à raison de ce qu'il est tenu du chef de Secundus, il pourra recourir contre Primus du chef de qui s'est opérée la confusion, et s'il est poursuivi par Primus, il pourra le repousser par l'exception de

______

[1] L. 74, pr., D., *De fidej*.

dol. Il y a dol, en effet, à réclamer d'une personne ce qu'elle pourra ensuite redemander[1].

2ᵐᵉ HYPOTHÈSE : *La qualité de créancier et celle de mandator sont réunies.*

On ne peut pas plus se devoir accessoirement que principalement. Le *mandatum* est donc éteint. Ici encore il faut repousser l'analogie complète entre la confusion et le paiement. C'est ce que firent les Romains qui, cependant, paraissent avoir discuté la question. Le *mandator* devenu créancier pourra donc poursuivre le débiteur principal en vertu de la cause originaire[2].

3ᵐᵉ HYPOTHÈSE : *La qualité de débiteur principal et celle de mandator sont réunies.*

L'obligation du *mandator* est éteinte en principe : « *quia rei obligatio plenior est,* » nous dit le jurisconsulte Julien[3]. La dette accessoire ne sera donc pas éteinte si elle se trouve être plus pleine que la dette principale. Ainsi, le *mandator* d'un débiteur tenu *naturaliter* venant à succéder à ce dernier sera tenu *civiliter* comme *mandator* et *naturaliter* comme débiteur principal[4]. Décider autrement serait faire perdre au

---

[1] L. 71, pr., D., *De fidej*.
[2] L. 21, § 5, D., xvi, 2.
[3] L. 5, pr., D., xlvi, 1.
[4] L. 21, § 2, D., *De fidej*. — Il y a donc quelque chose de trop absolu dans un texte des Institutes (§ 6, *De noxal. act.*) où l'on

créancier l'avantage qu'il a cherché en faisant cautionner l'obligation naturelle, et cela, contrairement au principe posé par le jurisconsulte Julien.

L'extinction du *mandatum* dans cette hypothèse pourra produire des résultats fâcheux, soit pour le *mandator*, soit pour le créancier. Le *mandator*, devenu débiteur principal en effet, ne pourra plus opposer au créancier les exceptions qui lui appartenaient personnellement. S'il le faisait, il serait repoussé par une exception *in factum* ou *doli mali*[1]. Quant au créancier, par suite de la libération du *mandator*, il verra s'évanouir l'obligation du *mandator* que nous avons appelé certificateur. Cette décision est rigoureuse[2], mais elle est logique.

4me HYPOTHÈSE : *Il y a deux ou plusieurs mandatores ; l'un d'eux succède à l'autre.*

nous dit qu'une action s'éteint quand elle se trouve dans des conditions où elle ne pourrait pas naître.

[1] L. 14, D., XLVI, 1.

[2] Aussi cette règle n'avait-elle pas été admise dans notre ancien droit. « Selon nos usages, dit Pothier (*Traité des obligations*, n° 383), on n'a pas égard à cette subtilité, et un certificateur n'est pas déchargé parce que le fidéjusseur qu'il a certifié est devenu héritier du principal débiteur ou *vice versa*. » Notre code civil a consacré cette doctrine dans l'article 2035 ainsi conçu : « La confusion qui s'opère dans la personne du débiteur principal et de sa caution lorsqu'ils deviennent héritiers l'un de l'autre, n'éteint point l'action du créancier contre celui qui s'est rendu caution de la caution. »

Quand il y a deux obligations, l'une principale, l'autre accessoire, qui se confondent, on voit très bien laquelle doit être éteinte par l'autre. Nous trouvons ici la réunion dans une même personne de deux obligations de même force. On ne voit pas pourquoi l'une détruirait l'autre[1] : « *Nec enim potest reperi quæ obligatio quam perimat...*[2]. » Elles doivent donc coexister. Le *mandator* qui, par exemple, a hérité de son *co-mandator* sera donc tenu de son chef et du chef de celui dont il est l'héritier. Et l'intérêt pratique de cette solution se rencontrera lorsqu'une exception appartenait personnellement à l'une des deux cautions seulement. Soient deux *mandatores*, Primus et Secundus. Ce dernier seul peut invoquer une exception. Il meurt laissant Primus pour héritier. Le créancier poursuit-il Primus de son propre chef ? Il réussira pleinement. Le poursuit-il au contraire comme héritier de Primus ? Il se verra repousser par l'exception qui appartenait à ce dernier.

7° *Dotis dictio.*

La *dotis dictio* est le plus souvent productive d'obligations. Elle peut en éteindre cependant

[1] M. Accarias, *Cours de Pandectes* 1889-90.
[2] L. 5, D., xlvi, 1.

dans certains cas. Supposons, par exemple, qu'une femme épouse son débiteur et se constitue une dot en le libérant. Elle lui dira : « *Centum quæ mihi debes doti tibi erunt.* » Le mari sera censé avoir payé la chose due pour la recevoir ensuite *dotis causa* [1]. Il sera donc libéré de son obligation primitive pour être tenu plus tard par l'action *rei uxoriæ*.

Le *mandator* de cette obligation primitive sera-t-il libéré ? Oui certainement, car la fiction de paiement est exprimée dans un texte formel [2] et le paiement opère toujours à l'égard de tous les obligés.

Si, modifiant l'espèce précédente, nous supposons que la femme épouse, non plus son débiteur, mais le *mandator*, ce dernier sera encore libéré. Le débiteur le sera aussi, *exceptionis ope* du moins, car tel est l'effet du paiement effectué par le *mandator*. Mais celui-ci, de même que s'il avait payé, aura les différents recours que nous lui avons reconnus [3].

---

[1] L. 77, *De jur. dot.*, XXIII, 3. — Cf. M. Accarias, *Précis de droit romain*, II, p. 584.

[2] L. 77, *De jur. dot.*, XXIII, 3.

[3] Nous avons rangé la *dotis dictio* parmi les modes d'extinction opérant *ipso jure*. « Cependant, dit M. Accarias (*Précis de droit romain*, II, p. 584, note 2), nous avons un texte de Marcellin (L. 44, § 1, *De jur. dot.*) d'après lequel elle n'opérerait que *per exceptionem.* Mais cela tient peut-être aux circonstances particulières de l'espèce. Le jurisconsulte suppose qu'une femme épouse

8° *Litis contestatio.*

Le créancier, nous l'avons vu, a contre le *reus* et contre le *mandator* deux actions bien distinctes. L'extinction de l'une par la *litis contestatio* laisse donc subsister l'autre [1]. Il en serait de même si nous supposions plusieurs *mandatores* dont un seul aurait été poursuivi. Les autres demeureraient obligés jusqu'à ce que le créancier fût pleinement satisfait et que son droit fût disparu faute d'objet [2]. Mais il en serait autrement si les *comandatores* s'étaient engagés sous une clause corréale [3], car alors ils devraient tous *idem*; le créancier épuiserait son droit en poursuivant l'un d'eux, et tous les autres seraient libérés *ipso jure*.

le père de son débiteur, et que la *dotis dictio* a pour objet ou ce que doit le fils ou ce que doit le père. Or, le père ne peut être tenu ici que par voie de conséquence et *de peculio*. La question est donc de savoir si la solution de Marcellus serait la même en supposant que la *dotis dictio* fût faite au fils de famille qui est seul débiteur direct. »

[1] L. 13, D., XLVI, 1.

[2] M. Gérardin, *Étude sur la solidarité*, page 56.

[3] La corréalité ne put résulter pendant longtemps que de la stipulation. On permit ensuite de l'établir par simple pacte adjoint *in continenti* à toute espèce de contrat. Telle est la doctrine admise par Ortolan (*Instituts de Justinien,* III, appendice VII de M. Labbé), M. Gérardin (*Étude sur la solidarité,* p. 32 et suivantes) et M. Accarias (*op. cit.,* II, n° 554). D'après M. Demangeat au contraire *(Obligations solidaires),* un tel pacte, adjoint à un contrat de bonne foi, ne put jamais engendrer qu'une obligation naturelle.

9° *Capitis deminutio.*

« La *capitis deminutio*, dit M. Accarias[1], n'anéantit pas la dette elle-même ; elle soustrait simplement le débiteur à son obligation. » C'est bien là ce qui résulte des textes[2] : l'obligation du *minutus* n'est pas éteinte.

Si nous supposons un *mandator* subissant ce changement d'état, le *reus* demeurera donc tenu bien évidemment. Si en sens inverse c'est le débiteur principal qui subit la *capitis deminutio*, le *mandator* restera bien aussi obligé, mais il aura un recours, soit contre le *minutus*, au moyen d'une action fictice s'il s'agit d'une *minima capitis deminutio*, soit contre le nouveau propriétaire des biens du *reus* et jusqu'à concurrence de ces biens, s'il s'agit d'une *media* ou d'une *maxima capitis deminutio.*

10° *Prescription libératoire de 30 ans.*

Cette prescription, créée par Théodose le Jeune, peut-être même par Théodose Ier, éteint aussi bien l'obligation du débiteur que celle du *mandator*. Cela ne présente aucune difficulté.

----

[1] M. Accarias, *op. cit.*, i, p. 469, note 3.
[2] L. 20 au Code, *De fidej.*

§ II. — Modes d'extinction opérant « exceptionis ope ».

I. *Exceptions nées en la personne du reus principalis*. — La règle générale [1], c'est que les exceptions *rei cohærentes* qui compètent au débiteur principal appartiennent également à la caution. La raison en est évidente : si le *mandator* ne pouvait pas opposer l'exception qui compète au *reus*, il recourrait, après avoir payé, contre celui-ci, et lui enlèverait le bénéfice de l'exception. Les exceptions *personæ cohærentes* appartenant aux débiteurs principaux sont, au contraire, refusées aux cautions [2].

C'est ainsi que les exceptions de dol, l'exception *quod metus causa* et l'exception du sénatus-consulte Velléien, étant *rei cohærentes*, peuvent être invoquées par le *mandator*. Celui-ci ne pourra, au contraire, invoquer les exceptions *personæ cohærentes*, telles que l'exception *nisi bonis cesserit* [3] ou l'exception *quod facere potest*. Cette dernière est fondée sur des relations personnelles existant entre le débiteur et le créancier. Mais il faut reconnaître qu'il est en somme bien inutile de refuser ce moyen de défense au *mandator*, car, après avoir payé, il se retournera contre le débiteur principal.

[1] Inst., § 4, iv, 14.
[2] L. 7, pr., D., xliv, 1.
[3] Inst., § 4, *De replic.*, iv, 14.

Quelques exceptions sont, tantôt *rei*, tantôt *personæ cohærentes* et seront donc ou ne seront pas profitables au *mandator*. Examinons-en deux[1].

1° Exception *de jurejurando*. — Supposons avec les textes[2] qu'un mineur ait prêté serment sur l'offre du créancier. De deux choses l'une : ou bien le serment lui a été déféré par le créancier *de ipso debito*, c'est-à-dire sur le point de savoir s'il y a une dette ; le débiteur répond que non ; la caution est libérée. Ou bien le serment porte seulement sur le point de savoir si le mineur a été autorisé par le tuteur et l'ex-pupille jure que le tuteur n'est pas intervenu. Dans ce cas la caution ne peut se prévaloir de l'exception *de jurejurando*. En effet, si le créancier a fait intervenir une caution, c'était pour se couvrir des risques que lui faisait courir l'incapacité du pupille qui, lorsqu'il n'est pas autorisé, ne s'oblige que naturellement.

2° Exception du sénatus-consulte Macédonien. — Elle est en général *rei cohærens*, mais elle peut être exceptionnellement *personæ cohærens* et refusée aux *mandatores*. C'est ce qui arrive si ces derniers se sont engagés *animo do-*

---

[1] On peut aussi ranger parmi ces exceptions celle qui résulte de l'*in integrum restitutio*. Nous l'avons étudiée en parlant de l'obligation naturelle du mineur de 25 ans, pages 35 et suivantes.

[2] L. 7, § 1, D., XLIV, 1.

nandi, c'est-à-dire sans avoir l'intention de recourir contre le débiteur principal [1].

Lorsque le *mandator* bénéficie d'une des exceptions dont nous venons de parler, le débiteur principal ne peut l'empêcher de l'opposer. Ainsi, le débiteur principal a dit au *mandator* : « Laissez-vous condamner, je vous rembourserai. » Eh bien, malgré cette demande que lui fait le débiteur, le *mandator* peut opposer l'exception. Le jurisconsulte Julien [2] nous en donne un motif décisif : c'est que la caution a intérêt à ne pas se dessaisir de son argent, plutôt qu'à payer sauf à exercer ensuite un recours. Ce recours, en effet, expose la caution à l'insolvabilité du débiteur principal [3].

[1] L. 9, § 3, D., *De Senatus. Maced.,* xiv, 6.

[2] LL. 15 et 32, pr., D., *De fidej.*

[3] Il semble bien résulter de la loi 15 précitée que, du moment qu'une exception est née en la personne du débiteur principal, il ne doit pas être au pouvoir de celui-ci d'empêcher la caution de l'opposer. Il y a un texte qui paraît dire le contraire : c'est la loi 27, § 2, D., *De pactis,* du jurisconsulte Paul. Il s'agit d'un créancier qui a fait un pacte *de non petendo in rem* au *reus principalis.* Ils font ensuite un nouveau pacte en sens inverse par lequel ils conviennent que *pecunia petitur.* Le *reus* perd alors bien certainement le bénéfice de l'exception *pacti.* Le *mandator* doit-il aussi le perdre ? D'après les lois 15 et 32 il ne devrait pas le perdre et cette solution est en effet donnée par la loi 62, *De pactis,* du jurisconsulte Furius Anthianus. Mais Paul donne une décision contraire dans la loi 27, § 2, *De pactis.* On a essayé vainement de concilier ces deux textes. Nous pensons, dit M. Accarias (*Cours de Pandectes* 1889-90), que la vérité était du côté de Furius Anthianus.

CONCLUSION.

Le *mandatum pecuniæ credendæ* marque la
dernière étape dans l'évolution du cautionnement en droit romain. De tout temps, à Rome, les
sûretés personnelles furent préférées aux sûretés
réelles. La forme la plus ancienne de cautionnement fut la *sponsio* [1] réservée aux seuls citoyens
romains ; l'*adpromissio* vint ensuite permettre
aux pérégrins de se porter cautions. Mais la
sponsio et la *fidepromissio* ne s'appliquaient
qu'aux obligations *verbis*. De plus, l'obligation
des *sponsores* et des *fidepromissores* mourait
avec eux [2] ; elle s'éteignait aussi, en vertu de la
loi Furia, au bout de deux ans, et la dette se
divisait de plein droit au jour de l'échéance
entre tous les obligés, solvables ou non.

La fidéjussion fut inventée par la jurisprudence pour éviter tous ces inconvénients et
donner plus de garantie aux créanciers. Elle

---

[1] Gaïus, iii, § 93.

[2] Ce caractère personnel du cautionnement se retrouve à l'époque
franque, dans la plègerie.

réussit pleinement, et dès l'époque classique il
n'est plus question des deux premières formes
d'*adpromissiones*.

La perfection cependant n'était pas atteinte.
La fidéjussion ne pouvait être contractée entre
absents. De plus, comme la *sponsio* et la *fidepromissio*, elle était soumise à la loi Cornelia
qui limitait à 20,000 sesterces la somme jusqu'à concurrence de laquelle il était permis de
se porter caution. Enfin, son caractère de droit
strict donnait lieu à des conséquences fâcheuses
que nous avons rencontrées au cours de cette
étude. C'étaient là autant d'entraves apportées
aux rapports commerciaux de Rome qui pourtant allaient toujours grandissant. Aussi ne faut-il
pas s'étonner si la jurisprudence, usant d'un procédé qui lui était familier, adapta au cautionnement deux contrats qui lui étaient primitivement
étrangers, le pacte de constitut et le *mandatum
pecuniæ credendæ* qu'un auteur a pu appeler la
lettre de crédit[1]. Le pacte de constitut s'employa
pour les obligations déjà nées et le *mandatum*
pour les obligations à naître.

La fidéjussion néanmoins ne disparut pas. Le
mandatum n'avait pas supprimé son utilité pour
les obligations qui pouvaient naître, soit du fait

---

[1] Molitor, *Les obligations en droit romain.*

du seul débiteur, par exemple d'une gestion d'affaires, soit directement, d'un certain état de
choses prévu par la loi, par exemple de l'indi-
vision. Le constitut ne supprima pas non plus
complètement son utilité pour les obligations
déjà nées; en effet, dit M. Accarias[1], la fidéjussion restait ici la seule forme de cautionnement possible lorsque l'obligation ne portait pas
sur des choses qui se comptent, se pèsent ou se
mesurent. Elle donnait toujours lieu à une action
perpétuelle. Ajoutons que partout où le cautionnement était imposé par la loi ou par l'édit,
la fidéjussion était seule admise.

Ainsi, à l'époque classique, les sûretés personnelles se constituaient par la fidéjussion, par
le *mandatum* ou par le pacte de constitut. Justinien ramena un peu d'unité dans cette matière.
La Novelle 4 vise et comprend dans ses dispositions les fidéjusseurs, les *mandatores* et les
débiteurs par constitut de la dette d'autrui. L'effet
extinctif de la *litis contestatio* avait disparu. La
stipulation en outre avait cessé d'être un contrat
solennel ; il suffisait, pour être en règle, de
constater par écrit qu'une interrogation et une
réponse conformes avaient été faites. Les principales différences qui avaient séparé les di-

---

[1] *Précis de droit romain*, ii, p. 621, note 3.

verses formes de cautionnement ne se rencon-
traient donc plus, et la Novelle de l'empereur
byzantin ne fit que consacrer un état de choses
déjà existant.

guerre punique, défendit aux femmes d'avoir sur
elles plus d'une demi-once d'or et de porter
des vêtements de couleurs différentes. Il leur fût
aussi interdit de se faire traîner dans des chars
soit à la ville, soit à la campagne, si ce n'est pour
aller à plus de mille pas de distance, ou bien
dans les fêtes et les réunions publiques. Mais
dès l'an 195 avant notre ère l'abrogation de cette
loi fut demandée. Les femmes firent même une
émeute que nous a dépeinte Tite-Live, et malgré un éloquent discours de Caton la loi fut
abrogée.

Devenu censeur, Caton prit sa revanche en
faisant voter en 167 la loi *Orchia,* « protesta-
tion contre la gourmandise, ce vice des Romains,
comme la coquetterie était le vice des femmes
romaines [1]. » Cette loi interdisait de manger
les portes ouvertes et limitait le nombre des
convives. Elle fut complétée par la loi *Fannia* qui
fixa les dépenses de table à 51 centimes de notre
monnaie, par tête, pour les jours ordinaires ; à
1 fr. 53 pour 10 jours par mois et à 5 fr. 10 pour
les jours de fêtes et de jeux. Défense était faite
d'admettre à sa table plus de trois convives
étrangers, excepté trois fois par mois les jours
de foires et marchés ; défense de servir aux re-

---

[1] Baudrillart, *op. cit.,* t. II, page 46.

pas aucun oiseau si ce n'est une poule engrais-
sée ; défense de consommer par an plus de
quinze livres de viande fumée.

Le luxe suivit néanmoins une marche ascendante malgré de nouveaux décrets de Sylla, de
Crassus, de César et d'Antoine. Et les lois somptuaires que firent les empereurs n'eurent pas
plus d'effet. C'était opposer une fragile barrière
au torrent qui emportait aussi le législateur.
Caton, le censeur austère lui-même, ne sut pas
résister aux entraînements de son siècle. « Vers
la fin de sa vie, dit M. Baudrillart[1], quels exemples donna-t-il ! Le vin, des amours scandaleuses
dans l'âge sénile qui forcent son fils et sa bru à
s'éloigner ; son cuisinier condamné aux étri-
vières chaque fois qu'il manque un plat, est-ce
là ce qu'on devait attendre de l'auteur rigide de
la loi Orchia ? » Quant à Sylla, à Crassus et à
Antoine, ils ont marqué dans l'histoire par le
luxe de leurs festins, et les empereurs, en même
temps qu'ils édictaient les lois somptuaires, « of-
fraient le spectacle des excès les plus scan-
daleux[2]. »

En France, le luxe s'introduisit après les con-
quêtes de Charlemagne. Pour réprimer le luxe

[1] *Op. cit.*, t. II, page 54.
[2] Courcelle - Seneuil, *Dictionnaire d'Économie politique,*
t. II, page 183.

de ses courtisans, ce prince défendit, par l'ordonnance de 808, à toute personne, de vendre
ou d'acheter le sayon double plus cher que 20
sols et le sayon simple plus que 10 sols. Le prix
du rochet fourré était fixé à 30 sols « s'il était de
poil de martre ou de loutre », à 10 sols « s'il
n'était que de poil de chat. » Tout était prévu,
« tout excepté l'échec qui suit fatalement les mi-
nutieuses réglementations [1]. »

Louis le Débonnaire fit aussi des édits somptuaires en prêchant par lui-même, chose rare,
la simplicité. Il interdit de porter des ornements d'or et d'argent et des robes de soie. Il
défendit aux membres du clergé les anneaux
garnis de pierres précieuses, les ceintures, cou-
teaux et souliers ornés de pierreries, ainsi que
l'usage des mules, palefrois et chevaux avec
frein doré. Son successeur fut loin d'imiter son
exemple. Il adopta les fastueux vêtements orien-
taux à la stupéfaction « non seulement des
hommes, dit Mézeray, mais des chiens qui hur-
laient en le voyant. »

Le luxe étalé par les bourgeois enrichis et
bouffis d'orgueil provoqua des réclamations de
la part des nobles. Philippe le Bel les écouta et
rendit de célèbres ordonnances somptuaires. Le

---

[1] Baudrillart, *op. cit.*, t. III, page 67.

luxe de la table est atteint d'abord ; on ne peut y
servir que « deux plats, trois plats au plus quand
c'est fête, avec le potage au hareng pour les
jours de jeûne, et non compris le fromage. » Le
luxe des toilettes est restreint aussi : « Nulle
bourgeoise n'aura char. — Nulle bourgeoise
ne portera vair ni gris, ni hermine, et se
délivrera de ceux qu'elle a, de Pasques pro-
chaines en un an. Elle ne portera ni ne pourra
porter or, ni pierres précieuses, ni couronne
d'or ni d'argent. Nulle damoiselle si elle n'est
chastelaine, n'aura qu'une paire de robes
par an[1]. »

Ces ordonnances furent impuissantes à enrayer
la marche ascendante du luxe. Ce fut vainement
encore que les rois réservèrent au luxe religieux
l'usage des vases précieux. Jean I et Charles V
défendirent de faire vaisselle ou joyaux de plus
d'un marc « si ce n'est pour Dieu servir. » Mais
ils créèrent ainsi l'appât du fruit défendu et la
mode donna un essor nouveau à la joaillerie.

L'expédition d'Italie amena en France les
étoffes de soie et de velours. Charles VIII n'en
permit l'usage, par un édit de 1485, qu'aux nobles ayant plus de 2,000 livres de revenus. Une
ordonnance d'Henri II, du 19 mai 1547, interdit

---

[1] *Ordonnances des Rois de France,* tome I, pages 324 et 341.

également certains vêtements aux femmes des
gens de justice : « Quant aux femmes des gens
de justice, il leur est expressément défendu de
porter aucunes robes de velours, ni d'autres
draps de soye de couleur ; leur permet seulement de les porter en cottes ou manchons. » De
même, un arrêt du Parlement de Toulouse, du
8 mai 1573, reproduit par le Parlement de Bre-
tagne, fit défense aux magistrats « de porter des
robes, sayons, manteaux, chausses de couleur
rouge, jaune, verte ou bleue ; et de porter des
chapeaux au Palais ni ailleurs, sinon en cas de
nécessité, pour l'injure du temps ou indisposi-
tion de leur personne, à peine de confiscation
des habits et de 100 livres d'amende. »

Le luxe cependant envahissait les mœurs de
plus en plus. Les prohibitions du reste tendaient
à devenir moins sévères. On peut s'en aperce-
voir en comparant par exemple l'ordonnance de
Philippe le Bel citée plus haut, réglementant le
luxe de la table, et cet édit de Michel de l'Hospital portant « qu'en quelques noces, banquets,
festins, ou tables privées que ce soit, n'y ait plus
de trois services : les entrées de table, puis la
chair et poisson, et finalement l'issue. » Il permettait six plats à chaque service, mais défendait
de les doubler : « Comme par exemple, ne pourront servir deux chapons, deux lapins, deux per-

drix, mais seulement un de chaque espèce. »
Quelques exceptions étaient faites cependant :
« Quant aux poulets et pigeonneaux, se pourront servir jusqu'à trois ; alouettes, une dou-
zaine, grives, bécassines et autres tels oiseaux
jusqu'à quatre, et ainsi d'espèces semblables,
selon la diversité du pays, à quoi nous char-
geons nos juges de pourvoir plus particulièrement[1]. »

Autant que l'Hospital, Sully fut l'ennemi
du luxe. Il nourrissait à cet égard tout un ensemble d'idées qu'il ne put mettre complètement à exécution. « Si j'avais été cru, écrit-il,
je n'aurais toléré ni les carrosses, ni les autres
inventions du luxe, qu'à des conditions qui auraient coûté cher à la vanité. Des règlements
particuliers devaient prescrire aux procureurs
généraux de poursuivre et de punir exemplaire-
ment ceux qui, par le scandale d'une vie prodigue et dissolue, portaient un notable préjudice
au public, aux particuliers ou à eux-mêmes. Le
moyen qu'on leur donnait pour pouvoir le faire
était de leur joindre en chaque juridiction trois
personnes publiques appelées censeurs ou réformateurs, choisies de trois ans en trois ans dans
une assemblée publique et autorisées par leur

[1] *Ordonnances des Rois de France, loc. cit.*

charge, à laquelle étaient attachées toutes sortes d'exemptions, — non seulement à dénoncer aux juges tous pères, enfants de famille et telles autres personnes accusées de porter la dissolution au delà des bornes de l'honneur, et les dépenses superflues au delà de leurs facultés, — mais encore à obliger les juges eux-mêmes, en les prenant à partie en cas de refus, à apporter le remède qui leur était prescrit contre les excès dans l'un et l'autre genre. »

Ce régime inquisitorial et tyrannique ne fut heureusement jamais appliqué. Néanmoins, sur l'inspiration de Sully, Henri IV rendit une ordonnance frappant l'excessive richesse des costumes. Cette ordonnance se termine d'une façon spirituelle et mordante : « Défense de porter ni or, ni perles, ni diamants, excepté cependant aux filles de joie et aux filous, auxquels nous ne prenons pas assez d'intérêt pour leur faire l'honneur de donner attention à leur conduite[1]. » Les bijoux se cachèrent immédiatement. Mais on se rejeta sur les rubans, les faveurs. La soie

---

[1] C'était mettre à exécution l'idée de Montaigne qui accusait les édits somptuaires de manquer leur but, par l'attrait que l'on donnait aux choses défendues : « Car dire ainsi qu'il n'y aura que les princes qui mangent du turbot et qui puissent porter du velours et de la tresse d'or et l'interdire au peuple, qu'est-ce autre chose que de mettre en crédit ces choses-là et faire croître l'envie à chacun d'en user ? La loi devrait dire au rebours que le

s'empara du domaine abandonné par les pierres précieuses : « C'était comme une autre tête de l'hydre qui renaissait[1]. »

Le règne de Louis XIII abonde en édits somptuaires. La table et la toilette furent de nouveau frappées, ce qui montre bien l'inefficacité des mesures antérieures. Il fut défendu en 1629 de dépenser plus d'un écu chez le traiteur. On ne put avoir sur sa table plus de trois services ; à chaque service un seul rang de plats, et dans chaque plat six pièces. Les convives, témoins d'infractions à ce règlement, étaient obligés de les dénoncer sous peine de 40 livres d'amende. Les officiers de justice, dans le même cas, devaient quitter la table et poursuivre les coupables. La délation n'est pas en honneur en France fort heureusement ; de telles mesures ne pouvaient réussir.

Un autre édit du 8 novembre 1633 s'occupa de l'habillement. Il fut défendu à tous sujets « de porter sur leurs chemises, collets, manchettes, coiffes, et sur autre linge aucune découpure et

cramoisi et l'orfévrerie est défendue à toute espèce de gens, sauf aux bateleurs et aux courtisans. » Il cite en terminant Zaleucus ordonnant « que la femme de condition libre ne puisse mener après elle plus d'une chambrière, sinon lorsqu'elle sera yvre ; ny ne puisse sortir hors la ville, de nuict, ny porter joyaux d'or à l'entour de sa personne, ny robbe enrichie de broderie, si elle n'est... femme de mauvaise vie. » (*Essais*, Liv. III, ch. ix.)

[1] Baudrillart, *op. cit.*, t. IV, p. 22.

broderie de fil d'or et d'argent, passements,
dentelles, points coupés, manufacturés tant dedans que dehors le royaume. » Il fut complété
par l'édit de mai 1639 prohibant les draps d'or
ou d'argent, fin ou faux, et toutes broderies faites
de ces matières. Les habillements les plus riches
ne purent être que de velours, de satin, de taf-
fetas sans autre ornement que deux bandes de
broderies de soie. L'étoffe de laine put seulement être employée par les cochers, les laquais,
les pages. Enfin, il fut défendu aux carrossiers
de faire, vendre, ou débiter des carrosses ou litières brodées d'or, d'argent, ou de soie, et d'en
dorer les bois.

Louis XIV fit aussi des édits somptuaires. L'é-
dit de 1661, rapporté quelques années plus tard,
atteignit les habillements somptueux, et Sgana-
relle, dans l'École des maris, put s'écrier aux
applaudissements des hommes :

> O trois et quatre fois béni soit cet édit
> Par qui des vêtements le luxe est interdit !
> Les peines des maris ne seront plus si grandes
> Et les femmes auront un frein à leurs demandes.

Les édits de ce prince frappèrent encore les
carrosses, les meubles et la vaisselle d'or et
d'argent. Les parures d'or, d'argent, de diamants furent interdites aux personnes vendant,

trafiquant, travaillant de leurs mains ; on y comprenait les notaires et les procureurs, les avocats étaient exceptés.

Ce fut là le dernier effort de la législation somptuaire en France. La conclusion qui se dégage de ce coup d'œil rapide jeté sur les mesures édictées en vue d'arrêter le développement du luxe, c'est qu'elles n'eurent aucune efficacité. Tantôt éludées, tantôt ouvertement méprisées, elles ne purent jamais enrayer le progrès du luxe, ce qui prouve que la loi est impuissante à corriger les mœurs : « *Quid leges sine moribus?* »

Réformer les mœurs ne fut pas du reste le seul but que poursuivirent les différents législateurs. La croyance que le luxe amollit avait, il est vrai, inspiré Lycurgue, Zaleucus et Solon. Mais à Rome un autre sentiment commença à se manifester, sentiment qui a inspiré toute la politique du moyen âge en pareille matière et qui se retrouve chez les débris des classes féodales en Allemagne, dans les pays musulmans, etc. : c'est le sentiment de la jalousie des classes. La vanité des grands, en effet, appela les lois somptuaires chez nous, comme la jalousie des classes inférieures les avait réclamées à Rome : « Dans les républiques, dit J.-B. Say, les lois somptuaires ont été rendues pour complaire aux classes pauvres, qui n'aimaient pas à être hu-

législatif n'était guère moins étendu que dans
l'antiquité. Le roi avait toute latitude pour empêcher une classe « d'empiéter sur l'autre et de
changer le rang qui lui était assigné par l'ancienne coutume[1]. »

Ainsi donc, les législateurs de Rome et de
la France monarchique étaient excusables en
prenant des mesures contre le luxe. Mais à notre
époque, dans notre société telle qu'elle est depuis ce siècle, peut-on songer à faire des lois
somptuaires ?

En 1792, en 1793, en 1794, la question du luxe
fut examinée et trois grandes opinions se déve-
loppèrent à ce sujet :

La première était celle des économistes et des
publicistes de l'école libérale repoussant les dépenses exagérées au nom de la morale et de l'é-
conomie politique sans réclamer l'action du législateur.

La seconde opinion ne s'en prenait aussi
qu'aux exagérations du luxe, « à ses développements trop écrasants pour l'égalité[2], » mais les
atteignait au moyen de mesures législatives. Robespierre semble bien avoir été partisan de cette

----

[1] Courcelle-Seneuil, *Dictionnaire d'Économie politique*, t. II,
p. 184.
[2] Baudrillart, *op. cit.*, t. IV, p. 466.

opinion [1] adoptée par une minorité de Girondins
et un grand nombre de Montagnards.

La dernière opinion, et de beaucoup la plus
radicale, était celle de Saint-Just dont les idées
se résumaient dans cette déclaration : « Il ne
faut ni riches ni pauvres. » Et pour empêcher
l'inégalité de se produire, le célèbre tribun voulait assurer à tous quelques terres. Il préconisait
aussi l'impôt progressif, les taxes destinées à
venir en aide aux pauvres, l'abolition du testament. Cet ensemble de mesures constituait, on
le voit, le système de suppression du luxe le
plus radical qui ait jamais été proposé, à part
cependant le communisme absolu [2].

[1] Robespierre, en effet, avait formulé clairement les trois principes suivants : droit au travail, droit à l'assistance, impôt progressif. C'étaient là autant de moyens de frapper en fait, sinon avec
intention, le luxe des particuliers. L'impôt progressif, principalement, peut devenir, si on le veut, un véritable impôt somptuaire,
car il est nécessairement arbitraire, et « on ne peut, dit M. Beauregard, déterminer rationnellement la progression susceptible d'é-
galiser les charges imposées à chacun. Pourquoi celui qui a un
revenu double payerait-il le triple par exemple, plutôt que le quadruple ou le quintuple ? Il est impossible de le savoir. » (*Éléments
d'Économie politique*, page 413.) Aussi le législateur, après avoir
adopté un taux modéré, pourra-t-il l'élever fortement pour frapper
directement le luxe et même le porter au delà de toute mesure
pour en arriver à la confiscation.

[2] « C'est une chose remarquable, dit M. Baudrillart, qu'aucune
fraction d'une assemblée aussi révolutionnaire que la Convention
n'ait admis le communisme... Ainsi Saint-Just, attaquant sans
mesure la richesse, l'inégalité, dans ses idées niveleuses plus dé-
clamatoires que précises, faisait, comme nous disons aujourd'hui,
du socialisme, mais non du communisme. » *Op. cit.*, t. IV, p. 466.

Mais ces diverses théories n'ont jamais été appliquées fort heureusement. On en est resté aux principes de 1789 et à l'idée de liberté dans l'emploi de la richesse comme dans le travail. Ce que l'on veut chez nous, ce n'est pas seulement la liberté politique, comme chez les anciens, mais la liberté civile et la liberté privée. Il n'y a plus de hiérarchie dans les conditions. Il est permis à chacun de rechercher dans la société la place qui convient le mieux à ses goûts et à ses aptitudes, d'avoir un foyer et d'y vivre à sa guise. Chacun peut y produire la richesse comme il l'entend et la consommer de même. C'est aux particuliers seuls « que revient le soin, dit M. Beauregard, de produire la richesse, de la faire circuler, de se la partager et de la consommer librement [1]. »

On ne saurait donc approuver l'intervention du législateur en ces matières. Il faut repousser la prétention de certains économistes, de M. de Monthyon notamment [2], qui voudraient faire de

[1] M. Beauregard, *Éléments d'Économie politique,* page 309.

[2] L'auteur du livre : *De l'influence de l'impôt sur la moralité des peuples,* écrit avec un mélange singulier de vérité et d'erreur : « Je ne sais jusqu'à quel point la magnificence des monuments publics est honorable pour un État, quel jugement on doit porter de ces édifices qui n'ont pas un objet d'utilité réelle, et comment on peut applaudir à ces monuments d'un luxe national dans les pays où il manque des asiles à la pauvreté et aux infirmités; mais, en ne considérant que les habitations de la richesse qui

l'impôt un moyen de répression énergique des dépenses de luxe, « un régulateur des mœurs. » C'est aux remèdes moraux qu'il faut demander ces résultats que la loi du reste, l'expérience l'a démontré, est impuissante à atteindre. Sur quoi se fonderaient aujourd'hui des impôts somptuaires destinés à châtier les riches ? Certes il existe un mauvais luxe, et les appétits qui le développent et qu'il suscite à son tour, comme les scandales auxquels il donne lieu, méritent peu de pitié ; mais l'œuvre du législateur ne saurait se confondre avec celle de la morale. Le principe de la libre responsabilité qui domine notre société ne le permet pas. « Le financier moraliste et législateur, dit justement M. Baudrillart[1], retombe dans le système tyrannique des lois

seules sont susceptibles d'être imposées, ne doit-on pas voir avec regret cette multitude énorme d'hôtels ou de châteaux, gouffres où ont été englouties des sommes immenses sans qu'il en ait résulté pour les propriétaires une grande augmentation de jouissances réelles, mais seulement un plaisir de vanité ? Ces propriétaires, avec la même dépense, auraient pu mettre en valeur une grande partie de leurs terres qu'ils ont laissées en friche, dessécher des marais, ouvrir des canaux, fouiller des mines, se livrer à une multitude d'entreprises lucratives qui auraient augmenté leurs richesses et par là celles de l'État. Dans la république romaine, les chefs-d'œuvre de l'architecture étaient réservés pour les monuments publics et les ornements étaient bannis des maisons des particuliers. Quand les mœurs se perdirent, l'apparition de ce genre de luxe fut réprimée par un impôt *colonnaire*. Pourquoi la finance moderne qui a fait tant de progrès, ne serait-elle pas sur cet article aussi morale que l'ancienne ? »

[1] *Op. cit.*, t. IV, p. 689.

somptuaires ; il devient oppresseur, il se substitue à la liberté, à la responsabilité privée.

L'impôt somptuaire qui cherche à décourager le luxe, ne se justifie donc pas plus que les lois somptuaires qui tendent à le détruire. Il serait aujourd'hui « un anachronisme et une vieillerie [1]. » Les législateurs de nos jours ignorent et avec raison si le luxe est un bien ou un mal. Ils se sont contentés de voir dans les manifestations du luxe un simple signe de la richesse qui aide à l'atteindre par l'impôt selon la règle d'une exacte proportion. Nous ne sommes plus ici en présence de l'impôt somptuaire, de l'impôt *contre* le luxe, mais bien de l'impôt *sur* le luxe, selon l'heureuse expression de M. Baudrillart.

Il y a donc un abîme entre les impôts sur le luxe qui vont faire l'objet de cette étude et les impôts somptuaires de l'ancien régime, bien que les deux expressions soient souvent de nos jours employées l'une pour l'autre. L'impôt somptuaire répond à certaines idées morales, politiques et économiques qui n'ont plus cours aujourd'hui. L'impôt sur le luxe, au contraire, se rencontre dans la plupart des nations civilisées. Il n'y a guère de budget, quelle que soit la forme du gouvernement, quel que soit l'état de la so-

---

[1] M. Baudrillart, *Les impôts sur les consommations de luxe.* (*Revue des Deux-Mondes* du 1er octobre 1871.)

ciété, où l'on n'ait considéré certaines dépenses
d'agrément comme susceptibles d'une taxation
particulière. Est-ce un tort ? Nous ne le pensons
pas. « Il serait fort injuste en tout cas de crier
au socialisme toutes les fois que cette pensée
se fait jour [1], » d'autant plus que ces taxes se
trouvent tout aussi bien, et même avec un caractère plus prononcé, chez des peuples où l'a-
ristocratie tient une grande place. D'un autre
côté, la pente est glissante. Une aristocratie
peut faire son sacrifice, se surtaxer elle-même,
sans que cela tire à conséquence ; elle saura
s'arrêter à la limite de ses droits et de ses intérêts. Il n'est pas aussi aisé à la démocratie de se
modérer dans une voie où il semble que tout la
pousse. Voilà pourquoi il nous a paru intéressant d'étudier les impôts sur le luxe, d'examiner
les motifs qui seuls les légitiment et de rechercher autant que possible la mesure où ces impôts, qui peut-être n'ont pas dit leur dernier
mot, doivent être renfermés.

[1] M. Baudrillart, *Les impôts sur les consommations de luxe.* (*Revue des Deux-Mondes* du 1er octobre 1871.)

CHAPITRE I.

NÉCESSITÉ ET DIFFICULTÉ D'IMPOSER LE LUXE.

C'est un principe généralement admis que le
revenu forme la véritable matière imposable.
Ceux-là même qui préconisent l'impôt sur le
capital déclarent qu'ils usent d'un détour pour
mieux frapper le revenu. Aussi les aphorismes
d'Adam Smith et de J.-B. Say ont-ils servi de
guide aux différents législateurs modernes dans
l'établissement de leurs impôts : « Les sujets
d'un État, dit le premier, doivent contribuer au
soutien du gouvernement, chacun le plus possible en raison de ses facultés, c'est-à-dire en
proportion du revenu dont il jouit sous la protection de l'État. » Et le second ajoute : « Quant
aux revenus, ils sont proprement, quelle qu'en
soit la source, la véritable matière imposable
parce qu'ils renaissent incessamment. »

Mais il est très difficile de déterminer l'importance des revenus de chaque individu, et les
différents législateurs, d'accord pour imposer
les revenus, se sont séparés dans l'application

du principe communément admis. Les uns se
sont contentés d'atteindre les revenus à leur
apparition et d'en calculer l'importance d'après
le montant des dépenses qu'ils alimentent. C'est
là méthode de présomption, usitée en France.
Les autres ont voulu atteindre soit le revenu
lui-même entre les mains du contribuable, soit
les diverses sources de revenus considérés dis-
tinctement ; mais l'insuffisance des résultats
ainsi obtenus les a forcés à recourir aussi à la
première méthode. Dans toutes les nations civilisées, par suite, le fisc s'efforce de partager entre
chacun la charge de l'impôt proportionnellement au revenu en frappant la richesse dans
toutes ses manifestations.

Ne voit-on pas dès lors que l'imposition du
luxe se trouve être la conséquence nécessaire de
l'emploi de cette méthode ? Si l'impôt en effet
doit atteindre la richesse, on ne saurait s'absté-
nir de taxer le luxe qui en est un indice évident.
« Le fisc, dit M. Stourm [1], deviendrait inexcu-
sable s'il fermait volontairement les yeux devant ces manifestations éclatantes des fortunes
privées. Puisque le luxe s'offre spontanément,
l'impôt ne peut que s'empresser de le saisir. »
La théorie de la proportionnalité de l'impôt lui
en fait un devoir.

[1] *Systèmes généraux d'impôts*, p. 103.

On a nié cependant la nécessité de l'impôt sur le luxe en le présentant sous un jour odieux à la liberté des mœurs modernes, et « un écrivain qui a laissé échapper peu de sophismes possibles dans la plupart des matières qu'il a traitées, Proudhon, n'a pas manqué celui-là[1]. » D'après lui, « frapper les objets de luxe, c'est prendre la civilisation à rebours ; le luxe est synonyme de progrès. Le luxe est déjà plus qu'un droit dans notre société ; c'est un besoin. Et c'est quand l'effort universel tend à populariser de plus en plus les choses de luxe que l'on voudrait restreindre la jouissance du peuple aux objets qu'il plaît de qualifier de nécessaires ! L'ouvrier sue et se pressure pour acheter une parure à sa fiancée, une montre à son fils, et vous le lui interdisez, à moins qu'il ne consente à payer votre impôt, c'est-à-dire votre amende... Alors supprimez la peinture, la gravure, la statuaire, la musique, les manufactures de pianos et d'instruments, car tout cela est du luxe au plus haut degré. L'impôt somptuaire est insignifiant comme ressource fiscale ; il est antiesthétique, il proscrirait l'art. Renouvelé des anciennes lois somptuaires, lois essentiellement aristocratiques qui assignaient à chaque classe de la société ses

----

[1] De Parieu, *Traité des Impôts*, t. II, p. 42.

costumes et ses étoffes, il révolte notre sentiment démocratique et égalitaire [1]. »

Comme on le voit, Proudhon confond, à dessein peut-être, les anciennes lois somptuaires et
les impôts modernes sur le luxe. Il n'y a aucun
rapport, nous l'avons vu dans notre introduction, entre des mesures prohibitives surannées
et le fait du Trésor qui, en taxant une jouissance, professe par cela même son intérêt à la
voir subsister et même se multiplier. Le fisc n'a
nullement l'intention de proscrire l'art comme
le prétend Proudhon. Il n'a pas plus l'intention
de supprimer la peinture, la gravure, la musique, etc., en les imposant, qu'il ne veut proscrire différentes denrées alimentaires, bien autrement utiles, et taxées néanmoins par suite des
besoins du budget. Proudhon aurait-il voulu voir
l'impôt s'adresser à l'utile et au nécessaire et
laisser le superflu dans l'ombre ? Non certainement. La véritable raison, la seule même pour
laquelle cet économiste a repoussé les taxes sur
le luxe, c'est qu'il cherchait d'une façon générale à renverser tous les impôts. On peut renoncer à imposer le luxe, comme le reste d'ailleurs, lorsqu'on abolit la propriété et qu'on
proclame l'égalité des salaires. L'impôt serait

1. *Théorie de l'impôt*, pages 161 et suiv.

une machine bien faible quand on dispose de moyens tout autrement radicaux pour atteindre un but tout autrement étendu.

Mais les idées de Proudhon n'ont pas triomphé et les impôts continuent toujours à exister et à atteindre la richesse. La taxation du luxe reste par suite toujours nécessaire [1].

Ainsi donc le luxe doit être imposé. Voilà une règle qui ne peut soulever aucune objection théorique. Mais de quelle manière mettre cette règle en pratique ? La difficulté apparaît ici, car il faut connaître exactement la matière imposable et « il est impossible de préciser ce que l'on doit entendre par *le luxe* [2]. »

Si l'on ouvre le Dictionnaire de l'Académie, on trouve au mot *Luxe* cette définition : « Somptuosité, excès de dépense dans le vêtement, les meubles, la table. » Les mots de « somptuosité » et d' « excès » auraient eux-mêmes besoin d'être définis dans ce cas.

Le Dictionnaire de Littré ne s'éloigne guère de celui de l'Académie ; on y lit : « *Luxe,* magnificence dans le vêtement, dans la table, dans

---

[1] C'est avec étonnement que nous avons entendu M. Boulanger, rapporteur général du budget de 1894 au Sénat, invoquer la théorie de Proudhon à propos d'un nouvel impôt sur le luxe, l'impôt sur les pianos, et confondre l'impôt sur le luxe avec l'impôt somptuaire.

[2] M. Beauregard, *Éléments d'Économie politique*, page 290.

l'ameublement ; abondance de choses somp-
tueuses. »

Le luxe, d'après Steuart, serait l'usage du superflu, et c'est à peu près la même définition
que nous en donne Adam Smith. Mais on ne
peut considérer cette définition comme juste
que si l'on sait d'abord ce qu'est le superflu,
chose la plus relative qu'on puisse trouver. Selon les temps, selon les lieux, selon le degré de
civilisation, selon les individus mêmes, tel objet de consommation peut être tour à tour superflu ou nécessaire. « Il n'existe guère, dit Mac
Culloch, un seul objet parmi ceux qui sont tenus pour indispensables à l'existence, ou une
seule amélioration d'une nature quelconque, qui
n'ait été à son apparition dénoncée comme une
superfluité ou comme étant nuisible [1]. » « Les
chemises étaient, au xive siècle, un luxe royal [2] ;

[1] *Principes d'Économie politique,* t. II, page 236.

[2] « On rapporte, dit M. Leroy-Beaulieu (*Le Luxe, Revue des
Deux-Mondes* du 1er novembre 1894, page 83), qu'au xve siècle, la
femme de Charles VII était la seule française à posséder deux chemises de toile. Au xvie siècle, il advenait encore qu'une princesse
fît cadeau de quelques chemises à un prince. » Aussi Voltaire pouvait-il dire deux siècles après : « Transportons-nous au temps où
nos pères ne portaient pas de chemises ! Si quelqu'un leur eût
dit : Il faut que vous portiez sur la peau des étoffes fines et légères, blanches comme la neige, et que vous en changiez tous les
jours, tout le monde se serait écrié : Ah ! quel luxe ! quelle mol-
lesse ! vous voulez corrompre les mœurs et perdre l'État ! » *(Observations sur MM. Lass, Melon et Dutot.)*

l'usage des mouchoirs s'introduisit chez les grands vers la fin du xve siècle. Un chroniqueur anglais de la fin du xvie siècle s'indigne qu'on ait poussé la recherche jusqu'à remplacer la vaisselle de bois par la vaisselle d'étain ; l'emploi du chêne au lieu du saule dans les charpentes, le nombre des cheminées, tout ce qu'il y a de plus judicieux à nos yeux dans les dépenses a été à l'origine taxé de prodigalité inutile. Le scandale est surtout grand au xvie siècle lorsque le luxe, tel qu'il est alors compris, se propage de la noblesse aux bourgeois enrichis. Un vieil auteur italien, Jean Musso, s'indigne quand, à l'éclairage des torches, on commence à substituer des chandelles de suif ou de cire placées sur des chandeliers ! A la fin du xviiie siècle, nos paysans ne portaient guère que des sabots, quand ils n'allaient pas pieds nus[1]. »

La définition d'Emile de Laveleye mérite les mêmes observations : « Est objet de luxe, dit-il, ce qui est à la fois superflu et coûteux, c'est-à-dire ce qui satisfait à un besoin factice et a coûté beaucoup de journées de travail. » De plus, qu'est-ce qu'un besoin factice, et à partir de quel nombre de journées de travail consacrées à un

[1] M. Cauwès, *Précis d'Économie politique*, 2e éd., tome I, page 397.

objet, celui-ci est-il mis au rang des articles de luxe ?

« Le tort, dit M. Leroy-Beaulieu [1], est de rechercher une formule absolue pour une chose aussi relative, ondoyante et variable. » Aussi préférons-nous la définition qu'il propose : « Le luxe consiste dans cette partie du superflu qui dépasse ce que la généralité des habitants d'un pays, dans un temps déterminé, considère comme essentiel, non seulement aux besoins de l'existence, mais même à la décence et à l'agrément de la vie. »

Nous appellerons donc objets et consommations de luxe tous ceux qui, étant donnée notre civilisation, ne comportent aucune utilité, au point de vue de l'entretien et de l'accroissement des forces productives ou de la population. Voilà des objets et des consommations qui doivent être par conséquent frappés d'un impôt autant que possible. La plupart, du reste, le sont déjà, soit en France, soit à l'étranger. C'est ce que nous allons voir dans les deux chapitres suivants, pour rechercher ensuite si l'on peut étendre encore le champ d'application de l'impôt sur le luxe.

---

[1] *Le luxe et la fonction de la richesse.* (*Revue des Deux-Mondes* du 1ᵉʳ novembre 1894, p. 73.)

CHAPITRE II.

Les impôts sur le luxe ne forment pas dans notre budget, pas plus que dans les budgets des autres pays, une catégorie sous cette désignation spéciale. Le nom de luxe n'y est pas prononcé ou ne l'est que très rarement. « Peut-être, dit M. Baudrillart[1], le législateur a-t-il voulu éviter de rappeler les anciennes taxes somptuaires, peut-être encore a-t-il craint de présenter comme un point de mire aux instincts démagogiques. » Mais si le mot ne se trouve guère, l'idée n'est pas absente.

Nos lois fiscales, depuis 1789, renferment à peu près toutes quelques impôts sur les objets et les consommations de luxe.

La période révolutionnaire eut quelques impôts sur le luxe de peu de durée. La loi du 13 janvier 1791 sur la contribution mobilière adoptait, comme signes des facultés premières,

[1] *Revue des Deux-Mondes* du 1ᵉʳ octobre 1871, page 523.

le loyer d'habitation, les domestiques, les chevaux et mulets de luxe. La loi du 25 juillet 1795
augmenta le nombre de ces indices. Au loyer
elle ajoutait les cheminées, les poêles, les voitures et litières. D'après la loi du 14 thermidor
an IV, on conserva l'impôt sur les domestiques
ainsi que sur les chevaux et voitures de luxe.
Ces deux taxes furent également maintenues
dans les remaniements opérés en 1798 par les
lois des 26 fructidor an VI et 3 nivôse an VII.
Mais les difficultés de leur perception et leur
faible rendement[1] les firent abolir définitivement
en ces termes par la loi du 24 avril 1806 : « A
compter de 1807, il ne sera plus fait de taxes
somptuaires. »

Les taxes sur les objets et consommations de
luxe ont reparu cependant, surtout depuis 1870.
Elles se trouvent disséminées çà et là au milieu
de contributions très diverses. Pour les distinguer, nous nous sommes servi de la définition
donnée au chapitre précédent des objets et consommations de luxe, et nous sommes arrivé
ainsi à donner l'énumération suivante de nos
impôts sur le luxe :

L'impôt sur les chevaux et voitures ;

L'impôt sur les billards ;

---

[1] *Mémoires du duc de Gaëte*, t. I, p. 227.

L'impôt sur les cercles, sociétés et lieux de réunion ;

L'impôt sur les chiens ;

L'impôt sur les vélocipèdes ;

L'impôt sur les cartes à jouer ;

Le droit de garantie des matières d'or et d'argent ;

Les droits de chasse (droits sur les permis et sur les poudres de chasse) ;

L'impôt sur le tabac ;

L'impôt sur les liqueurs fortes ;

Le droit des pauvres.

La plupart des économistes sont d'accord pour reconnaître le caractère d'impôts sur le luxe aux différentes taxes qui précèdent, sauf cependant pour les droits sur le tabac et sur l'alcool auxquels certains auteurs refusent ce caractère.

Nous avons pensé devoir nous ranger à l'opinion de la majorité qui compte les noms les plus autorisés de la science économique : « L'usage du tabac, dit Michel Chevalier[1], est un luxe chez toutes les classes sans exception[2]. » Par-

---

[1] *Le nouveau système financier de la France.* (*Revue des Deux-Mondes*, 1874, t. IV, p. 536.)

[2] M. Cauwès semble pencher en faveur de cette opinion : « L'impôt sur les tabacs, dit-il, peut être considéré presque comme un impôt somptuaire. » (*Précis du cours d'Économie politique*, 2ᵉ éd., t. II, p. 557.)

lant aussi du tabac, M. Baudrillart [1] estime que
cette consommation de luxe est « la moins
digne d'intérêt au point de vue esthétique », et
il ajoute après avoir parlé des liqueurs et des
boissons alcooliques : « C'est là le luxe popu-
laire, et un mauvais luxe. » C'est également l'a-
vis de M. Leroy-Beaulieu [2] qui, recherchant la
mesure dans laquelle on doit frapper le luxe,
distingue selon qu'il s'agit des consommations
de luxe nuisible (tabac et alcool) ou des objets
de luxe inoffensifs (chevaux et voitures, billards, etc.)

Cette opinion nous paraît très fondée. Le
terme de consommation de luxe doit s'attacher,
indépendamment de toute idée nécessaire de
magnificence, à tous les usages plus ou moins
superflus, à des habitudes vulgaires aussi bien
qu'à des raffinements recherchés, à des consommations usitées dans les classes ouvrières
comme à celles dont la classe riche a le privilège. En matière de consommation en effet,
comme le dit M. Beauregard [3], « sont objets de
luxe ceux que l'on peut s'abstenir de consommer

<hr>

[1] *Revue des Deux-Mondes* du 1ᵉʳ octobre 1871.

[2] *Le Luxe. (Revue des Deux-Mondes* du 1ᵉʳ décembre 1894,
pages 550 et suivantes.)

[3] *Éléments d'Économie politique,* p. 52.

sans inconvénient pour la santé. » N'est-ce pas le cas de l'alcool et du tabac [1] ?

L'opinion contraire est soutenue par M. Stourm. Le fumeur et le buveur d'alcool, dit-il, « font une dépense superflue lorsqu'ils satisfont leurs passions, mais on ne saurait dire qu'ils sont luxueux pour cela. » Qu'ils ne mènent pas une vie luxueuse, nous l'admettons fort bien, mais nous ne pouvons pas dire que la consommation de l'alcool et celle du tabac ne soient pas des consommations de luxe. M. Stourm prétend que « le mot luxe comporte une idée de jouissance et d'ostentation. » Cela est peut-être vrai dans le langage du monde. Mais le fisc n'a pas pour but de punir l'ostentation. M. Stourm l'admet en repoussant l'impôt moralisateur. Le fisc, se trouvant vis-à-vis de consommations ou d'objets superflus qui supposent quelques ressources supplémentaires chez ceux qui en font usage, les frappe d'une taxe à son profit. Voilà l'impôt moderne sur le luxe. C'est bien cette dénomination que donne M. Stourm aux impôts sur les

---

[1] Nous n'en disons pas autant du café, du thé, du chocolat, du sucre, et de quelques denrées similaires, car on ne peut affirmer que leur usage soit tout à fait superflu. Ce sont, à beaucoup d'égards, il est vrai, des consommations d'agrément, mais ce sont aussi des consommations alimentaires, et l'usage modéré, n'eût-il même que l'agrément pour but, n'est pas sans de réels avantages hygiéniques.

billards, sur les cartes à jouer, sur les vélocipèdes. Et pourtant, si l'on exige d'un objet ou d'une consommation qu'elle éveille quelque idée d' « ostentation » pour la qualifier de luxueuse et la frapper comme telle d'un impôt, trouvera-t-on plutôt ce caractère dans l'usage des billards, des cartes à jouer, des vélocipèdes que dans celui du tabac ou des liqueurs fortes[1] ?

Examinons chacun des impôts sur le luxe que nous avons énumérés :

Section I.

Impôt sur les chevaux et voitures.

Le 12 juin 1852, un projet de loi proposait le rétablissement de l'impôt sur les voitures et les chevaux disparu depuis 1807. Mais il fut retiré devant l'accueil très froid que lui fit le Corps législatif. Quelques années après, en 1856, cependant, cette assemblée consacra le principe d'une taxe sur les voitures servant au transport des

[1] Peut-être reconnaîtrait-on plus facilement la qualification de luxueuse à la consommation du tabac et à celle de l'alcool si les impôts qui les frappent rapportaient moins au Trésor. L'impôt sur le tabac à lui seul produit plus de 300 millions. Il est gênant dès lors de le ranger parmi les impôts sur le luxe lorsqu'on veut conclure une étude sur ceux-ci en disant que leur rendement sera toujours faible et qu'ils méritent bien la qualité d'improductifs qui leur a été donnée tout d'abord.

personnes dans la capitale, malgré le rapport
contraire de M. O'Quin[1]. Le Sénat, à une faible
majorité, s'opposa alors à la promulgation de la
loi en prétextant principalement l'omission dans
celle-ci d'un maximum de taxe. On invoqua
aussi le dissentiment qui existait entre le Conseil municipal de la Seine prétendant imposer
toutes les voitures, même celles servant au transport des matériaux, denrées et marchandises,
et le Conseil d'État qui voulait n'assujettir que
les voitures transportant les personnes.

Le gouvernement reprit le projet en 1858, et
une commission prise au sein du Conseil d'État
et du Conseil municipal de la Seine essaya, mais
vainement, d'aboutir à une conciliation. Ce fut
alors que le projet du budget des recettes
de 1863 étendit à toute la France l'impôt qui ne
devait primitivement s'appliquer qu'à Paris.
D'après l'exposé des motifs[2], le nouvel impôt ne
devait être que l'accessoire de la contribution
des portes et fenêtres et de la contribution per-
sonelle et mobilière. Il est juste, y disait-on, de
demander à la richesse et même à l'aisance une
certaine part contributive dans les dépenses de
l'Etat, et cela conformément au système suivi

[1] Du 13 avril 1855.
[2] Exposé des motifs du 6 mars 1862, signé de M. de Lavenay,
Conseiller d'État.

depuis la loi du 13 janvier 1791 consistant à saisir les revenus dans leur manifestation extérieure et non à les atteindre directement. L'exposé des motifs insistait en terminant sur cette considération que la proposition du gouvernement n'était pas l'expression d'une théorie nouvelle, et que l'impôt proposé n'offrirait aucun caractère de prohibition le rapprochant d'une loi somptuaire.

La taxe fut adoptée, le 2 juillet 1862, par le Corps législatif, après une discussion épineuse et incidentée, avec hésitation, au nom des nécessités financières, et en en transformant complètement le principe : « La majorité de votre commission, disait M. Legris[1], séparant entièrement l'impôt sur les chevaux et voitures de la contribution personnelle et mobilière pour n'y voir qu'une taxe spéciale indépendante de toute idée d'impôt sur le luxe et sur les manifestations extérieures de la richesse, a examiné le projet qui vous était proposé à un autre point de vue,... en le rattachant avant tout à des principes et à des causes analogues à ceux qui ont inspiré la loi de 1836 sur la vicinalité.... L'impôt sur les chevaux et voitures lui semble devoir être admis uniquement comme compensa-

---

[1] Rapport du 3 juin 1862, au nom de la Commission du Corps législatif.

tion de services rendus, de certains avantages spéciaux dont ils profitent ou de certains dommages qu'entraîne leur usage.... Dans cet ordre d'idées, l'élément de fortune et de richesse n'apparaît plus qu'au dernier plan, et comme s'appliquant uniquement à l'importance des localités, pour en faire la base de la progression et de la décroissance des taxes. »

La loi nouvelle à peine mise en vigueur donna lieu à de vives réclamations. On s'insurgeait contre le système des déclarations « peu sympathique, dit M. de Parieu, au caractère français[1]. » De plus, les exceptions trop nombreuses entraînaient des inégalités choquantes[1] et aboutissaient à réduire le rendement à trois millions[2] au lieu des cinq millions que promettait le budget.

Les adversaires du nouvel impôt ne manquèrent pas de faire valoir ces raisons pour en réclamer la suppression à la Chambre qui demanda au gouvernement de se livrer à une enquête. Le Ministre des finances confia l'examen

---

[1] L'article 6 de la loi du 2 juillet 1862 était ainsi conçu : « Les voitures et les chevaux qui seront employés en partie pour le service du propriétaire ou de la famille, et en partie pour le service de l'agriculture ou d'une profession quelconque donnant lieu à l'imposition d'une patente, ne seront point passibles de la taxe. »

[2] Exactement 2.939.893 fr. en 1867.

de la question à une commission spéciale[1] et
fit faire une enquête par la Direction générale
des Contributions directes.

Cette enquête démontra, et il est utile de le
reconnaître, que l'impôt était généralement considéré comme juste et équitable et que les réclamations venaient uniquement des exemptions nombreuses et arbitraires contenues dans
l'article 6 de la loi. Aussi la commission s'atta-
cha-t-elle à réformer l'application du principe.
Le projet nouveau transformait l'impôt sur les
chevaux et voitures en taxes départementales
dont le tarif aurait été voté, dans les limites indiquées par la loi, par les conseils généraux, qui
auraient également décidé s'il y avait lieu ou
non, de soumettre à la demi-taxe les chevaux et
voitures mixtes. La déclaration enfin était supprimée. L'état-matrice aurait été rédigé comme
ceux des autres contributions directes.

Ce fut ainsi transformée que le gouvernement
présenta la taxe sur les chevaux et voitures dans
la loi de finances de 1866[2] au Corps législatif.
Mais celui-ci la rejeta. Cette suppression, dit
M. Ducrocq, fut « considérée par d'excellents
esprits comme un fait regrettable », car il fallut

---

[1] Arrêté du 4 juin 1864.
[2] Présentée le 16 février 1865.

« demander à d'autres impôts les ressources que celui-ci pouvait équitablement donner[1]. »

Par suite des nécessités budgétaires, la loi de finances du 16 septembre 1871 (art. 7) remit en vigueur purement et simplement la loi du 2 juillet 1862. L'année suivante, la loi de finances modifia l'ancienne assiette, divisa les communes en cinq classes au lieu de quatre, et attribua aux communes le vingtième du produit de la taxe au lieu du dixième.

La loi du 22 décembre 1879, complétée par l'article 3 de la loi du 29 décembre 1884 a encore apporté quelques modifications à cet impôt. Nous allons les rencontrer en étudiant l'ensemble de la législation sur cette matière[2].

La loi du 2 juillet 1862 exigeait pour l'imposition que les voitures fussent attelées, et l'on entendait par là les voitures que le propriétaire pouvait atteler simultanément. Actuellement, la loi du 23 juillet 1872 soumet d'abord à la taxe toute voiture suspendue destinée au transport des personnes[3] quelle que soit sa forme et sans qu'il y ait lieu de rechercher si les voitures pos-

---

[1] *Cours de Droit administratif*, 6e éd., t. II, p. 322.

[2] Cette législation ne s'applique pas à nos colonies. La contribution sur les voitures et les chevaux n'existe pas en Algérie. Elle figurait, pour 1894, dans les seuls budgets de l'île de la Réunion et des établissements de l'Inde. On la trouve aussi en Tunisie.

[3] Loi du 23 juillet 1872, article 5.

sédées sont ou non attelées, si elles peuvent ou non être attelées simultanément, et si elles sont attelées avec des chevaux, des mulets ou des ânes.

Sont soumis ensuite à la taxe les chevaux, mules et mulets servant à atteler les voitures imposables ainsi que les chevaux, mules et mulets de selle.

Le tarif se trouve établi dans l'article 1er de la loi de 1872. Il varie de 10 à 60 francs pour les voitures et de 10 à 25 francs pour les chevaux, suivant la population des communes [1].

[1] Voici ce tarif :

VILLES, COMMUNES ou LOCALITÉS dans lesquelles le tarif est applicable.	SOMME A PAYER (non compris le fonds de non-valeurs) pour chaque.		
	VOITURE à 4 ROUES	VOITURE à 2 ROUES	CHEVAL de selle ou d'attelage.
Paris	60 fr.	40 fr.	25 fr.
Les communes autres que Paris ayant plus de 40.000 âmes de population	50	25	20
Les communes de 20.000 âmes à 40.000 âmes. . . .	40	20	15
Les communes de 10.001 âmes à 20.000 âmes	30	15	12
Les communes de 5.001 âmes à 10.000 âmes	25	10	10
Les communes de 5.000 âmes et au-dessous	10	5	

Il était ajouté par la loi du 2 juillet 1862, au principal de l'im-

La loi de 1862 avait affranchi de tous droits les voitures affectées tout à la fois au service personnel du propriétaire et de sa famille et aux travaux de l'agriculture ou à l'exercice d'une profession patentée. Cette disposition avait donné lieu à une foule d'abus et avait rendu l'impôt presque improductif, comme nous l'avons vu précédemment. Aussi la loi de 1872 n'admit-elle plus d'exception pour les voitures mixtes, c'est-à-dire pour ces voitures qui sont employées à la fois au service personnel et aux travaux de l'agriculture et de l'industrie. Quant aux voitures *exclusivement* destinées aux travaux de l'agriculture ou à l'exercice d'une industrie patentée, elle se borna à ne les frapper que d'une demi-taxe.

La loi du 22 décembre 1879 a modifié dans un sens favorable aux cultivateurs et aux patentés les conditions de cette réduction qui, désor-

pôt, 5 centimes par franc pour couvrir les décharges, réductions, remises ou modérations, ainsi que les frais d'assiette et de confection des rôles. En cas d'insuffisance, il était pourvu au déficit par un prélèvement sur le principal. Ce système a été suivi jusqu'en 1892 ; mais en supprimant le budget sur ressources spéciales, la loi du 18 juillet 1892 a enlevé au fonds de non-valeurs de la contribution son affectation particulière. Depuis le 1er janvier 1893, le produit de ce fonds est rattaché au budget général de l'État, et les décharges, réductions, etc., sont imputées sur un crédit spécial destiné à couvrir tous les dégrèvements concernant les taxes assimilées.

mais, est accordée pour tous les éléments d'imposition employés *habituellement* pour le service de l'agriculture ou d'une profession patentée, alors même qu'en dehors de cet usage habituel, le possesseur en ferait parfois usage pour son service personnel ou celui de sa famille [1].

Comme par le passé cependant, certains patentables exerçant des professions dites libérales (tableau D) sont imposés dans tous les cas à la taxe entière. Ce sont les architectes, les avocats, les avoués, les chirurgiens-dentistes, les commissaires-priseurs, les médecins, les greffiers, les huissiers, les ingénieurs, les mandataires agréés près les tribunaux de commerce, les notaires, les officiers de santé, les référendaires au sceau de France, les vétérinaires.

Que décider pour les individus dont la profes-

---

[1] La circulaire du 26 décembre 1879, n° 586, a expliqué qu'un cheval (ou une voiture) *habituellement* affecté au transport des personnes pour le service de l'agriculture ou d'une profession quelconque donnant lieu à l'application de la patente, peut être considéré comme étant aussi, d'une manière plus ou moins habituelle ou fréquente, affecté aux courses personnelles ou d'agrément des possesseurs ou de leur famille. L'une de ces *affectations habituelles* n'est pas exclusive de l'autre, et, comme il n'y a plus, d'après la nouvelle législation, nécessairement corrélation entre la taxe des chevaux d'attelage et celle des voitures, il suffit pour donner droit à la demi-taxe, que les chevaux (ou les voitures) soient employés *habituellement* pour le service de l'agriculture ou d'une profession patentée.

sion est, en principe, passible de la patente,
mais qui en sont exemptés comme *ouvriers tra-*
vaillant seuls ? Auront-ils droit, ne payant pas
patente, à la réduction de taxe pour les voitures et les chevaux, mules et mulets habituellement affectés à l'exercice de leur industrie ?
Nous le pensons. Déjà, en effet, la loi a enlevé
en partie à notre taxe son caractère exclusif
d'impôt sur le luxe en y assujettissant dans une
certaine mesure les cultivateurs et les industriels. Ce serait dépasser son but que de traiter
les ouvriers travaillant seuls, peu fortunés le
plus souvent, plus mal encore que les agricul-
teurs et les industriels dont la situation est généralement bien moins précaire.

Qu'arrivera-t-il si un contribuable, possédant
plusieurs chevaux employés aux travaux agricoles par exemple, attelle aussi ces chevaux aux
voitures imposables qu'il possède ? Paiera-t-il la
taxe entière pour tous les chevaux ? Non, il a
été admis par tolérance, conformément aux ex-
plications données à la Chambre sur l'art. 5 de
la loi de 1872 par M. Gouin rapporteur, qu'on
ne compterait qu'un cheval imposable par voiture à un cheval, deux chevaux par voiture à
deux chevaux, etc., sans qu'on puisse jamais
imposer des chevaux dont il ne serait pas fait
usage pour atteler les voitures imposables.

« Ainsi, dit M. Ducrocq, un contribuable possédant dix chevaux de labour et deux voitures
imposables, l'une à un cheval, l'autre à deux
chevaux, serait imposable pour trois chevaux
si trois ou plus de ces chevaux étaient indifféremment attelés aux deux voitures. Dans
le cas où ce contribuable n'attellerait jamais
que les deux mêmes chevaux à ses voitures, il
serait passible de la taxe pour deux chevaux
seulement [1]. »

L'impôt dont nous parlons cherchant à atteindre une source de richesse ne devait pas
frapper les chevaux et les voitures dont la possession ne présente aucun indice de fortune ou
d'aisance. Aussi, d'après la loi du 23 juillet 1872[2],
ne donnent pas lieu à la taxe :

Les voitures non suspendues et les chevaux,
mules et mulets qui servent à les atteler ;

Les voitures, chevaux, mules et mulets affectés exclusivement au service des voitures publiques qui sont soumises aux droits perçus par

---

[1] *Cours de Droit administratif*, 6ᵐᵉ édition, t. II, page 324.

[2] La loi du 23 juillet 1872 n'a pas reproduit la disposition de la
loi du 2 juillet 1862 qui dispensait de la taxe les voitures et chevaux possédés par les ministres des différents cultes. Ceux-ci sont
donc imposables pour les chevaux et voitures qu'ils possèdent ;
telles sont, du reste, les intentions exprimées à ce sujet dans le
rapport fait au nom de la commission du budget (Circulaire du
24 septembre 1872).

l'administration des contributions indirectes (voitures en service régulier, voitures en service d'occasion, voitures en service irrégulier, voitures en service extraordinaire) ;

Les voitures, chevaux, mules et mulets exclusivement destinés à la vente ou à la location, tels que ceux possédés par les marchands de chevaux, carrossiers, marchands de voitures, etc. [1] ;

Les voitures, chevaux, mules et mulets possédés en conformité des règlements du service militaire ou administratif [2] ;

Les juments et étalons exclusivement consacrés à la reproduction [3] ;

[1] Cette exception édictée par la loi du 23 juillet 1872, article 7, ne s'applique qu'aux voitures et chevaux que les industriels dont il s'agit gardent en magasin pour les vendre, ou qu'ils louent à la journée ou pour de courtes périodes, et qu'ils ont ainsi continuellement à leur disposition pour l'exercice quotidien de leur profession, de telle sorte qu'on peut dire qu'ils ne cessent pas d'en être possesseurs ; elle ne saurait être revendiquée pour les voitures et chevaux qu'ils donnent en location pour de longues périodes pendant lesquelles ces éléments d'imposition demeurent en la possession constante de leurs clients, lesquels deviennent alors personnellement imposables. (Arrêts du Conseil d'État du 19 mai 1876 et du 21 février 1879.) — Voir *Notice sur les contributions directes* de M. E. Faivre, p. 130.

[2] Pour les chevaux possédés en vertu des règlements militaires ou administratifs, il n'y a pas à se préoccuper de l'usage ou de la destination, mais seulement du caractère réglementaire de la possession. Dès l'instant que ce caractère est établi, l'exemption est due. Ainsi les chevaux dont il s'agit ne seraient pas moins affranchis s'ils venaient à être attelés à des voitures imposables.

[3] Avant d'être soumis à cette affectation, beaucoup d'entre eux

Les ânes même lorsqu'ils servent à atteler des voitures imposables.

Pour une raison toute différente de la précédente, les voitures, chevaux, etc., des agents diplomatiques des puissances étrangères ne sont pas passibles de la taxe. Ces agents sont en effet censés résider toujours sur la terre nationale. On ne doit pas plus les assujettir à cette taxe qu'à l'impôt sur les portes et fenêtres dont ils sont affranchis par application du principe de réciprocité internationale[1].

La taxe des chevaux et voitures est annuelle et due pour l'année entière à raison des faits existants au 1er janvier. C'est sur la déclaration des possesseurs qu'elle est établie[2]. Elle est

sont soumis à des épreuves (courses) qui exigent qu'ils soient dressés et montés ou attelés. Ils sont imposables durant cette période.

[1] Les consuls des puissances étrangères, en ce qui concerne l'impôt des portes et fenêtres, et il doit en être de même pour notre taxe, ne sont pas frappés lorsqu'ils sont sujets de l'État qui les nomme, à l'exception toutefois des consuls de l'Angleterre pour lesquels il n'est intervenu aucune convention internationale qui les exonère (Circulaire du 9 janvier 1875). Quant aux Français exerçant les fonctions de consuls d'une ou plusieurs nations étrangères, ils n'ont droit à aucune immunité. Enfin les consuls des États-Unis sont exempts même s'ils ne sont pas sujets de l'Union, pourvu, bien entendu, qu'ils ne soient pas citoyens français (Circulaire du 2 avril 1878).

[2] C'est ce qui résulte de l'article 8 de la loi de 1822 qui a abrogé les articles 4 et 6 de la loi de 1862 aux termes desquels la taxe était due par le *propriétaire* des éléments imposables. L'administration n'a donc plus à rechercher quel est le véritable propriétaire des chevaux, voitures et mulets imposables, et elle doit ins-

doublée pour les voitures et les chevaux qui n'ont pas été déclarés ou qui l'ont été d'une façon inexacte [1]. Les personnes qui, au 1er janvier, possèdent des chevaux et des voitures soumis à

crire au rôle celui qui conserve ces éléments en sa possession et les emploie à son service.

C'est pour cette raison que l'Administration des Contributions directes a voulu imposer les voitures de grande remise que certaines personnes prennent en location et remisent dans des locaux à leur disposition particulière. « Ces voitures, dit M. Arnoux (*Dictionnaire des finances*, t. I, p. 1542), ne portent aucune marque apparente qui permette d'y reconnaître des voitures de louage ; de plus, il arrive fréquemment que le preneur y fait peindre son chiffre ou ses armoiries et qu'il habille le cocher à sa livrée. Rien ne vient donc les distinguer de celles qui leur appartiennent en propre. » Le Conseil d'État, revenant sur la jurisprudence qui paraissait se dégager de quelques arrêts (arrêts du 21 février 1879, du 6 février 1880, du 6 novembre 1885 et du 26 février 1886), s'est prononcé, contrairement aux conclusions du commissaire du gouvernement, contre l'imposition des voitures de grande remise (arrêt du 27 décembre 1889). Après avoir fait remarquer que l'article 8 de la loi du 23 juillet 1872 déclarait seulement passibles de la taxe les possesseurs d'éléments imposables, et que l'article 7 exemptait les voitures et les chevaux possédés par des marchands et exclusivement destinés à la vente ou à la location, le Conseil d'État a considéré que les voitures et les chevaux loués étaient conduits et entretenus par une personne au service du loueur, qui continuait ainsi à les détenir par son préposé, d'où il résultait que le locataire n'était pas, dans ces conditions, possesseur au sens de la loi.

Sous la loi de 1862, aucune difficulté ne pouvait se produire à ce sujet. Les propriétaires seuls devaient payer la taxe. Du reste, le Corps législatif n'avait pas maintenu une disposition qui se trouvait dans le projet de loi et suivant laquelle étaient assujettis à la moitié de la taxe, à Paris, et dans les villes de plus de 40.000 habitants, les voitures et les chevaux consacrés exclusivement à la location, à l'année, au mois, ou à la journée.

[1] Loi du 2 juillet 1862, art. 12.

l'impôt, doivent en faire, avant le 16 du même mois, la déclaration à la mairie de leur résidence. Le 16 janvier, le maire réunit les déclarations pour les adresser au Directeur des Contributions directes chargé de faire établir les rôles[1]. Le recouvrement se fait comme en matière de contributions directes auxquelles notre taxe du reste est assimilée par la loi[2].

Lorsqu'un contribuable a plusieurs résidences, il est, pour les voitures, chevaux, mules et mulets qui le suivent habituellement, imposable dans la commune où il est soumis à la contribution personnelle[3] ; mais la taxe est établie suivant la classe de la commune dont la population est la plus élevée. Pour les voitures, chevaux,

---

[1] Les rôles sont émis dans les premiers jours du second trimestre ; ils sont arrêtés et rendus exécutoires par le préfet ; les maires les font publier au moyen d'affiches et les percepteurs en effectuent le recouvrement comme pour les contributions directes. Aux termes de l'article 3 de la loi du 29 décembre 1884 : « Sont imposables à la contribution sur les voitures et les chevaux, au moyen de rôles supplémentaires, et sans préjudice des accroissements de taxes dont ils seraient passibles pour défaut ou inexactitude de déclaration, les possesseurs de voitures, chevaux, mules ou mulets, pour ceux de ces éléments d'imposition qu'ils posséderaient depuis une époque antérieure au 1er janvier et dont l'imposition aurait été omise dans les rôles primitifs. Les droits ne sont dus qu'à partir du 1er janvier de l'année pour laquelle le rôle primitif a été émis. »

[2] La contribution sur les chevaux et voitures est inscrite au budget parmi les taxes assimilées aux contributions directes.

[3] Conformément à l'article 13 de la loi du 21 avril 1832, c'est-à-dire dans la commune du domicile réel.

mules et mulets qui restent habituellement attachés à l'une de ces résidences, ils sont imposés dans la commune de cette résidence et suivant le tarif afférent à la population de cette commune [1].

Si, dans le courant de l'année, un contribuable devient possesseur de chevaux et de voitures, il doit, dans le délai d'un mois, en faire la déclaration, et l'impôt est dû alors à partir du 1er du mois dans lequel l'acquisition s'est produite et « sans qu'il y ait lieu de tenir compte des taxes imposées au nom des précédents possesseurs [2].»

De même, une nouvelle déclaration est exigée de tout contribuable qui quitte sa résidence pour s'établir dans une autre où le tarif est plus élevé. Ce contribuable devient alors passible d'une taxe supérieure et doit payer un droit complémentaire « égal au montant de la différence, et calculé à partir du 1er du mois dans lequel le changement de résidence s'est produit [3]. »

Mais en dehors de ces cas, une déclaration

---

[1] Loi du 2 juillet 1862, article 10.

[2] Loi du 23 juillet 1872, article 8. — Mais une nouvelle taxe ne serait pas due par un possesseur qui changerait de chevaux dans le cours d'une année sans en augmenter le nombre. Il a été dit, en effet, par le rapporteur de la loi que tout possesseur de chevaux qui déclare avoir un ou deux chevaux a « le droit d'avoir dans son écurie, un, deux chevaux, pendant l'année entière. »

[3] Loi du 2 juillet 1862, article 9.

une fois faite n'a pas besoin d'être renouvelée.
Elle est valable « pour toute la durée des faits
qui y ont donné lieu [1]. »

Malgré le système des déclarations, l'impôt
sur les chevaux et voitures s'est parfaitement
acclimaté chez nous. Il avait, à ses débuts, « sus-
cité des critiques de la part des représentants
des classes opulentes, critiques frivoles et intéressées [2]. » Sa suppression avait été votée, mais
depuis bientôt plus de vingt ans, il continue toujours à figurer au budget et à donner un produit toujours croissant [3]. On ne peut donc qu'approuver pleinement le législateur de le laisser
subsister, car c'est un impôt qui atteint une
manifestation de la richesse. « Dans notre état
de civilisation, avec les nombreux moyens de
transport collectifs et rapides qui sont à la disposition du public, la possession de voitures et
de chevaux destinés au transport des personnes
est certainement l'un des indices les plus assu-
rés de l'aisance et de la fortune. Dans les grandes
villes notamment, on juge d'une manière ap-

---

[1] Loi du 2 juillet 1862, art. 11. — Les réclamations en décharge
ou en réduction sont soumises aux mêmes règles qu'en matière
de contributions directes.

[2] M. Leroy-Beaulieu, *Traité de la science des finances,* t. I,
p. 435.

[3] Cet impôt figurait au budget de 1892 pour 12.263.500 fr., de
1893 pour 12.363.600 fr., de 1894 pour 12.380.000 fr.

proximative de la richesse des habitants par cette considération qu'ils ont des chevaux et des voitures à eux. Il est donc tout naturel que le législateur ait frappé ces objets [1]. »

Section II.

Impôt sur les billards.

Comme le précédent, cet impôt fut introduit chez nous à la suite de nos revers de 1870. Il avait été signalé plusieurs fois à l'attention de l'administration des finances sous le second Empire, mais il ne fut voté que par l'Assemblée Nationale, à l'effet de contribuer à rétablir l'équilibre du budget, dans la loi du 16 septembre 1871 [2].

La taxe sur les billards est un véritable impôt sur le luxe [3]. C'est bien là le caractère qui lui a été reconnu par le législateur. Voici en effet en quels termes le rapporteur du budget, M. Ca-

[1] M. Leroy-Beaulieu, *Traité de la science des finances*, t. I, p. 434.

[2] Cette loi, portant fixation du budget rectificatif de la même année, ne faisait que poser le principe de l'impôt et en donner le tarif. La loi du 18 décembre 1871 décida que la taxe sur les billards serait recouvrée comme les contributions directes. Enfin le décret du 27 décembre 1871, portant règlement d'administration publique, vint déterminer l'application de ces deux lois.

[3] M. Leroy-Beaulieu, *Traité de la science des finances*, t. I, p. 431.

simir-Périer, présentait les raisons sur lesquelles s'appuyait la commission favorable à son adoption : « Le jeu de billard est un délassement ; il devient un abus lorsqu'il retient trop dans les lieux publics des gens qui auraient à mieux employer leur temps. En proposant une taxe sur les billards, nous n'avons pas dessein de nous faire réformateur des mœurs. Pour élever d'une façon appréciable le prix d'une partie de billard, il faudrait porter la taxe à des proportions très différentes de celles auxquelles nous nous sommes arrêtés. Notre échelle prouvera que c'est surtout la jouissance du particulier logé de façon à posséder chez lui un billard, ce qui n'est pas rare dans les habitations de campagne, qui sera atteinte. Dans les lieux publics, la taxe se divisera tellement dans une perception infinitésimale que ni le propriétaire, ni le joueur d'habitude ou d'occasion ne s'en apercevront [1].... »

Tout possesseur de billard, à quelque titre qu'il en ait la jouissance [2], est tenu de payer la taxe. Et comme celle-ci se trouve assimilée aux contributions directes, elle est due pour

[1] *Journal officiel* du 3 octobre 1871, p. 3.794.
[2] La possession, même à titre de location, suffit pour rendre imposable le détenteur.

l'année entière par tous les contribuables qui possèdent des billards au 1er janvier de chaque année [1].

Mais le législateur, n'ayant eu l'intention de frapper que les billards considérés comme moyen de délassement et de récréation, ne devait pas imposer les fabricants et les marchands pour les billards qu'ils possèdent exclusivement à l'effet de les vendre ou de les louer. C'est ce qui ressort de l'exposé des motifs et de la loi ; l'instruction ministérielle des 6-9 janvier 1872 le dit formellement en exemptant en même temps les billards anglais, hollandais, chinois, et autres du même genre, qui n'ont réellement que le nom de commun avec les billards proprement dits et qui ne doivent pas, en conséquence, être classés au nombre des éléments imposables.

Le tarif d'après lequel sont imposés les billards a été fixé par l'article 8 de la loi du 16 septembre 1871. Il varie suivant la population, car la loi présume qu'il faut une fortune plus considérable dans les grandes villes que dans les petites pour avoir une habitation permettant de

---

[1] Le seul fait de posséder un billard au 1er janvier de l'année suffit, si ce billard est d'ailleurs en état de servir, pour légitimer l'établissement de l'impôt, sans qu'il y ait lieu de rechercher s'il est réellement utilisé. (Arrêt du 18 juillet 1873.)

posséder un billard. Les communes sont divisées à cet égard en quatre catégories [1].

Les possesseurs de billards, soit publics, soit privés, sont tenus d'en faire la déclaration à la mairie de la commune où se trouvent les billards. Les déclarations sont reçues du 1er octobre de chaque année au 31 janvier de l'année suivante. Passé ce délai, les contribuables sont passibles de la double taxe pour chaque billard non déclaré. La déclaration inexacte entraîne également la double taxe.

Les déclarations sont permanentes et continuent à servir de bases à la formation du rôle tant qu'elles n'ont pas été modifiées ; mais toute déclaration tendant à la radiation ou à la di-

---

[1] Voici ce tarif :

Paris.	60 fr.
Villes au-dessus de 50.000 âmes.	30
Villes de 10.000 à 50.000 âmes .	15
Ailleurs.	6

On s'est demandé si ce tarif, établi pour les villes d'après le chiffre de leur population, est applicable même aux billards de la banlieue. Le Conseil d'État a répondu par l'affirmative. Par le mot ville, a-t-il dit (arrêt du 7 août 1874), la loi du 16 septembre 1871, art. 8, a entendu désigner le territoire entier de la commune et n'a fait aucune distinction analogue à celle qu'on rencontre dans les lois des 21 avril 1832 et 25 avril 1844 sur les impôts des portes et fenêtres et sur les patentes.

Il n'a pas été ajouté à la taxe de centimes spéciaux pour couvrir les dégrèvements prononcés ; mais on ouvre chaque année au budget un crédit spécial sur lequel ces dégrèvements sont imputés. (M. Arnoux, *Dictionnaire des finances*, t. I, p. 402.)

minution des bases d'imposition par suite, soit de la réduction du nombre des billards, soit de leur translation dans une autre commune, doit, à peine de nullité, être faite avant le 31 janvier de chaque année.

Les déclarations sont transmises par les maires au Directeur des Contributions directes[1], qui est chargé de préparer les rôles nominatifs[2] par perception et de rédiger les avertissements individuels concernant chaque contribuable.

La taxe sur les billards est recouvrée par les percepteurs comme les contributions directes[3]. Due pour l'année entière, comme nous l'avons vu, elle est payable par portions égales en autant de termes qu'il reste de mois à courir à la

---

[1] Le Directeur des Contributions directes classe les déclarations envoyées par les maires et les adresse aux contrôleurs qui profitent de leurs différentes tournées dans les communes pour vérifier les déclarations et rédiger des bulletins individuels à l'aide desquels ils procèdent à l'établissement des états matrices.

[2] Il n'est pas fait de rôle supplémentaire pour les contribuables qui deviennent possesseurs de billards en cours d'année, car le décret de 1871 n'impose que ceux qui en possèdent avant le 1er janvier. Mais l'article 6 du même décret dispose que « lorsque les faits pouvant donner lieu à des doubles taxes motivées par l'omission ou l'inexactitude des déclarations n'ont pas été constatés en temps utile pour entrer dans la formation du rôle primitif, il est dressé dans le cours de l'année un rôle supplémentaire. »

[3] Les réclamations en ce qui concerne notre taxe se font aussi comme en matière de contributions directes. Par suite, toutes les règles applicables aux demandes en décharge ou réduction et en remise ou modération, relatives aux contributions directes, doivent être ici observées.

date de la publication du rôle. C'est ce que nous dit l'article 1 du décret de 1871, et son article 2 ajoute qu' « en cas de décès du contribuable les héritiers sont tenus au paiement de la taxe ou portion de taxe non acquittée, » et d'autre part qu' « en cas de déménagement du contribuable hors de la perception, la taxe ou la portion de taxe restant à acquitter est immédiatement exigible. » Toutefois, les possesseurs de billards ont, dans le cas de cession d'établissement au sens de la loi du 15 juillet 1880 sur les patentes, la faculté de faire transférer à leurs successeurs la taxe ou portion de taxe afférente aux billards cédés avec l'établissement [1].

Terminons sur cet impôt en disant qu'il a complètement répondu aux prévisions du législateur de 1871. Pas plus que pour la contribution des chevaux et voitures, le système de déclarations n'a soulevé de trop grandes difficultés. Le législateur a pu atteindre un indice de richesse sans nuire au développement de l'industrie des

---

[1] C'est la seule exception, dit la *Notice sur les contributions directes* (p. 138), qui soit apportée au principe de l'annualité de l'impôt en ce qui concerne les billards publics. A cet égard, ajoute-t-elle, il ne suffirait pas pour autoriser le transfert qu'un contribuable (cafetier, maître de billard, etc.) vendît dans le courant de l'année tous les billards qui se trouvaient dans son établissement au 1er janvier, ou quelques-uns d'entre eux seulement ; il faudrait, pour justifier le transfert, qu'il y eût cession de l'établissement dans le sens de la loi et de la jurisprudence en matière de patente.

billards, car il résulte de l'examen des différents budgets que le produit de l'impôt a toujours été en augmentant [1]. Les fabricants n'ont
donc pas eu à souffrir ; le Trésor a trouvé un
supplément de ressources sur le superflu. C'est
là un très heureux résultat.

Section III.

Impôt sur les cercles, sociétés et lieux de réunion.

C'est aussi au lendemain des événements de
1870-71 que cet impôt fut introduit chez nous.
Déjà cependant, au mois de mars 1870, un député du Corps législatif, M. Haentjens, avait déposé une proposition de loi tendant à frapper
les cercles comptant plus de vingt-cinq membres
d'un impôt égal au tiers du prix du loyer [2]. Cette
proposition fut l'objet d'un rapport sommaire,
mais ne put aboutir par suite des incidents qui
survinrent.

En 1871, la Commission parlementaire chargée de soumettre à l'Assemblée Nationale les

---

[1] La taxe sur les billards a produit 978.511 fr. en 1872,
1.055.904 fr. en 1882. Elle était inscrite au budget de 1894 pour
1.134.500.

[2] Étaient exemptées les réunions littéraires, scientifiques ou ar-
tistiques (art. 9). Le produit de l'impôt était évalué à 1.500.000 fr.

moyens financiers destinés à faire face aux
charges du Trésor reprit le principe de la proposition, et M. Casimir-Périer, son rapporteur,
s'exprimait à ce sujet dans les termes suivants :
« Les cercles sont des lieux de réunion, de con-
versation. S'ils ont l'inconvénient d'enlever
trop de maris au foyer domestique, ils sont une
ressource pour le célibataire. Quelques-uns
sont des lieux de lecture ou d'étude ; mais d'ordinaire, même pour ceux à qui leur titre semble
réserver cette dernière spécialité, ils en ont l'ap-
parence plus que la réalité. Rien ne semble plus
légitime que d'astreindre à une taxe des sociétés fermées qui partagent le caractère de
lieux publics sans en supporter les charges. Un
moyen simple s'offre de proportionner équitablement l'impôt aux facultés de ceux qui auront
à l'acquitter ; ce moyen consiste à fixer la taxe
au cinquième de la cotisation annuelle. Le
membre d'un des grands cercles de Paris pourra
payer ainsi jusqu'à 50 ou 60 fr. Celui d'un des
cercles de nos villes de troisième ordre ne paye-
ra que quelques francs. »

L'Assemblée Nationale sanctionna la proposition de la commission ; la taxe sur les cercles
existe chez nous depuis la loi du 16 septembre
1871. Assimilée aux contributions directes le
18 décembre de la même année, elle n'a cessé

depuis de figurer dans les différents budgets, en subissant toutefois quelques modifications.

D'après la loi du 16 septembre 1871, article 9, la taxe était due, au taux de 20 %, sur les cotisations payées par les personnes faisant partie des cercles, sociétés et lieux de réunion. Cette assiette fut modifiée par l'article 4 de la loi du 17 juillet 1884, à la suite d'un amendement présenté par M. Leydet. En vertu de cet article 4, l'impôt fut alors perçu d'après les ressources totales annuelles et s'éleva à 10 % lorsque les ressources annuelles étaient inférieures à 6.000 fr., à 20 % lorsque ces ressources égalaient ou dépassaient 6.000 fr.

Cette innovation avait pour premier but de relever l'impôt à prélever sur les cercles. D'après le rapport de M. Casimir-Périer, cité plus haut, en effet, la taxe nouvelle devait faire entrer plus de deux millions dans la caisse du Trésor. Mais son produit était presque toujours resté inférieur à 1.450.000 francs, et il était même tombé, en 1888, au-dessous de 1.400.000 francs. Et cependant, les cercles s'étaient multipliés et quelques-uns, de Paris surtout, avaient pris une importance considérable. « Il en est, disait au Sénat M. Boulanger[1], qui occupent

---

[1] Rapport fait le 30 juillet, au nom de la commission chargée d'examiner le projet de loi, adopté par la Chambre des députés,

des intallations princières, qui paient des loyers énormes et qui offrent à leurs membres tous les avantages d'une existence luxueuse. L'impôt qui s'y applique est d'une insuffisance manifeste. »

En second lieu, la loi nouvelle voulait proportionner l'impôt aux facultés réelles de chaque établissement au lieu de le limiter aux facultés présumées d'après le chiffre des cotisations. Mais il fut vite reconnu qu'il était impossible, en pratique, de constater le montant des ressources autres que celles provenant des jeux. Un décret portant règlement d'administration publique avait été rendu le 1er avril 1890 pour donner aux agents du fisc le droit de vérifier l'exactitude des délibérations. Mais en dehors de l'exercice que le Conseil d'État ne pouvait prescrire, rien n'était plus facile que de dissimuler même les ressources principales. Aussi ne put-on atteindre la plus-value de 500.000 francs que les auteurs de la réforme attendaient de celle-ci.

C'est pour ces motifs qu'on décida de prendre pour base de l'impôt, à la fois les cotisations et la valeur locative de chaque cercle. D'après l'article 33 de la loi du 8 août 1890, la taxe est ré-

concernant les contributions directes et taxes y assimilées de l'exercice 1891.

glée sur le montant des cotisations[1] y compris les droits d'entrée et sur le montant de la valeur locative des bâtiments, locaux et emplacements affectés à l'usage de l'établissement, et son taux varie d'après les catégories suivantes :

1re *catégorie* : Cercles dont les cotisations s'élèvent à 8.000 francs et au-dessus, ou la valeur locative à 4.000 francs et au-dessus :

20 % du montant des cotisations et 8 % du montant de la valeur locative.

2me *catégorie* : Cercles dont les cotisations sont de 3.000 francs et au-dessus, mais inférieures à 8.000 francs, ou dont la valeur locative est de 2.000 francs et au-dessus, mais n'atteint pas 4.000 francs.

10 % du montant des cotisations et 4 % du montant de la valeur locative.

3me *catégorie* : Cercles dont les cotisations sont inférieures à 3.000 francs et la valeur locative inférieure à 2.000 francs.

5 % du montant des cotisations et 2 % de la valeur locative.

La taxe est acquittée par les gérants, secré-

---

[1] On doit comprendre dans le montant des cotisations passibles de la taxe les cotisations extraordinaires imposées en vue de dépenses exceptionnelles et dont le paiement est obligatoire pour tous les membres d'un cercle. (Arrêts du Conseil d'État du 1er juin 1877, du 30 mai 1879.)

taires ou trésoriers des cercles[1] qui doivent faire, chaque année du 1er au 31 janvier, à la mairie des communes dans lesquelles se trouvent ces établissements, une déclaration indiquant[2] :

1° Le nombre des abonnés, membres ou associés et le temps pendant lequel ils ont fait partie du cercle, de la société ou de la réunion dans le cours de l'année précédente, ainsi que le montant correspondant de leurs cotisations avec mention spéciale des droits d'entrée compris dans ces cotisations ;

2° Les bâtiments, locaux et emplacements affectés à l'usage de l'établissement pendant l'année précédente.

En cas de dissolution ou de fermeture d'un cercle en cours d'année, pareille déclaration doit être faite dans les 10 jours[3].

---

[1] Loi du 8 août 1890, art. 33 *in fine*.

[2] Décret du 30 décembre 1890, art. 1er. — Voici les articles 2 et 4 de ce décret :

Art. 2. — La déclaration du gérant, secrétaire ou trésorier est inscrite sur un registre spécial et signé par le déclarant ; il en est délivré récépissé. Lorsque la déclaration est effectuée par un fondé de pouvoir, le fait est relaté sur le registre et sur le récépissé.

Art. 4. — Les déclarations sont vérifiées par les agents des contributions directes.

Les gérants, secrétaires ou trésoriers des cercles, sociétés ou lieux de réunion sont admis à produire à l'appui de leurs déclarations, leurs livres, comptes, bilans et tous autres documents de nature à permettre d'en apprécier l'exactitude.

[3] Même décret, article 3 ainsi conçu : Dans le cas de dissolution

Les déclarations sont reçues par les maires des communes où les cercles sont établis, du 1er octobre de chaque année au 31 janvier de l'année suivante.

Tout défaut de déclaration avant le 31 janvier ou dans les 10 jours de la dissolution ou de la fermeture en cours d'année d'un cercle, d'une société ou d'un lieu de réunion, entraîne le doublement de la taxe. Si la déclaration est inexacte, la double taxe s'applique non à l'ensemble de la cote, mais à la portion de cotisations inexactement déclarées[1].

Les déclarations sont valables tant qu'elles ne sont pas abrogées par des déclarations contraires. Il en résulte que toute augmentation des cotisations d'une année par rapport à celles de l'année précédente, donne lieu en l'absence d'une déclaration modificative, au doublement de la taxe, correspondant à cette augmentation.

ou de fermeture, en cours d'exercice, d'un cercle, d'une société ou d'un lieu de réunion, la taxe est payée immédiatement.

A cet effet, une déclaration spéciale est faite selon les formes indiquées aux articles 1er et 2 du présent décret, dans les 10 jours de la dissolution ou de la fermeture. Cette déclaration est immédiatement transmise par le maire au directeur des contributions directes qui établit un rôle spécial et donne avis au redevable du montant de la somme à acquitter ; le paiement doit avoir lieu dans les 10 jours de la réception de cet avis.

[1] Loi du 16 septembre 1871, art. 10.

Les maires transmettent les déclarations au
Directeur des Contributions directes chargé d'é-
tablir les rôles par perception et de les émettre
avant le 1er mai [1].

La taxe est payable en une seule fois dans le
mois qui suit la publication du rôle, c'est-à-dire
dans le délai de 30 jours à partir de la date de
cet acte [2].

Le législateur, en établissant la taxe sur les
cercles, n'ayant voulu atteindre qu'une forme de
la richesse, il était naturel qu'il en exemptât les
sociétés qui ne révèlent en aucune façon une aisance particulière chez ceux qui en font partie.
Aussi la loi du 16 septembre 1871 (art. 9) a-
t-elle exonéré les sociétés qui poursuivent un
but de bienfaisance, ainsi que les sociétés exclusivement scientifiques, littéraires, agricoles ou

---

[1] Le Directeur des Contributions directes envoie les déclarations
aux contrôleurs qui sont chargés de les vérifier et de rédiger les
états-matrices avant le 1er avril. Des rôles supplémentaires sont
dressés, dans le cours de l'année, dans le cas de fermeture ou de
dissolution, et pour les faits pouvant donner lieu à des doubles
taxes qui n'auraient pas été constatées en temps utile pour entrer
dans la formation du rôle primitif.

[2] Les réclamations sont instruites et jugées comme en matière
de contributions directes. Toutefois les réclamants ne sont pas tenus de joindre à l'appui de leurs demandes la quittance justifica-
tive du paiement de la taxe (arrêt du Conseil d'État du 16 mai 1877).
L'obligation de justifier de ce paiement est en effet, d'après la
jurisprudence, corrélative à la division de la contribution en dou-
zièmes ; or, comme nous l'avons dit ci-dessus, la taxe est payable
en un seul versement.

musicales dont les réunions ne sont pas quotidiennes.

Mais il est encore d'autres sociétés qui n'im-
pliquent aucune idée de luxe. Ce sont celles qui
ont pour objet exclusif des jeux d'adresse et des
exercices spéciaux, tels que sport nautique, exercices gymnastiques, jeux de paume, jeux de
boules, de tir au fusil, au pistolet, à l'arc, à l'arbalète, etc. M. Léon Say, rapporteur général
du budget de 1875, a plaidé en leur faveur
dans les termes suivants : « L'exemption du dernier paragraphe de l'article 9 de la loi du 16 septembre 1871 s'applique aux sociétés de bienfaisance et de secours mutuels ainsi qu'aux
sociétés exclusivement scientifiques, littéraires,
agricoles, musicales, à la condition que les réunions de ces sortes de sociétés ne soient pas
quotidiennes.

« On conçoit en effet que lorsque la réunion
de la société est quotidienne, les membres qui
en font partie arrivent inévitablement à s'occuper d'objets étrangers au but particulier de leur
société, qu'ils soient amenés à se livrer à des
jeux divers, à se faire servir des rafraîchisse-
ments, à transformer, en un mot, la société en
un cercle dans l'acceptation la plus précise du
mot.

« Votre commission ne demande pas que

vous reveniez sur le dernier paragraphe de l'article 9 de la loi ; elle considère que pour avoir droit à l'exemption, il faut que la société ne se réunisse pas quotidiennement, mais elle croit juste d'ajouter à la liste des sociétés exemptées des droits, les sociétés ayant pour objet des jeux d'adresse ou des exercices spéciaux, tels que sport nautique, gymnastique, jeux de paume, jeux de boules, de tir au fusil, au pistolet, à l'arbalète, etc. Sur les 5.256 sociétés soumises à l'impôt en 1875, il y en aurait 400 qui jouiraient de l'exemption nouvelle et la perte qui en résulterait pour le Trésor serait de 17.000 fr. seulement. » La loi du 5 août 1874 a sanctionné ces propositions.

Sont exemptés enfin de la taxe les cercles militaires. Créés par ordre du ministre de la guerre [1], ces cercles reçoivent des subventions de l'Etat, et tous les officiers de la garnison dont ils dépendent en font partie de droit et d'obligation ; ils ont ainsi un caractère essentiellement professionnel et il a paru rationnel de les affranchir de la taxe. Le Ministre des finances a, en conséquence, décidé : 1° le 4 août 1874, que les cercles-bibliothèques militaires ou réunions d'officiers fondés dans les conditions que nous venons d'in-

----

[1] V. *Dictionnaire des finances*, t. I, p. 904.

diquer ne seraient pas imposés; 2° le 30 juin 1876, que l'admission des officiers de la réserve de l'armée active et des officiers de l'armée territoriale n'était pas de nature à faire perdre aux cercles dont il s'agit le bénéfice de l'exemption.

Disons en terminant l'étude de cet impôt que les modifications qu'il a subies dans ces dernières années n'ont pas donné les résultats qu'on espérait en obtenir. Son produit est encore inférieur aux prévisions de M. Casimir-Périer, en 1871. Malgré la combinaison de la taxe sur les cotisations et de la taxe proportionnelle à la valeur locative, l'impôt sur les cercles n'était inscrit au budget de 1894 que pour la somme de 1.440.250 fr.; et cela est d'autant plus regrettable que cet impôt se trouve être la meilleure patente qui puisse atteindre les gens qui font profession de ne rien faire.

SECTION IV.

Impôt sur les vélocipèdes.

Cet impôt est tout récent chez nous; il ne date en effet que de la loi du 28 août 1893. Déjà en 1890[1], M. Clament, député, avait proposé d'établir

[1] Proposition de loi du 19 juillet 1890.

une taxe sur les bicycles, tricycles, etc. : « Depuis plusieurs années, disait-il, un nouveau genre de sport, le sport vélocipédique, a pris une grande extension en France. Il est surtout en usage parmi la classe aisée de la société pour laquelle il constitue en même temps qu'un moyen de locomotion agréable, un excellent exercice physique.

« Son prix élevé en fait une fantaisie coûteuse qui n'est pas à la portée de tous ; il représente donc un objet d'agrément et de luxe. »

Malgré leur justesse, ces observations ne furent pas prises en considération à cette époque. Mais en 1892, lorsqu'il fallut équilibrer le budget de 1893, le Gouvernement proposa la taxe sur les vélocipèdes, réclamée par un certain nombre de conseils généraux[1], à la Commission du Budget qui l'adopta : « Nous pensons, disait le rapporteur M. Poincaré[2], que le principe de cette taxe serait justifié et qu'elle constituerait, au profit de l'État et des municipalités, une perception légitime, dont le taux, fixé à 10 fr., ne serait de nature à entraver, ni la fabrication, ni l'usage de ces appareils. »

[1] Allier, Ardèche, Aube, Calvados, Charente-Inférieure, Côte-d'Or, Drôme, Eure, Loir-et-Cher, Marne, Mayenne, Meuse, Haute-Saône, Sarthe, Haute-Savoie, Seine-et-Oise, Somme et Vaucluse.
[2] Rapport du 18 octobre 1892 sur le budget général de 1893.

La taxe nouvelle reçut le même accueil à la Commission des finances du Sénat, et son rapporteur, M. Boulanger, la justifiait en ces termes : « L'usage des vélocipèdes a pris depuis quelques années une très grande extension et leur développement ne fera certainement que s'accroître : on estime qu'il existe actuellement 180.000 instruments de l'espèce tendant à se substituer à l'emploi des chevaux et à faire baisser par conséquent l'impôt qui s'y rapporte.

« Ces instruments ont une valeur qui varie entre 200 fr. et 700 fr. Leur fabrication est très fructueuse pour les maisons qui s'y livrent et les loueurs en tirent également de beaux profits.

« La matière imposable est donc assez étendue et assez importante aujourd'hui pour devenir la base d'un impôt. »

La loi du 28 avril 1893 (articles 10 et 16) décida qu'à partir du 1ᵉʳ juin de cette même année il serait « perçu une taxe annuelle de 10 fr. [1] par chaque vélocipède ou appareil analogue, » et que cette taxe serait assimilée aux contributions directes.

Il ressort des termes de la loi que l'impôt doit

[1] La taxe de 10 fr. adoptée par la Chambre des députés avait d'abord été réduite à 5 fr. par le Sénat ; mais cette dernière assemblée admit finalement le chiffre de 10 fr. constamment maintenu par la Chambre.

frapper non seulement les vélocipèdes proprement dits (monocycles, bicycles, bicyclettes, tricycles, tandems, etc.), mais tout appareil ou machine de nature à être rangée dans la catégorie des vélocipèdes, quel que soit le nombre des roues ou des places que présentent ces appareils, qu'ils circulent isolément ou qu'ils soient attachés à des caisses, boîtes, véhicules, etc [1].

L'article 10 de la loi affranchit expressément de la taxe :

1° Les vélocipèdes possédés par les marchands et destinés exclusivement à la vente. Cette exemption se justifie d'elle-même, car chez le marchand le vélocipède n'est pas un indice de richesse. La même raison aurait dû faire exempter de la taxe les loueurs. Mais « on a craint les abus qui se seraient produits par suite du remisage chez les loueurs de beaucoup de vélocipèdes appartenant à des particuliers [2]. » Il est très fâcheux qu'on ait été obligé d'édicter cette mesure, et cela d'autant plus que les voitures de location, même les voitures de grande remise, souvent très luxueuses, louées au mois ou à

---

[1] Néanmoins il serait contraire aux intentions du législateur d'imposer les jouets et objets mécaniques analogues, n'ayant de commun avec les vélocipèdes que le mode de locomotion. (Instruction du 29 juin 1893 pour l'assiette de la taxe sur les vélocipèdes.)

[2] M. Hennebique, *Dictionnaire des finances*, t. II, page 1494.

l'année pour un prix très élevé, sont affranchies de l'impôt sur les voitures, d'après les récents arrêts du Conseil d'État cités précédemment[1].

2° Les vélocipèdes possédés en vertu de règlements militaires ou administratifs. Pour que cette immunité soit acquise, il suffit qu'un vélocipède possédé par un agent des services militaires ou civils soit employé pour l'exécution d'obligations officielles et que la nécessité de cet usage soit reconnue par les administrations compétentes[2].

Telles sont les deux seules exemptions admises par la loi. Nous ne trouvons plus ici, contrairement à ce qui existe pour les chevaux et les voitures employés habituellement à des usages industriels et commerciaux, une taxe réduite de moitié en faveur des vélocipèdes affectés à de tels usages. C'était pourtant là ce qu'avait demandé la commission du Budget d'accord avec le Gouvernement. « Mais, à raison

---

[1] Voir page 47, note 1.

[2] « Dans la pensée du gouvernement, les vélocipèdes possédés en vertu de règlements administratifs ou militaires ne devaient être affranchis de la taxe qu'autant que ces appareils auraient été possédés obligatoirement. » (M. Hennebique, *op. cit.*, p. 1494.) Mais le Parlement, tout en adoptant le texte proposé par le Gouvernement, manifesta son intention de donner à la mesure le caractère moins restrictif dont nous parlons ci-dessus.

des difficultés qu'il y aurait eues à distinguer les vélocipèdes passibles de la taxe entière de ceux qui auraient été appelés à bénéficier de la réduction à la demi-taxe, le Parlement repoussa cette proposition et se prononça pour une taxe uniforme[1]. » Ces difficultés eussent-elles été rencontrées réellement? On aurait pu tout au moins essayer la demi-taxe. Il aurait toujours été temps de la supprimer si cet essai n'avait pas réussi.

La taxe est due pour l'année entière[2] à raison des vélocipèdes imposables au 1er janvier, alors même qu'ils seraient ultérieurement vendus, détruits, mis hors d'usage, etc.

Les personnes qui, postérieurement au 1er janvier, deviennent possesseurs de vélocipèdes imposables, sont passibles de la taxe pour le restant de l'année à partir du 1er du mois dans lequel elles sont entrées en possession de ces appareils. La vente ou la cession d'un vélocipède, au cours d'une année, et l'imposition de cet appareil au nom du nouveau possesseur ne peuvent motiver un dégrèvement en faveur de l'ancien redevable[3].

---

[1] M. Hennebique, *Dictionnaire des finances*, t. II, p. 1495.
[2] Loi du 28 avril 1893, art. 11.
[3] Art. 11 précité, § 2.

Aux termes de la loi[1], ce sont les possesseurs de vélocipèdes qui sont passibles de la taxe. Par conséquent, l'impôt est dû par tout individu ayant d'une manière permanente la jouissance d'un vélocipède, à quelque titre qu'il en soit détenteur. Lorsque des vélocipèdes sont possédés par des personnes majeures ou mineures ne jouissant pas de leurs droits au sens de la loi du 21 avril 1832[2], la taxe est imposée au nom de leurs père, mère, tuteur ou curateur, et recouvrée sur ces derniers[3].

La taxe est due dans les communes où les vélocipèdes imposables séjournent le plus habituellement[4], et c'est dans cette commune que les redevables doivent faire la déclaration de leurs vélocipèdes. Les déclarations sont reçues à la mairie jusqu'au 31 janvier au plus tard, et les

[1] Loi du 28 avril 1893, art. 11, 17, 18.

[2] D'après l'art. 12 de la loi du 21 avril 1832, « sont considérés comme jouissant de leurs droits les veuves et les femmes séparées de leur mari, les garçons et filles majeurs ou mineurs, ayant des moyens suffisants d'existence, soit par leur fortune personnelle, soit par la profession qu'ils exercent, alors même qu'ils habitent avec leurs père, mère, tuteur ou curateur.

[3] Loi du 28 avril 1893, art. 17.

[4] Loi du 28 avril 1893, art. 12. — Les communes étant intéressées pour une large part à l'assiette de la taxe comme nous le disons plus loin, il pourra quelquefois être utile, dit l'Instruction du 29 juin 1893, de rappeler aux municipalités que des séjours temporaires dans une localité ne seraient pas de nature à justifier l'imposition des vélocipèdes dans cette localité. Il ne faut, en effet, tenir compte que du fait le plus habituel.

personnes qui deviennent au cours de l'année possesseurs de vélocipèdes doivent les déclarer dans les 30 jours de la date des faits qui motivent cette imposition[1].

Le défaut de déclaration entraîne comme sanction le doublement de la taxe[2]. Mais il n'est pas nécessaire de renouveler la déclaration chaque année. Celle-ci est valable pendant toute la durée des faits qui y a donné lieu[3].

Par analogie avec ce qui existe en matière d'impôt sur les chevaux et voitures, une partie du produit de la taxe sur les vélocipèdes, le quart, est attribuée aux communes, déduction faite des cotes ou portions de cotes allouées en dégrèvement.

Le produit de la taxe sur les vélocipèdes a répondu à l'attente du législateur. Il a été, pour les sept derniers mois de 1893, de 941.336 fr. et

[1] Lorsque les possesseurs de vélocipèdes ne jouissent pas de leurs droits au sens de la loi du 21 avril 1832, l'obligation de faire les déclarations incombe, en exécution de l'article 17 précité de la loi, à leurs père, mère, tuteur, ou curateur.

[2] Loi du 28 avril 1893, art. 13.

[3] Ce qui concerne la rédaction des états-matrices, la confection des rôles tant primitifs que complémentaires, les réclamations et le recouvrement de la taxe, est réglementé comme pour les autres taxes assimilées aux contributions directes. (V. Instruction du 24 juin 1893.) — Disons seulement qu'il est ajouté à la taxe 5 c. par franc pour fonds de non-valeurs, et 3 c. par franc pour frais de perception, de sorte que la taxe ressort par vélocipède déclaré à 10 fr. 82, non compris les frais d'avertissement. (M. Hennebique, *Dictionnaire des finances*, t. II, p. 1495.)

il était inscrit au budget de 1894 pour 1.954.200 fr. dont 1.504.200 fr. pour l'État et 450.000 fr. pour les communes. Ce résultat est très heureux, car il était nécessaire d'imposer un nouvel objet de luxe s'introduisant de plus en plus dans les mœurs et promettant d'être de plus en plus en faveur. Les contribuables du reste, à en juger par le nombre élevé des vélocipèdes déclarés[1], ne semblent pas avoir voulu protester contre le nouvel impôt dont la place est désormais marquée d'une façon définitive dans nos budgets.

SECTION V.

Impôt sur les chiens.

La taxe municipale sur les chiens, quoique plus ancienne que les précédentes, ne date chez nous que de la loi du 2 mai 1855. L'impôt sur les chiens cependant avait été, nous dit M. de Parieu[2], souvent proposé sous le Gouvernement de 1830. Dès 1842, le conseil d'arrondissement de Tours avait émis un vœu tendant au rem-

---

[1] Les rôles primitifs de 1893, au nombre de 4.995, comprenaient 119.963 articles s'appliquant à 132.276 vélocipèdes dont 130.477 déclarés et 1779 seulement non déclarés. (M. Hennebique, *Dictionnaire des finances*, t. II, page 1495.)

[2] *Op. cit.*, t. II, p. 53.

placement graduel de l'impôt sur le sel par un
impôt sur les objets de luxe en général et sur
les chiens en particulier. L'idée fut abandonnée,
puis reprise par M. Remilly, député, qui présenta plusieurs propositions tendant à imposer
les chiens. La loi sur la chasse de 1844 lui donna l'occasion de présenter son projet ; mais il
fut repoussé. Un an après, ce projet, s'étendant
alors à tous les chiens, fut reproduit et ne fut
cette fois repoussé qu'à une très faible majorité. Aussi le Gouvernement consulta-t-il les Conseils généraux sur l'opportunité de cet impôt.
Les deux tiers de ces assemblées se déclarèrent
favorables à cette taxe qui permettait d'atteindre
à leurs yeux un triple but : « créer une ressource (prise sur le luxe le plus souvent), supprimer des bouches inutiles [1] qui augmentent
sans profit les consommations improductives,
enfin réduire le nombre des chiens vagabonds
qui sont un danger permanent pour la sécurité
et la vie des citoyens [2]. »

M. Remilly profita de cette circonstance pour
demander à nouveau, en 1847, la création de la
taxe. Sa proposition fut repoussée à une voix

---

[1] Les évaluations portaient à 60 ou 80 millions le prix annuel de
la nourriture des chiens en France.

[2] M. Delatour, *Dictionnaire des finances*, t. I, p. 1078.

de majorité, malgré le rapport favorable de la commission chargée de l'examiner.

Après la Révolution de février, M. Golden-berg demanda, le 27 octobre 1849, qu'on établît sur les chiens une taxe unique de 5 francs, à répartir par moitié entre l'Etat et la commune. Modifiant cette proposition, M. Remilly demanda à ce que les communes seules profitassent de l'impôt. Une commission rédigea un projet qui succomba en troisième lecture après deux délibérations.

En 1855 enfin, le Gouvernement déposa lui-même un projet de loi tendant à créer un impôt sur les chiens. Ce projet donnait à la taxe nouvelle un caractère facultatif et en laissait-le vote et la fixation au conseil municipal de chaque commune. La commission du Corps législatif pensa que ce système serait de nature à engendrer d'inextricables difficultés tant au point de vue de l'assiette qu'au point de vue de la perception et proposa de rendre l'impôt général et obligatoire. Voici en quels termes M. Lelut, rapporteur, cité par M. de Parieu [1], justifiait cette modification fondamentale :

« Le Gouvernement avait en outre pensé..... qu'il était prudent tout d'abord de rendre pour

[1] *Op. cit.*, t. II, p. 53.

chaque commune la taxe facultative, d'en laisser l'établissement au libre arbitre des conseils municipaux, qui, en outre et par cela même, eussent fait la proposition des tarifs et par conséquent des catégories. Nous n'avons pas cru pouvoir admettre ni le principe, ni la conséquence. Cette double faculté, laissée aux conseils municipaux, eût donné lieu, suivant nous, dans l'intérieur même des communes, à toutes sortes d'embarras, de conflits, pour ne rien dire de plus, à des difficultés interminables, dont ni les communes ni le gouvernement ne se seraient tirés avec honneur. Les communes, des communes même limitrophes, se seraient imposées de la manière la plus disparate. Le plus grand nombre peut-être ne se seraient pas imposées, et, à côté d'une commune imposée, une commune franche eût ouvert aux chiens bannis et bandits un asile, d'où la première n'eût pas tardé à les recevoir en contrebande. Sous le rapport économique donc, le résultat eût été à peu près nul, et, sous le rapport hygiénique, le but eût été tout à fait manqué. Votre commission a donc pensé que l'impôt devait être obligatoire pour toutes les communes, et porter par conséquent sur tous les chiens. »

Le projet ainsi amendé et favorablement accueilli par le Conseil d'Etat, fut voté par le Corps législatif et devint la loi du 2 mai 1855 qui régit encore actuellement notre matière.

Tous les possesseurs de chiens sont imposables d'après des tarifs déterminés par des décrets rendus en Conseil d'Etat sur la proposition des conseils municipaux et après avis des Conseils généraux[1]. Ces tarifs ne peuvent comprendre que deux taxes dont la plus élevée ne doit pas excéder 10 francs et la moins élevée être inférieure à 1 franc. La première porte sur les chiens d'agrément ou servant à la chasse ; la seconde porte sur les chiens de garde, comprenant ceux qui servent à guider les aveugles, à garder les troupeaux, les habitations, magasins, ateliers, etc., et en général tous ceux qui ne sont pas compris dans la catégorie précédente. Les chiens qui ne peuvent être classés dans la première ou la seconde catégorie sont rangés dans celle dont la taxe est la plus élevée[2].

---

[1] A défaut de présentation de tarifs par la commune ou d'avis émis par le Conseil général, il est statué d'office sur la proposition du préfet. Les tarifs peuvent être révisés à la fin de chaque période de trois ans. (Loi du 2 mai 1855, art. 3 et 4.)

[2] Décret du 4 août 1855, art. 1er. — « La répartition des chiens dans les deux classes, dit M. Delatour (*Dictionnaire des finances*, t. I, p. 1078), a donné lieu à beaucoup de difficultés, et de nombreux arrêts du Conseil d'État ont dû intervenir. Nous citerons les principaux :

On doit ranger dans la seconde catégorie non seulement les chiens qui servent à la garde de l'habitation, mais encore ceux qui accompagnent leurs maîtres dans leurs voyages de nuit (Con-

La taxe est due pour les chiens possédés au
1er janvier, à l'exception de ceux qui, à cette
époque, sont nourris par la mère. Elle est établie pour l'année entière et dans la commune
du domicile réel.

Lorsque le contribuable décède dans le courant de l'année, ses héritiers sont redevables de
la portion de taxe non acquittée. En cas de déménagement hors du ressort de la perception,
la taxe est exigible pour la totalité de l'année
courante; mais la responsabilité des propriétaires ou principaux locataires n'est pas engagée
comme pour la contribution personnelle mobilière et les patentes.

Du 1er octobre de chaque année au 15 janvier
de l'année suivante, les possesseurs de chiens
doivent faire à la mairie une déclaration indiquant le nombre de leurs chiens et les usages
auxquels ils sont destinés[1].

seil d'État, 17 mars 1858); ceux qui servent à garder un troupeau et une maison isolée, alors même qu'ils ne seraient pas tenus
à l'attache (Conseil d'État, 22 avril 1857).

Mais on doit comprendre dans la première les chiens qui, bien
que destinés à la garde de l'habitation, accompagnent habituellement leur maître dans ses promenades; les chiens servant à la
garde, mais qui se trouvent ordinairement dans les bureaux de
leur maître ou dans l'intérieur de l'appartement (Conseil d'État,
24 juin 1857); les chiens qui, en raison de leur âge ou de leurs
infirmités, ne peuvent plus rendre aucun service (Conseil d'État,
22 avril 1857). »

[1] Art. 5 de la loi du 2 mai 1855.

Les déclarations n'ont pas besoin d'être renouvelées annuellement [1]. Mais le changement de résidence du contribuable hors de la commune ou du ressort de la perception ainsi que toute modification dans le nombre et la destination des chiens entraînant une aggravation de taxe, rend une nouvelle déclaration obligatoire.

Lorsque les contribuables ont plusieurs habitations dans lesquelles leurs chiens les suivent, leur déclaration doit être faite dans la commune où est située l'habitation qu'ils occupent au 1er janvier [2], à moins qu'ils ne s'y trouvent accidentellement à cette époque, auquel cas la déclaration doit être faite dans la commune de la résidence habituelle [3].

Après le 15 janvier, la taxe simple est définitive pour les déclarations faites; double pour les déclarations inexactes ou incomplètes; triple pour défaut de déclaration [4].

[1] Depuis le décret du 3 août 1861 seulement. — La taxe continue même d'être payable jusqu'à déclaration contraire, et il a été jugé que le contribuable imposé devait être maintenu à la même taxe, faute de déclaration, avant le 15 janvier, de la perte ou de l'aliénation du chien taxé l'année précédente, et bien qu'en fait il ne le possédât plus au 1er janvier. (Conseil d'État, 26 février 1863, 12 septembre 1864, 10 janvier 1865.)

[2] Conseil d'État, 11 février 1857.

[3] Conseil d'État, 16 mars 1859.

[4] Décret du 4 août 1855. — Sous l'empire de ce décret, la taxe pouvait être quadruplée dans le cas où le contribuable soumis à un accroissement de taxe n'avait pas fait de nouveau sa déclara-

Du 15 au 31 janvier, le contrôleur des contributions directes[1] assisté du maire et des répar-
titeurs[2] rédige l'état-matrice des personnes imposables[3]. Les états-matrices sont adressés au
Directeur des Contributions directes pour servir
de base à la confection des rôles et des avertissements. Tout ce qui concerne la mise à exécu-

tion, et triplée s'il l'avait faite encore d'une manière incomplète ou
inexacte. Mais le décret du 5 août 1861 a, comme nous l'avons vu,
exonéré les contribuables de l'obligation de renouveler annuellement leur déclaration (§ 294), et d'après la jurisprudence, l'inscription d'office au rôle d'une année dispense de déclaration pour
l'année suivante. (Conseil d'État, 16 août 1865.) Il en résulte
qu'on peut considérer comme implicitement abrogée la pénalité de
la quadruple taxe pour récidive d'abstention de déclaration. De
même, il n'y a plus lieu d'appliquer la triple taxe pour récidive
de déclaration incomplète ou inexacte ; elle est due seulement
pour défaut de déclaration.

[1] Depuis le décret du 22 décembre 1886 seulement. — Sous l'empire du décret du 4 août 1855, ce rôle était imparti au percepteur.

[2] En cas de désaccord entre le contrôleur et le maire ou les ré-
partiteurs, il est statué par le préfet sur le rapport du directeur,
sauf référé au ministre de l'intérieur si la décision est contraire à
la proposition du directeur, et, dans tous les cas, sans préjudice
du droit de réclamation que les contribuables peuvent exercer
après la mise en recouvrement du rôle. (Décret du 22 décembre
1886, art. 1er.)

[3] Si, dans le cours de l'année, un rôle supplémentaire est reconnu nécessaire, il est dressé de la même manière que le rôle principal, mais seulement pour les faits pouvant donner lieu à des
accroissements de taxe, c'est-à-dire ceux dont le manque de sincé-
rité ou la résistance aux prescriptions légales seraient révélés après
la formation du rôle primitif. Il suffit, en règle générale, d'établir
tous les six mois seulement les rôles de l'espèce, mais ils doivent,
sous peine de nullité, être publiés dans le courant de l'année à
laquelle ils se rapportent. (Circulaire ministérielle du 19 mai 1856
et arrêt du Conseil d'État du 15 février 1854.)

tion et la publication des rôles, les réclamations et la distribution des avertissements est réglé comme en matière de contributions directes. Mais c'est au receveur municipal qu'incombe le soin de faire publier les rôles ; car c'est lui qui est chargé du recouvrement de la taxe dont tout le produit est affecté à la commune.

Telle que nous venons de la voir organisée, on ne peut pas dire que la taxe sur les chiens soit exclusivement un impôt sur le luxe. Elle frappe en effet, non seulement les chiens de luxe, mais aussi les chiens utiles et même les chiens nécessaires [1]. C'est que son but, nous l'avons vu, n'a pas été seulement d'atteindre un indice spécial de richesse que révèle la possession des chiens de chasse ou d'agrément, mais encore de restreindre le nombre des représentants de la race canine qui sont un danger permanent pour la sécurité et la santé publiques. Il faut toutefois reconnaître que les chiens n'ont guère diminué depuis qu'ils sont imposés. La taxe nouvelle amena, il est vrai, la destruction de quelques chiens les premières années de son établisse-

---

[1] Les chiens d'aveugles, par exemple, sont taxés d'après le tarif de la 2me catégorie. La loi aurait pu établir une exemption complète à leur profit.

ment[1]; mais depuis 1871, le produit de cette taxe a suivi une marche ascendante. De 5.686.400 fr. qu'il était en 1871, de 7.169.377 fr. en 1881, il s'est élevé en 1893 à 8.596.266 fr. Le législateur a donc réussi principalement dans son désir de créer une ressource nouvelle aux budgets municipaux. C'est un heureux résultat, car dans beaucoup de communes le goût de la chasse est très répandu. La taxe sur les chiens est alors véritablement un impôt sur le luxe qui doit être approuvé sans restriction[2].

[1] La taxe avait donné en 1856, d'après M. de Parieu (*op. cit.*, t. II, p. 55), 6.046.471 fr. 50. Elle n'aurait rapporté, d'après le même auteur, que 5.345.923 fr. en 1860 et 4.975.863 fr. en 1865.

[2] Nous empruntons à M. Delatour (*Dictionnaire des finances*, t. I, p. 1080) les détails suivants en ce qui concerne la taxe sur les chiens en Algérie et dans les colonies :

Algérie. — Un décret du 4 août 1860 a rendu applicable à l'Algérie le principe de la taxe municipale sur les chiens et un arrêté ministériel du 6 du même mois en a réglé l'assiette et le recouvrement. Comme dans la métropole, la taxe est levée au profit des communes ; elle ne peut pas excéder 10 fr. ni être inférieure à 1 fr. Enfin les chiens sont divisés en deux catégories (chiens d'agrément et chiens de garde).

Les tarifs sont établis par arrêté du gouverneur général pris en conseil de gouvernement sur la proposition des conseils municipaux et après avis des conseils de préfecture. Les arrêtés actuellement en vigueur sont ceux des 6 avril 1877 (département d'Alger), 19 janvier 1857 et 25 janvier 1876 (département de Constantine), 15 janvier 1869, 7 juillet 1875 et 13 novembre 1886 (département d'Oran).

Colonies. — Une taxe municipale sur les chiens existe dans nos colonies de Saint-Pierre et Miquelon, Nossi-Bé, Mayotte, La Réunion et les Iles Tuamotu (Océanie).

A Saint-Pierre et Miquelon, la taxe est fixée uniformément à

SECTION VI.

Impôt sur les cartes à jouer,

Cet impôt n'est pas de date récente. Il est presque aussi ancien que l'introduction en France des cartes à jouer, et c'est vers la fin du XIIIe siècle que celles-ci firent chez nous leur apparition [1]. Leur succès fut rapide et la passion

---

5 fr. par chien. (Arr. des 8 décembre 1873 et 4 décembre 1875.) Elle n'est due cependant que dans la commune même de Saint-Pierre.

A Nossi-Bé, le tarif a été fixé, par arrêté du 27 juin 1878, à 5 fr. pour les chiens de garde et à 10 fr. pour les chiens de chasse ou de luxe.

A la Réunion, les communes font elles-mêmes le tarif à appliquer entre un minimum de 1 fr. et un maximum de 10 fr., mais à la condition de maintenir une différence entre les chiens de garde et les chiens de luxe. Les tarifs votés par les conseils municipaux sont rendus exécutoires par arrêté du gouverneur. L'obligation de déclarer les chiens chaque année n'a pas été supprimée comme chez nous, et toute contravention rend passible de la double taxe.

Aux Iles Tuamotu existe une taxe uniforme de 5 fr. Cette taxe a été réglée par les arrêtés des 30 décembre 1888, 2 septembre 1876, et 30 janvier 1879. En cas de non déclaration dans les délais voulus, les tribunaux peuvent infliger une amende de 5 fr. à 15 fr.

[1] D'après Chateaubriand, « les cartes furent renouvelées des Latins, afin de soulager l'adversité de Charles VI. » L'opinion générale en effet, basée sur celle du P. Ménétrier, veut que les cartes à jouer aient été inventées à l'effet de distraire et d'amuser le roi Charles VI dans ses jours de démence. Mais il paraît certain que les cartes nous viennent de l'Asie, comme les échecs ; que leur origine remonte à une haute antiquité, et qu'elles ont été introduites en

du jeu causa de bonne heure de grands désordres au sein de la société. Le pouvoir royal
s'en émut et voulant ici comme dans d'autres
cas réglementer les mœurs, il essaya de réprimer des abus déjà profondément enracinés. Ce
fut en vain ; il dut alors se contenter de taxer ce
vice nouveau pour en tirer un revenu profitable
au Trésor.

Un droit de traite fut d'abord établi sur tous
les papiers, cartes et tarots transportés hors du
royaume, par l'ordonnance du 21 février 1581.
Deux ans après, l'édit du 22 mai 1583, estimant
qu'il n'est pas « moins raisonnable et nécessaire
de tirer quelque commodité desdites cartes et
dez qui se feront et vendront dedans notre dit
royaume, que de celles qui se transportent hors
d'iceluy[1], » supprima le droit antérieurement
établi pour l'exportation et taxa, uniformément

France par les bohémiens vers la fin du xiiie siècle. Le fameux jeu
de cartes de Charles VI auquel on voudrait faire l'honneur d'être
le premier qui ait paru, était une suite de leçons morales, de devises
et d'emblèmes philosophiques. Ces cartes étaient enluminées sur
un fond d'or à compartiment. Le passage suivant, extrait du Registre de la *Chambre des Comptes* dressé par Charles Poupart, ar-
gentier du roi, nous dit le nom de leur auteur : « A Jacquemin
Gringonneur, peintre, pour trois jeux de cartes à or et à diverses
couleurs, de diverses devises, pour porter devers le dit seigneur
roi pour son esbattement lvi sols parisis. » (V. *Dictionnaire de
Larousse*, cartes à jouer.)

1. *Recueil général des anciennes lois françaises depuis l'an 420
jusqu'à la Révolution de 1789.* (Tome XIV, page 551.)

à la fabrication, chaque paire de cartes à un sol parisis, chaque jeu de tarots à 2 sols[1].

La déclaration du 14 janvier 1605 limita le nombre des villes dans lesquelles pouvait avoir lieu la fabrication ; cette fabrication elle-même fut réglementée par un édit de septembre 1661 [2]. En 1701 et en 1746, les taxes furent remaniées. En 1751, la déclaration du 15 janvier 1571, complétée le 9 novembre de la même année par un arrêt du Conseil du Roi, les augmenta et réglementa minutieusement la fabrication des cartes et la perception des droits. Le produit de l'impôt fut alors consacré à l'institution de l'Ecole militaire dont il devait former une dotation perpétuelle et irrévocable [3].

En 1776, un arrêt du Conseil, suivi de lettres patentes en date du 21 avril, permit à toute per-

---

[1] Les anciens moules devaient être rompus et lacérés, moyennant indemnité et il devait en être fait d'autres aux armoiries royales (art. 1 et 2). La taxe devait être perçue au moyen de couvertures à empreintes spéciales pour les cartes et tarots, lesquelles étaient délivrées par les receveurs, commis ou fermiers ; aucun jeu ne pouvait être mis en circulation sans être revêtu de ces enveloppes, à peine de confiscation, punition corporelle et amende (art. 3 et 4). Enfin, les ouvriers devaient faire déclaration aux receveurs et commis de leurs *nom, surnom, demeurance, enseigne* et *domicile* pour en être fait registre et y avoir recours quand besoin serait (art. 5.)

[2] V. M. Hastier, *Dictionnaire des finances*, t. I, page 875.

[3] Ce service fut alors totalement détaché des Finances pour être administré par le secrétaire d'État ayant le département de la Guerre.

sonne de fabriquer les cartes à jouer, conformément à l'édit de février qui donnait à tous « la
faculté d'exercer dans toute l'étendue du royaume telle espèce de commerce et telle profession d'arts-et métiers que bon leur semblerait. » L'arrêt néanmoins déterminait les villes
où pouvaient s'établir les fabriques de cartes et
prescrivait aux fabricants de se faire inscrire au
bureau de la régie. Les autres dispositions antérieures concernant cette matière étaient con-
firmées.

Grâce à l'influence de l'école physiocratique,
les impôts de consommation furent vus avec
défaveur en 1789. L'Assemblée Constituante,
poursuivant son dessein de les faire complètement disparaître, supprima la taxe sur les cartes
à jouer par la loi du 2 mars 1791. « La liberté de
la fabrication permit à la Révolution de rema-
nier à son gré la composition des anciens jeux.
Aux rois elle substitua les génies de cœur ou de
la guerre, de carreau ou du commerce, de trèfle
ou de la paix, de pique ou des arts. Les reines
se nommèrent libertés de cœur, de carreau, de
trèfle, de pique ; les valets, égalités ; les as, lois.
Les rois devinrent, dans l'imagination d'autres
fabricants, Brutus, Solon, Rousseau, Caton ; les
valets, Horatius Coclès, Annibal, Décius, Scé-
vola, etc.

« Ce dévergondage cependant n'enrichissait pas le Trésor. Sous le Directoire, en l'an VI, la loi du 9 vendémiaire qui restaura l'impôt du timbre, comprit parmi ses produits les droits sur les cartes à jouer[1]. »

Le Gouvernement songea en 1816 à transformer l'impôt sur les cartes à jouer pour donner le monopole de leur fabrication à l'État. Mais ce projet fut repoussé et voici en quels termes s'expliquait la commission chargée de son examen : « Si une exception pouvait être admise à la rigueur des principes, celle-ci mériterait la préférence. Mais la Chambre de 1815 craint d'introduire un nouveau genre de monopole[2]. » Comme le dit M. Stourm, il faut « féliciter la Chambre de 1815 dans sa fermeté à réprimer l'idée d'un monopole, en s'appuyant uniquement sur les principes, malgré la tentation très pressante alors d'un accroissement de recettes[3]. »

La loi de vendémiaire, inspirée du règlement de 1751[4], forme encore la législation fondamen-

---

[1] M. Stourm, *Les finances de l'ancien régime et de la Révolution*, t. II, p. 123.

[2] Rapport de Feuillant, 9 mars 1816.

[3] M. Stourm, *Les finances de l'ancien régime et de la Révolution*, t. II, p. 124.

[4] « C'est sur le règlement de 1751, dit Olibo, qu'ont été calqués les arrêtés des 3 pluviôse et 19 floréal an VI, et les articles 10, 11 et 12 du décret du 1er germinal an XIII qui ont régi le droit sur les cartes à jouer, rétabli par la loi du 9 vendémiaire an VI. » *(Code*

tale en notre matière. Quelques textes posté-
rieurs sont venus la compléter, comme nous
aurons l'occasion de le voir.

La fabrication des cartes à jouer n'est pas absolument libre ; elle ne peut avoir lieu que dans
les villes où il existe une recette principale des
contributions directes[1].Toute personne qui veut
se livrer à cette industrie doit se munir d'une
licence[2]. C'est l'Etat qui fournit au fabricant le
papier filigrané sur lequel les cartes ordinaires,
dites à portraits français, doivent être imprimées, ainsi que les moules[3] servant à leur fabrication[4]. C'est l'Etat aussi qui charge l'administration de frapper les as de trèfle sur lesquels
on applique un timbre humide[5] et d'imprimer
les figures.

Là s'arrête l'intervention de l'Etat dans la fabrication. Les autres cartes sont imprimées et

des *Contributions indirectes.*) — Voir aussi le *Manuel alphabé-
tique des Contributions indirectes* par Agar.

[1] Décret du 1er germinal an XIII.

[2] Arrêté du 19 floréal an VI.

[3] C'est-à-dire les figures dessinées au trait, n'ayant plus qu'à recevoir l'empreinte.

[4] Décret du 16 juin 1808.

[5] Ce timbre a été créé par décret, en 1890, afin de reconnaître
les cartes réimportées en fraude. Les cartes destinées à l'exportation en effet, non frappées de l'impôt, n'ont pas leur as de trèfle
revêtu de ce timbre. On avait imaginé autrefois, pour empêcher
la fraude, de détruire les bandes de contrôle au moment de l'ex-
portation.Mais la Régie se trouvait désarmée quand les jeux réimportés se trouvaient ouverts et confondus avec les autres.

toutes sont mises en couleur dans les fabriques particulières.

En ce qui concerne les cartes, dites à portraits étrangers, d'étrenne, de patience ou de fantaisie, l'usage du papier filigrané n'est pas obligatoire, mais les moules de fabrication doivent toujours recevoir l'approbation de l'administration.

De même que la fabrication, la vente est réglementée ; elle n'est permise qu'à ceux qui ont fait une déclaration et obtenu une commission qui, du reste, n'est jamais refusée [1].

Les cartes étrangères qui autrefois ne pouvaient être ni introduites, ni vendues en France, peuvent l'être aujourd'hui après avoir acquitté les mêmes droits que les cartes françaises à portraits étrangers.

La Régie des Contributions indirectes est chargée d'assurer l'exécution des dispositions précédentes. Les employés peuvent pénétrer dans les ateliers pour s'assurer que les prescriptions réglementaires sont observées [2]. Ils enveloppent les jeux d'une bande de contrôle qu'ils frappent d'un timbre sec et d'un timbre humide au point de fermeture [3], et l'impôt est perçu à la sortie de la fabrique.

[1] Décret du 19 février 1810.
[2] Arrêté du 3 pluviôse an VI.
[3] Circulaire du 5 avril 1872.

Cet impôt, depuis la loi du 1ᵉʳ septembre 1871, est de 0 fr. 50 en principal (soit 62 c., 5 avec les décimes) pour les cartes à portraits français, et de 0 fr. 70 en principal (soit 87 c., 5 avec les décimes) pour les cartes à portraits étrangers. Aucun droit n'est dû pour les cartes destinées à l'exportation, mais elles ne peuvent circuler en France. Elles sont ficelées, plombées et munies d'un permis d'exportation pour être dirigées sur la frontière. Leur as de trèfle n'est pas revêtu du timbre humide, ce qui permet à la Régie de reconnaître les cartes réimportées.

Les infractions aux dispositions qui précèdent sont très nombreuses[1]. Les pénalités qui les atteignent se trouvent dans la loi du 28 avril 1816, articles 166 et suivants, dans les articles 140 et suivants du code pénal, et dans la loi du 13 mai 1863. Elles sont très sévères, comme on peut en juger par l'énumération suivante :

1° Confiscation des objets fraudés, amende de 1.000 à 3.000 francs[2], et emprisonnement d'un mois contre ceux qui fabriquent, introduisent en France, vendent, distribuent ou colportent

---

[1] On peut citer parmi les plus fréquentes : l'emploi réitéré de vignettes décollées et ayant déjà servi ; la vente de cartes recoupées ou prises dans divers jeux et réassorties ; l'introduction en contrebande de cartes exportées et n'ayant pas payé les droits. (V. M. Hastier, *Dictionnaire des finances*, t. I, p. 876.)

[2] L'amende est toujours de 3.000 fr. en cas de récidive.

sans autorisation ou en fraude, ainsi que contre ceux qui, tenant un établissement où le public est admis, auraient toléré l'usage de cartes prohibées.

2° Confiscation, amende, emprisonnement, réclusion et travaux forcés à temps s'il y a eu falsification, contrefaçon ou emploi frauduleux des timbres, moules, ou marques de la régie ou de l'État.

La taxe sur les cartes à jouer figure dans notre système financier depuis le xvie siècle et c'est à juste titre. Les trois millions qu'elle fait entrer dans le Trésor annuellement[1] sont pris sur le plaisir et l'oisiveté, ce qu'on ne peut qu'approuver entièrement. « Etablie sur des objets de luxe pur, cette taxe ne doit réellement soulever aucune objection sérieuse ; il pourrait être permis de discuter les formalités de la perception et les entraves apportées à l'industrie privée ; on pourrait souhaiter une simplification résultant, comme dans certains pays étrangers, de la seule application du timbre national sur une carte désignée de chaque jeu, mais il semble que le principe même de l'impôt soit à l'abri de toute critique[2]. »

[1] Son rendement était évalué à 2.970.000 fr. dans le budget de 1894. Il était, d'après M. Stourm, de 402.244 fr. en 1816. (*Les finances de l'ancien régime et de la Révolution*, t. I, p. 124.)

[2] M. Hastier, *Dictionnaire des finances*, t. I, p. 876.

Section VII.

Droit de garantie des matières d'or et d'argent.

On appelle « garantie » l'ensemble des formalités réglementaires et obligatoires auxquelles est assujetti, de par la loi, tout fabricant ou commerçant de matières d'or et d'argent pour chacun des objets qu'il travaille ou met en vente[1]. Ce contrôle officiel garantit le titre dans le double intérêt de l'acheteur et du vendeur, et il est perçu à ce sujet un droit de garantie au profit du Trésor. Ce droit présente le caractère d'un véritable impôt sur le luxe, car « il excède notamment, dit M. Cauwès[2], l'importance du service rendu par l'Etat. »

Un droit de *remède* avait été établi sous Henri III par un édit de 1557 ; on l'avait ainsi nommé, d'après M. de Parieu[3], parce qu'il devait rendre aux ouvrages d'orfévrerie le prix que leur ôtait l'alliage ou remède. Ce droit fut de trois sous par once d'orfévrerie à partir de 1631. On lui substitua les droits de marque et de con-

---

[1] *Dictionnaire des finances*, t. II, p. 305.
[2] *Cours d'Économie politique*, éd. 1893, t. IV, n° 1279.
[3] *Traité des impôts*, t. III, p. 424.

trôle par déclaration du 31 mars 1671[1]. Plusieurs fois modifié [2], le tarif de ces droits était de 6 livres 6 sous par once d'or et 10 sous 6 deniers par once d'argent[3] lorsqu'intervint la loi de 1790 qui supprima tous les impôts indirects.

Cette suppression, jointe à l'abolition des maîtrises et des jurandes décrétée en 1791, eut pour conséquence d'engendrer de nombreux abus et on ne tarda pas à reconnaître que la surveillance, par l'État, de la fabrication des ouvrages d'or et d'argent était indispensable pour maintenir le vieux renom de probité de l'orfévrerie française et assurer la sécurité des opérations commerciales. De plus, le Trésor public se trouvait privé d'un revenu d'une certaine importance dont la perception n'aurait pas été à dédaigner, étant donné l'état dans lequel se trouvaient les finances à cette époque.

Aussi, la loi du 19 brumaire an VI rétablissant la garantie fut-elle votée comme « une

---

[1] Les droits de marque et de contrôle étaient affermés comme presque tous les impôts indirects de l'ancien régime. Les fermiers avaient le droit de visite chez les fabricants et les commerçants d'ouvrages d'or et d'argent. Le contrôle et la marque incombaient aux gardes élus de l'orfévrerie et ils étaient effectués dans les hôtels du métier ou maisons communes de la corporation. (Déclaration royale du 26 janvier 1749.)

[2] Déclaration du 17 février 1674, Ordonnance du 22 juillet 1684, Édits d'août 1718 et de mars 1723.

[3] Ce qui ferait en mesures modernes 20 fr. 50 par hectogramme d'or et 1 fr. 70 par hectogramme d'argent.

restauration devenue nécessaire de la réglementation antérieure à 1789[1]. » Cette loi n'a cessé depuis d'être en vigueur.

Il ne peut être mis en France aucun ouvrage d'or ou d'argent en vente s'il ne possède un des titres indiqués par la loi[2]. Ce titre est déterminé et constaté dans les bureaux de garantie. Ces bureaux, au nombre de 40 en France, ont pour mission d'examiner le titre des ouvrages, de surveiller les fabricants et marchands, d'appliquer les poinçons et de percevoir les droits. Ils se composent d'un essayeur, d'un contrôleur et d'un receveur. Tout objet d'or ou d'argent, avant d'être livré au commerce, doit être présenté au

---

[1] M. Stourm, *Les finances de l'ancien régime et de la Révolution*, t. II, p. 101.

[2] Ces titres sont :

Pour l'or	1er titre 920 millièmes 2e — 840 — 3e — 750 —	avec tolérance de 3 millièmes	
Pour l'argent	1er titre 950 — 2e — 800 —	avec tolérance de 5 millièmes	

Un quatrième titre de 583 millièmes a été autorisé pour les ouvrages d'or par la loi du 25 janvier 1884, afin de permettre à notre industrie de lutter contre la concurrence étrangère et notamment contre celle que les produits allemands lui faisaient sur les marchés de tous les pays. Mais ce titre ne peut être employé que pour les boîtes de montres d'or destinées à l'exportation.

Enfin, les tolérances légales, maintenues à 3 et 5 millièmes pour les gros ouvrages, ont été dans certains cas étendues à 20 millièmes, principalement pour les monnaies en creux. (Décision de la Commission des monnaies du 3 mai 1838.)

bureau de garantie. L'essayeur recherche et dé-
termine le titre des ouvrages présentés. Le contrôleur appose les poinçons[1] sur les objets vé-
rifiés[2]. Enfin le receveur pèse les ouvrages et
perçoit les droits.

Ces droits sont de deux sortes : les droits de
garantie, et la taxe d'essai.

Les droits de garantie, depuis la loi du 30 décembre 1873[3], sont de 37 fr. 50 par hectogramme
d'or et de 2 francs par hectogramme d'argent[4].

[1] La loi du 19 brumaire an VI reconnaît trois poinçons : celui
du fabricant ; celui du titre, et celui du bureau de garantie. Ces
derniers, quoique toujours distincts théoriquement, ont été maté-
riellement réunis en un seul (Ordonnance du 7 avril 1838). Il y a
en outre divers poinçons spéciaux qui sont : les poinçons de petite
garantie, le poinçon des ouvrages venant de l'étranger, — de
double, — de recense, — de remarque, — de charançon, — d'hor-
logerie étrangère, — d'exportation, — de retour, — de bigorne ou
contremarque.

[2] C'est lui qui a la conservation des poinçons et bigornes ; sa
surveillance s'étend sur tous les établissements dans lesquels on
fabrique où on vend des matières d'or et d'argent. Elle s'exerce
également dans les ventes publiques, dans les Monts-de-piété et
dans les hôtels où descendent les voyageurs en bijouterie.

[3] La loi du 19 brumaire an VI avait fixé le tarif à 20 francs par
hectogramme d'or et à 1 franc par hectogramme d'argent. Ces droits
avaient été relevés par un arrêté du 6 prairial an VII et par la loi
du 30 mars 1872.

[4] Tout droit perçu est définitivement acquis au Trésor. Néanmoins les droits perçus sur les ouvrages français dont la sortie
du territoire a été dûment constatée par les agents des douanes,
sont intégralement restitués. (Loi du 30 mars 1872.) La loi de
l'an VI, reproduisant l'arrêt du 1er août 1733, n'avait autorisé cette
restitution que jusqu'à concurrence des 2/3.

Sont exempts des droits les ambassadeurs et les envoyés des
puissances étrangères. De même les voyageurs jouissent de cette

La taxe d'essai, qui n'est que la rémunération du travail de l'essayeur, est fixée depuis l'an VI à 3 francs pour un essai d'or, de doré, et d'or tenant argent, à 0 fr. 80 pour un essai d'argent, à 0 fr. 09 à raison d'un décagramme pour un essai opéré par la pierre de touche sur les menus ouvrages d'or [1].

Pour assurer le recouvrement de l'impôt, la loi a soumis les fabricants et les marchands d'or et d'argent à un certain nombre d'obligations telles que la déclaration de la profession, l'inscription des achats, des ventes, des réparations, la présentation de tout ouvrage au bureau de garantie avant son achèvement. Les agents de l'administration veillent à l'exécution de la loi. Ils peuvent pénétrer à certaines heures,

franchise pour leurs bijoux, mais seulement jusqu'à concurrence d'un poids de 5 hectogrammes.

La franchise peut être accordée encore aux ouvrages d'or et d'argent réimportés qui ont profité à leur sortie du remboursement des droits. Mais il faut alors que ces ouvrages soient pris en charge au compte du commerçant qui les destine à la réexportation.

Enfin il est quelquefois admis par l'administration, que les articles invendables (par suite de fautes commises dans les ateliers ou parce qu'ils n'ont pu trouver acquéreurs) pourront, à la condition d'être brisés, être remplacés par des articles neufs d'un poids identique, sans payement d'un nouveau droit.

[1] V. une décision de la Commission des monnaies, du 27 janvier 1807, pour la tarification de l'essai à la pierre de touche, et une décision du Ministre des finances en date du 4 octobre 1822 pour la tarification de l'essai à la coupelle.

variant suivant les saisons, chez les assujettis ou redevables, accompagnés soit du commissaire de police, soit du maire ou de son adjoint.

Les infractions aux anciennes ordonnances concernant le commerce des métaux précieux étaient punies avec une extrême rigueur. Les condamnations en cette matière allaient parfois jusqu'à la peine de mort. Notre législateur est moins sévère bien qu'il le soit encore.

La contrefaçon et l'emploi de poinçons de l'Etat sont considérés comme des crimes et punis des travaux forcés ou de la réclusion [1]. La fraude sur le titre rend celui qui s'en rend coupable passible d'emprisonnement, d'amende ; le prix doit être restitué à l'acheteur et les objets mis en vente sont confisqués. Quant aux autres infractions [2], contraventions généralement, elles entraînent le plus souvent la confiscation et l'amende, parfois même l'interdiction du commerce de l'orfévrerie [3].

Les droits de garantie rapportent au Trésor un revenu de cinq millions environ [4] dont la

[1] Code pénal, art. 140.

[2] Voir les contraventions à la loi du 19 brumaire an VI dans l'instruction de l'Administration des monnaies en date du 1er prairial an VIII.

[3] Loi du 19 brumaire an VI, art. 80, 105, 107.

[4] Le produit des droits était en l'an VI de 561.199 francs. Il s'éleva à 1.680.458 francs en 1816, à 4.611.531 francs en 1888. Il était inscrit au budget de 1894 pour 4.773.300 francs.

majeure partie représente le produit d'un impôt sur le luxe. Le double but du législateur a
donc été atteint : protection des acheteurs; création d'une ressource budgétaire. C'est bien à
tort que M. de Hock, parlant des droits de garantie *(Punzirungs-gebühr)* « combinés de manière à constituer un impôt sur le luxe[1] », les
regardait comme devant rester sans succès.

Section VIII.

Droits sur la chasse.

§ I. — Droits sur les permis de chasse.

Nous disions au début de cette étude que le
luxe est relatif aux temps et aux personnes et
que ses limites « forment une ligne sinueuse
qui selon le niveau de la civilisation et selon les
positions individuelles s'élève ou s'abaisse incessamment[2]. » Nous avons cité alors quelques
objets qui, autrefois peu répandus et fort coûteux,
sont devenus aujourd'hui d'un usage très commun. La civilisation en effet « conduit l'homme
à la généralisation graduelle, progressive, de

[1] *Die offentlichen abgeben und Schulden,* etc., p. 257.
[2] M. Stourm, *les Impôts sur le luxe, Dictionnaire d'Économie
politique,* t. II, p. 31.

nombre de consommations de luxe qui perdent ainsi successivement ce caractère[1]. » Mais cette même civilisation peut aussi produire le phénomène inverse, rarement il est vrai, et rendre luxueux ce qui primitivement était absolument nécessaire.

La chasse nous en donne un exemple, car la chasse dans le principe a été pour l'homme le droit naturel de se défendre contre les fauves et de pourvoir à sa nourriture. Mais les peuples, de chasseurs qu'ils étaient à l'origine, devinrent agricoles et industriels. Les objets nécessaires à l'existence furent alors fournis par la culture et l'industrie. Le droit de chasse se transforma en un plaisir réservé aux propriétaires fonciers. Ce plaisir devint même chez nous une prérogative que s'arrogèrent les grands et les puissants, et c'est ainsi que sous le régime féodal il fut l'apanage des seigneurs et non de tous, mais des seuls seigneurs justiciers[2].

Jusqu'à la Révolution ce privilège fut reconnu à la noblesse[3] et le titre xxx de l'ordonnance

---

[1] M. Leroy-Beaulieu, *Le Luxe* (*Revue des Deux-Mondes* du 1er novembre 1894).

[2] « Qui a fief a droit de chasse, » d'après Loysel. Mais il ne faut pas prendre cela à la lettre, dit M. Cauwès dans un Cours d'Histoire du Droit. Le seigneur justicier seul avait ce droit.

[3] Voir notamment l'ordonnance de Charles VI du 10 février 1396 et la déclaration du 6 août 1535.

du mois d'août 1669[1], qui le consacrait en dernier lieu, ne fut abrogé que par le décret des 4-11 août 1789 confirmé le 30 juillet 1793, abolissant tous les droits et privilèges d'origine féodale. Par le même décret, l'Assemblée Constituante conféra « à tout propriétaire le droit de détruire ou de faire détruire sur ses terres toute espèce de gibier, à la seule condition de se conformer aux lois de police dans un intérêt de sûreté publique. »

La chasse ainsi autorisée en tout temps devint une source de graves désordres très funestes aux récoltes, et la loi du 30 août 1790 dut intervenir pour donner aux départements le droit de fixer l'époque d'ouverture et de fermeture de la chasse.

Mais cette loi n'exigeait encore aucune redevance pour l'exercice du droit de chasse. Ce fut le décret impérial du 11 juillet 1810 qui créa le permis de port d'armes de chasse et en fixa le prix à 30 francs, y compris les frais de papier, timbre et expédition[2]. Ce droit fut

---

[1] Ordonnance portant règlement général des eaux et forêts.

[2] Par une faveur toute spéciale, deux décrets, l'un du 21 mars 1811 et l'autre du 12 mai 1813, accordaient aux personnes décorées des ordres français la faculté de ne payer qu'un franc pour l'obtention du port d'armes ; ce privilège fut étendu, par une ordonnance royale du 9 septembre 1814, aux chevaliers de l'ordre

réduit à 15 francs par la loi du 28 avril 1816[1].

La loi du 3 mai 1844 qui vint réglementer l'exercice de la chasse transformée en une véritable industrie, remplaça le permis de port d'armes de chasse par le permis de chasse, indiquant ainsi l'intention de subordonner tous les modes de chasse quels qu'ils fussent, à l'obtention du permis. Le prix de celui-ci fut fixé à 25 francs, 15 francs au profit de l'Etat, et 10 francs au profit de la commune dont le maire apostillerait la demande de permis.

« Après 1870-71, les droits frappant la chasse parurent très justement, en théorie, devoir concourir à l'augmentation générale des recettes réclamées par les budgets. La chasse, disait-on, voilà, certes, un plaisir de luxe méritant d'être surtaxé au maximum. D'emblée, dès lors, le prix du permis fut porté de 15 à 30 francs au profit de l'État, ce qui, avec les 10 francs attribués aux communes, éleva son prix total de 25 à 40 francs. Le chasseur, si prodigue en dépenses de toutes sortes quand il s'agit de satisfaire ses goûts cynégétiques, ne s'apercevra même pas, supposait l'exposé des motifs, de ce supplément

de Saint-Louis. Cette faveur fut de courte durée, car l'ordonnance du 17 juillet 1846 décida que l'impôt serait exigé de tout le monde et supprima les exemptions dont nous venons de parler.

[1] Art. 77.

de 15 francs. Il s'en aperçut si bien cependant que le nombre des permis de chasse diminua incontinent dans des proportions considérables et que, dès le 20 décembre 1872, on s'empressa de revenir sur la mesure édictée[1]. »

Le prix du permis de chasse est resté le même depuis cette époque. La loi du 2 juin 1875 cependant a décidé que les décimes établis par la loi du 23 août 1871 seraient applicables au droit perçu sur les permis, dont le montant a été ainsi porté à 28 francs dont 18 au profit de l'État et 10 au profit de la commune dont le maire apostille la demande.

Le produit de ces permis était inscrit dans le budget de 1894 pour la somme de 10.467.000 francs[2]. Ce rendement élevé a failli plusieurs fois être compromis par de nombreuses propositions de lois déposées en vue de faciliter l'exercice de la chasse à toutes les classes de la so-

---

[1] M. Stourm, *Systèmes généraux d'impôts*, page 95.

[2] Sur cette somme, près de 6 millions vont au Trésor. Avec la taxe de 15 francs pour l'État établie par les lois de 1816 et de 1844 le produit des permis avait été de 1.201.500 francs en 1834, de plus de trois millions en 1857 et de plus de quatre millions en 1861. La loi de 1871 fit baisser ces chiffres à cause de son taux élevé (25 francs) comme nous l'avons vu ci-dessus, et le retour de l'ancien taux éleva le produit à 5.636.055 francs en 1873. La légère modification apportée en 1875 par l'addition du décime n'eut pas de conséquences fâcheuses, car le produit fut pour l'État de 6.100.614 francs en 1880 et de 7.280.400 francs en 1884.

ciété, par la suppression ou la diminution du prix du permis[1].

D'autres propositions, tendant aussi à favoriser l'exercice de la chasse et en outre à faire croître les ressources du budget, ont demandé la création de permis de chasse valables pour plusieurs jours, ou même pour 24 heures.

Ni les unes, ni les autres n'ont eu de suite, fort heureusement. Laissant de côté la question budgétaire, on peut dire qu'elles n'auraient probablement pas atteint leur but. Il est aisé en effet de se rendre compte que « l'impôt sur les permis de chasse n'entre que pour une faible partie dans les dépenses que le plaisir de la chasse nécessite[2]. » Il ne suffit pas d'être porteur d'un permis pour pouvoir chasser librement. La loi interdit de chasser sur le terrain d'autrui sans le consentement du propriétaire[3]. En dehors même des pays giboyeux où la location du droit de chasse atteint des prix très élevés, il y a peu de communes, aussi bien dans celles où la propriété est le plus morcelée que dans les

---

[1] V. notamment les propositions de M. Dréolle, du 30 mars 1876 ; de M. Bosredon, du 4 août 1876, de M. Robert Mitchell, du 16 février 1878 ; de M. Chavoix, du 25 mai 1878 et du 20 mai 1879 ; de M. de Guilloutet, du 22 mars 1881 et du 6 novembre 1881 ; de M. Labitte, du 4 novembre 1881 ; de M. Desmons, du 3 mars 1882.

[2] *Dictionnaire des finances,* t. I, p. 951.

[3] Loi du 3 mai 1844.

autres, où il ne soit exigé une redevance plus ou moins forte, pour avoir le droit d'y chasser.

Au point de vue de la conservation du gibier enfin, les mesures proposées, malgré leur faible portée, n'auraient pu être que nuisibles. Or « la division de la propriété, la facilité des communications, les armes nouvelles et tous les engins de destruction, filets, appeaux, d'autant plus parfaits que le gibier est plus difficile à atteindre, sont en soi des causes assez destructives sans qu'il soit nécessaire d'y ajouter[1]. » Mieux vaudrait peut-être encore une augmentation du prix du permis de chasse, dusse le Trésor en éprouver un préjudice, car le gibier est une richesse et on ne peut voir sa disparition progressive en France avec indifférence[2]. L'État, qui est essentiellement un organe de conservation[3], doit s'en préoccuper.

Mentionnons enfin une proposition de loi également repoussée par les Chambres et tendant à remplacer le permis de chasse par un impôt sur les fusils, comme cela existe en Angleterre, et

---

[1] *Dictionnaire d'Économie politique*, t. I, p. 385.

[2] « Une exportation incessante de gibier dont la France est tributaire, augmente les richesses des nations voisines dans des proportions considérables qui diminuent la nôtre. En 1888, à Paris seulement, on a importé plus de 2.300.000 kilogrammes de gibier valant au delà de quatre millions de francs. » *(Dictionnaire d'Économie politique, loc. cit.)*

[3] V. M. Leroy-Beaulieu, *L'État moderne et ses fonctions.*

par une taxe fixe de 5 francs par an pour le
droit de chasser avec des procédés autres que le
fusil. On a fait observer avec raison qu'il serait
facile de se soustraire au paiement de cet impôt
et que l'impossibilité pour les agents de répression de constater les délits, assurerait l'impunité
aux contrevenants.

§ II. — Droits sur les poudres de chasse.

Un second impôt atteint encore le plaisir de
la chasse ; c'est celui qui frappe les poudres de
chasse. Ces poudres, en effet, sont vendues par
l'État, qui a le monopole de la fabrication, à un
prix bien supérieur à celui des autres poudres.
Tandis que le kilog. de poudre de mine ordinaire
ne coûte que 1 fr. 25, le kilog. de poudre de chasse
coûte, selon sa qualité, 28 francs, 19 fr. 35, 15 fr.
et 11 fr. 85. Cette vente rapporte au Trésor
quatre millions par an dont la majeure partie
représente bien le produit d'un impôt sur le luxe.

En 1871, la loi du 4 septembre doubla le prix
des poudres de chasse de même qu'elle avait
élevé le prix des permis. Mais cette augmentation
eut pour résultat, non seulement de restreindre
la consommation, mais aussi de développer la
fabrication et les introductions clandestines.

C'est pourquoi les anciens prix furent rétablis en 1872 sans hésitation. Ils subsistent encore aujourd'hui. L'expérience a démontré qu'on ne pouvait les augmenter sans préjudice pour le Trésor.

SECTION IX.

Impôt sur le Tabac.

Introduit en Europe vers 1560, l'usage du tabac se développa rapidement dans toutes les parties de l'ancien monde. Mais, avant de s'y implanter d'une façon définitive, le tabac eut à subir de nombreuses vicissitudes. Les papes Urbain VIII et Innocent XII frappèrent d'excommunication les fumeurs et ceux qui prisaient dans les églises. Une ordonnance du lieutenant civil de la police (1635) défendit à toutes personnes de vendre du tabac, sinon aux apothicaires et par ordonnance du médecin, à peine de 80 livres parisis d'amende. La mode fut plus forte que la loi, et lorsque les princes qui avaient le plus souvent interdit l'usage du tabac sous les peines les plus sévères, purent se convaincre qu'ils n'y réussiraient pas, ils eurent l'idée ingénieuse d'exploiter le goût public au profit du Trésor.

En France, le premier impôt auquel fut soumis le tabac remonte au règne de Louis XIII.
En 1621, une déclaration de ce roi fixa un
droit de 40 sols « par cent pesants de petun de
tabac. » Des fraudes multiples empêchèrent le
Trésor de tirer profit de cet impôt établi pourtant sur une consommation toujours croissante.
Aussi, par une déclaration du 27 septembre 1674,
Louis XIV afferma-t-il cet impôt ainsi que tous
les autres. Seul désormais le fermier du roi put
fabriquer et vendre le tabac[1]. Le monopole était
créé. Il dura jusqu'en 1719, époque à laquelle il
fut remplacé par un droit énorme à l'importation par navires étrangers, moindre par navires
français. Cette transformation se fit sur la demande de la Compagnie d'Occident alors fer-
mière du monopole et qui était devenue le
centre des opérations financières connues sous
le nom de système de Law. Après la chute de ce
système, en 1721, on revint au monopole et à
la ferme qui produisaient 32 millions à la veille
de la Révolution[2].

[1] La déclaration de 1674 avait laissé subsister la liberté de culture du tabac. Pour remédier aux abus provenant de cette liberté
trop grande, la déclaration du 14 mars 1676 désigna les générali-
tés où pouvait être effectuée la culture du tabac et l'interdit absolument dans les autres.

[2] Certaines contrées étaient affranchies de l'impôt du tabac.
C'étaient la Flandre, l'Artois, le Hainaut, le Cambrésis, la Franche-

L'impôt sur le tabac était très impopulaire en 1789, à cause des mesures sévères qui réprimaient la fraude. L'Assemblée Nationale, malgré les conclusions contraires d'un rapport de Mirabeau et les efforts de Barnave, décréta le 14 février 1791 la liberté de culture, de fabrication et de vente du tabac. Seul le droit à l'importation subsista, mais son rendement n'était que de 32.000 livres.

Le Directoire et le Consulat songèrent à imposer de nouveau le tabac. La loi du 22 brumaire an VII, modifiée le 30 floréal an X, établit une taxe de fabrication, celle du 5 ventôse an XI créa un droit de licence et celle du 24 avril 1804 un droit de débit. Enfin, un décret du 10 juin 1808 imposa à tout particulier « qui voudrait cultiver le tabac l'obligation d'en faire la déclaration aux agents du fisc. »

Malgré ces diverses mesures, l'impôt n'arrivait pas à donner la moitié des 32 millions perçus sous le régime de la ferme, et la qualité des produits avait baissé. Aussi Napoléon rétablit-il le monopole au profit de l'Etat par le décret du 29 décembre 1810. Ce régime a été depuis lors consacré par un grand nombre de lois dont

Comté, l'Alsace, le pays de Gex, la ville et le territoire de Bayonne et quelques lieux particuliers de la généralité de Metz.

la dernière, du 26 décembre 1892, a maintenu
l'existence du monopole *sine die,* c'est-à-dire
jusqu'à ce qu'il en soit autrement ordonné par
la loi.

Le monopole de l'État s'applique à la fois à
l'achat, à la fabrication et à la vente des tabacs.
Tout ce qui concerne la culture, l'achat et la fabrication rentre dans les attributions de l'Administration des Manufactures de l'État. De son
côté, l'Administration des Contributions indirectes est chargée de tout ce qui concerne la
conservation et la vente des tabacs.

Depuis 1871, les recettes procurées par ce
monopole ont toujours été en augmentant. De
93 millions qu'elles étaient en 1877, elles ont
dépassé aujourd'hui 300 millions. « Il n'est peut-
être pas exemple d'un impôt qui ait fourni
d'aussi brillants résultats [1]. »

Ces résultats sont d'autant plus agréables à
constater que, dans l'état actuel de notre régime
fiscal, l'impôt sur le tabac est certainement un
des meilleurs et des plus légitimes.

En effet, aux avantages communs à toutes les
taxes indirectes, il en joint un particulier à quelques-unes, en ce qu'il frappe une consommation
absolument inutile, nuisible même [2]. Il est donc

---

[1] *Dictionnaire des finances,* t. II, p. 1320.
[2] Le fisc peut profiter de ce qu'une matière est nuisible pour la

essentiellement volontaire, et personne ne peut s'en plaindre.

De plus, l'impôt sur le tabac n'a pas comme d'autres, comme l'impôt sur le sel par exemple, l'inconvénient de gêner une industrie quelconque ; le tabac n'entre comme matière première dans la fabrication d'aucun produit. « Les entraves mises à la liberté de sa culture ou de sa fabrication, ne peuvent dès lors avoir pour effet de nuire au développement économique ou industriel[1]. » Le monopole de l'Etat même, qui en toute autre matière est généralement critiqué, ne peut être l'objet d'attaques bien sérieuses. « On connaît, dit M. Leroy-Beaulieu[2], les arguments contre tout monopole et surtout contre un monopole de l'État ; l'absence de concurrence rend la fabrication routinière ; les fonctionnaires ou directeurs d'usines n'étant pas intéressés aux bénéfices sont peu attentifs, peu

frapper d'un impôt élevé, mais il ne doit pas avoir pour but, en agissant ainsi, de réfréner la satisfaction d'une habitude pernicieuse. Comme nous le répéterons plus loin au sujet de l'impôt sur l'alcool, ce n'est pas son rôle, mais celui de l'initiative privée. Les associations qui ont pour but de restreindre l'usage immodéré du tabac, peuvent parfaitement réussir. C'est ainsi qu'à Paris notamment, la *Société contre l'abus du tabac*, fondée depuis bientôt 20 ans, est parvenue à recruter un nombre considérable d'adhérents occupant dans la société des positions diverses, depuis les plus modestes jusqu'aux plus élevées.

[1] *Dictionnaire des finances*, t. II, p. 1320.
[2] *Traité de la Science des finances*, t. I, p. 700.

ingénieux ; cette vaste administration ne va pas
au devant des goûts du public ; une industrie
aussi soustraite au double stimulant de la concurrence et de l'intérêt personnel manque des
plus essentiels éléments de progrès. Que tout
cela soit vrai, on ne peut le contester. Mais
l'impossibilité de retirer par tout autre moyen
une somme aussi énorme de l'impôt sur le
tabac, l'impossibilité même de faire payer au
pays d'une manière aussi inoffensive, aussi peu
vexatoire, environ 290 à 300 millions nets, est
la justification du monopole. »

Quel que soit le procédé employé pour atteindre le tabac, le principe de son imposition
reste toujours inattaquable, tellement inattaquable même que M. Surieu pouvait dire à
l'Assemblée législative le 5 août 1851 : « Si la
France devait supprimer des impôts, et s'il y
avait à choisir celui qui seul devrait être conser-
vé, c'est l'impôt du tabac qu'il serait le plus
juste et le plus utile de maintenir. »

SECTION X.

Impôt sur les liqueurs fortes.

Les taxes sur les eaux-de-vie et les liqueurs
qui occupent une place si importante dans la

législation fiscale, ne remontent pas à une date éloignée. Sous Louis XIV, l'eau-de-vie commence à peine à figurer parmi les objets soumis à des droits. « Jusqu'au XVIe siècle, dit Louis Figuier, l'eau-de-vie resta à titre de médicament confinée chez les apothicaires[1]. » Mais au XVIIIe siècle, l'usage de l'alcool ayant fait d'immenses progrès, l'administration commença à s'en occuper. Différents droits, variables suivant les régions, furent établis sur les eaux-de-vie et devinrent une source importante de revenus pour le Trésor. Ils furent supprimés, cependant, comme les autres taxes indirectes, par l'Assemblée Constituante, non pourtant sans difficultés. Après une disparition de quinze années, ils furent rétablis, en 1804, par le Consulat, et depuis lors ils n'ont cessé de figurer dans nos budgets pour des sommes toujours croissantes.

Dans la législation actuelle, les alcools sont frappés d'un droit d'entrée et d'un droit de consommation [2].

---

[1] *Les merveilles de l'industrie.*

[2] Toutes les villes d'une population de 4.000 âmes et au-dessus, peuvent se placer volontairement sous un régime spécial nommé *taxe unique ;* et toutes les villes de 10.000 âmes et au-dessus y sont obligatoirement soumises, en vertu de la loi du 9 juin 1875. L'idée qui domine cette transformation est celle de la suppression des exercices chez les débitants des centres importants. On a pensé qu'il était plus simple et plus libéral de percevoir l'intégralité de

Le droit d'entrée est dû dans les villes de plus de 4.000 habitants, d'après un tarif variant avec la population [1].

Le droit de consommation est assis sur l'alcool pur contenu dans les eaux-de-vie, spiritueux et liqueurs. Il est de 156 fr. 25 par hectolitre d'alcool pur.

Sont seuls exempts [2] de ce droit les bouilleurs de cru, c'est-à-dire les propriétaires récoltants qui distillent chez eux les vins, cidres, poirés, etc., provenant de leurs récoltes. Ils peuvent consommer leurs produits en franchise, à la

---

l'impôt aux barrières. Le droit de consommation s'ajoute au droit d'entrée et le total des deux droits se perçoit cumulativement sur tous les spiritueux introduits à destination des débitants et des particuliers. Il existe 161 communes assujetties au système de la taxe unique, à l'entrée desquelles plus de 8 millions se perçoivent sur les alcools. (Voir M. Stourm, *Dictionnaire des finances*, t. I, p. 90.)

[1] Indépendamment des droits d'entrée perçus au profit du Trésor, les villes sont autorisées à percevoir à leur profit, sous le nom de droits d'octroi, une taxe supplémentaire sur l'alcool. Le tarif de ces droits ne doit pas dépasser celui établi à titre de droit d'entrée, sans autorisation spéciale législative. — 1536 villes possèdent un octroi et perçoivent 18 millions environ de produits sur l'alcool. (Voir M. Stourm, *Dictionnaire des finances*, t. I, p. 90.)

[2] On indique quelquefois comme exempts du droit de consommation les alcools servant à la fabrication du vinaigre et les alcools destinés à être dénaturés. Il n'y a pas dans ces cas véritablement exemption. Les alcools dont il s'agit sont transformés. La matière imposable change complètement et l'impôt qui est dû alors n'est plus le droit de consommation ordinaire. (Cours de M. Courtin, inspecteur des finances, professeur à l'Ecole des Sciences politiques.)

condition de consommer sur place, et sont de plus dispensés de l'exercice.

Ce privilège a soulevé de tout temps de justes réclamations. Non seulement il cause un préjudice à l'impôt[1], mais il constitue une double contradiction au principe de l'égalité devant l'impôt; d'abord, parce que seuls, parmi tous les citoyens, les bouilleurs de cru n'acquittent pas de droit sur leur consommation personnelle d'alcool[2] ; ensuite, parce que l'immunité concédée aux récoltants distillant leurs vins, cidres, poirés, etc., est refusée aux propriétaires-récoltants de betteraves, de pommes de terre, de grains, et autres substances farineuses. Aussi est-ce avec raison que très souvent, et récemment encore, les producteurs ont demandé l'abolition du privilège des bouilleurs de cru. L'égalité devant l'impôt l'exige en effet.

Aussi donc, à part les bouilleurs de cru, tous les distillateurs sont des assujettis. Ils sont placés sous la surveillance de la Régie qui a multiplié les garanties contre la fraude, en raison de l'élévation des droits qu'elle doit ici percevoir[3].

---

[1] Les quantités échappant à la taxe et qui ne sont pas inférieures à 15.000 et 20.000 hectolitres dans les années peu abondantes, atteignent jusqu'à 50.000 et 60.000 hectolitres dans les années de bonne récolte.

[2] A l'exception du droit d'entrée dans les villes sujettes.

[3] Une série de mesures facilite la surveillance. Les bâtiments

Aucune distillation ne peut avoir lieu sans que l'administration ait été prévenue ; une déclaration très détaillée sur les opérations à intervenir doit être faite à cet effet à la recette buraliste. Les alcools fabriqués sont pris en charge par les distillateurs qui doivent faire une déclaration à chaque sortie. Il est alors délivré un congé ou un acquit à caution. Dans le premier cas, le droit est payé immédiatement ; dans le second, la perception est différée. Si le destinataire est un consommateur, le droit est payé à l'arrivée ; s'il est intermédiaire, l'alcool est pris en charge par ce dernier, et le payement du droit n'a lieu qu'à la consommation.

Le droit de consommation, comme nous l'avons vu, est excessivement élevé. Il représente deux fois au moins la valeur de la matière imposée. On ne peut cependant qu'approuver le législateur d'avoir ainsi taxé les liqueurs fortes

sont séparés. Les alambics, chaudières, etc., ont été épalés et numérotés. Toutes les précautions sont prises pour que le service connaisse exactement les parties de l'usine et les opérations qui se passent en tout endroit.

Ces dispositions, ainsi que celles que nous avons énumérées ci-dessus, sont communes à toutes les distilleries. Il en existe encore d'autres variant avec les usines, suivant leur importance d'une part, et suivant la nature des produits fabriqués d'autre part. (Distilleries agricoles, industrielles, bouilleurs de profession.) Leur but commun est d'assurer la prise en charge de tous les produits fabriqués.

dont l'usage est absolument superflu. Les tarifs élevés toutefois ne doivent pas avoir pour but de diminuer la consommation de l'alcool, car, pas plus en cette matière que dans les autres, l'impôt ne doit être moralisateur. L'État n'a pas la mission d'entraver la satisfaction de nos goûts et ne peut donc réglementer l'usage des liqueurs fortes. Sans doute il faut admettre « des peines légères contre l'ivresse manifeste, qui est une cause de trouble et de danger public. On comprend aussi que l'État prenne des précautions contre le pullulement indéfini des cabarets, où se produisent souvent des rixes, des scandales. Mais il est certains sectaires de la tempérance qui prétendent entraîner l'État bien au delà des mesures de police et de précaution. Il est des pays, comme l'État du Maine, en Amérique, où l'on interdit presque absolument la vente des liqueurs fortes, où l'on prive ainsi les hommes de denrées qui, dans beaucoup de cas, sont inoffensives, où l'on s'arroge le droit de régler leurs actions et leurs goûts. C'est une gêne générale pour un résultat des plus incertains ; c'est un empiètement manifeste de l'État sur la liberté individuelle, et dans cette voie l'on pourrait aller loin. Quelques pays d'Europe, notamment les États scandinaves, et en ce moment l'Angletérre, poussés par des fanatiques de tempérance,

sont sur le point de s'associer à ces exagérations [1]. »

Le législateur français a refusé d'entrer dans
cette voie. En 1871, M. Laboulaye demanda à
l'Assemblée Nationale, au nom de la commission pour la répression de l'ivrognerie, une surtaxe considérable sur les spiritueux, destinée à
combattre « cette corruption, cette ruine publique, cette épidémie qu'on appelle l'alcoolisme. » Mais l'Assemblée ne voulut pas mettre
l'impôt au service de la morale et de l'hygiène.
Elle se contenta d'élever les droits de 90 à 150
francs de manière à accroître les recettes du
budget, sans accepter la taxe de 300 francs qu'on
lui proposait comme instrument de guerre contre l'ivrognerie. Le point de vue fiscal prédo-
mina fort heureusement. C'est le seul en effet
que doive envisager le législateur. Il doit laisser à l'initiative privée, aux sociétés de tempérance par exemple, le soin de faire des prosé-
lytes. L'expérience a démontré qu'elles pouvaient
réussir [2].

[1] M. Paul Leroy-Beaulieu, *L'État moderne et ses fonctions*,
p. 407.

[2] Voir ce que dit des sociétés de tempérance, en France et en
Angleterre, M. Leroy-Beaulieu, dans l'article déjà cité *Le Luxe*.
(*Revue des Deux-Mondes* du 1er décembre 1894, p. 550 et 551.)
— Voir aussi dans la même *Revue* les articles de M. Paul Rochard
sur l'*Alcoolisme* (1886) et sur les *Boissons aromatiques* (1er no-

Tout en recherchant exclusivement l'intérêt du Trésor, l'Assemblée Nationale cependant fut singulièrement encouragée dans la voie de la taxation par l'appui que lui prêta l'opinion des moralistes et des médecins. On ne craignit pas de frapper fortement une matière nuisible à la morale et la santé, et ce fut avec raison, car autant il faut épargner les consommations de première nécessité, autant il faut chercher à faire produire les consommations dont les effets sont funestes. Les tarifs néanmoins doivent rester dans certaines limites afin de ne pas favoriser le développement de la fraude. C'est ce que fit remarquer à la Chambre avec beaucoup de justesse, M. Léon Say, lorsqu'en 1874 de nouvelles propositions tentèrent d'élever les droits sur les spiritueux. Il cita alors la maxime formulée à la tribune anglaise en 1864 par le Chancelier de l'Échiquier : « Le principe qui a toujours guidé le Parlement en ce qui regarde le droit sur l'alcool, est d'imposer sur ce produit les droits les plus élevés qu'on puisse percevoir sans craindre les distillations illicites. »

« Cette maxime, dit M. Stourm [1], trace de la

vembre 1894). On y trouvera l'historique intéressant des sociétés de tempérance en France, en Angleterre, en Amérique, en Suisse, en Hollande et en Suède,

[1] *Dictionnaire des finances*, t. I, p. 94.

manière la plus précise la ligne de conduite du législateur en matière d'imposition sur l'alcool : le maximum de la tarification de ce produit est le point où la fraude risque de déborder. »

Avec le tarif que nous avons indiqué, les droits sur l'alcool rapportent aujourd'hui au Trésor un peu plus de 280 millions, produit absolument remarquable comme celui des tabacs. On a voulu l'élever encore, et cela sans augmenter le prix des liqueurs fortes, par l'introduction du monopole de l'État, dans lequel ses partisans voient en effet un moyen de satisfaire aux desiderata de l'hygiène et aux nécessités fiscales.

Les propositions des réformateurs se résument en général dans l'établissement d'un monopole de l'État portant, soit sur la vente, et alors facultatif[1], soit sur la rectification[2]. Nous n'entreprendrons pas de les analyser et de les apprécier. Une telle étude exigerait de trop longs développements. Nous nous bornerons à dire, avec M. Léon Say, que pour obtenir les résultats désirés[3], il n'est pas besoin de recourir au monopole « qui a contre lui le principe même de la liberté du travail et de l'industrie[4] et l'in-

---

[1] Projet de M. Alglave (1886).

[2] Projet de M. Maujan (1891).

[3] Rapport fait en 1888 au nom de la Commission extraparlementaire.

[4] « Notre pays possède actuellement 3.576 distilleries indus-

térêt général qui s'attache dans un pays vinicole comme le nôtre, à la prospérité d'un commerce d'exportation qui porte sur des produits universellement renommés[1]. » En ce qui concerne la rectification réclamée au nom de l'hygiène, l'industrie privée est parfaitement capable de la réaliser. Quant à l'augmentation des ressources budgétaires, il est d'autres mesures, et celles-là à l'abri de toute critique, qui la produiront certainement. Le Directeur général des Contributions les a signalées récemment[2] à la Commission ex-

---

trielles ou agricoles ; 27.354 marchands en gros ; 413.141 débitants, 400.000 bouilleurs de cru, qui tous, sans exception, se trouveraient atteints par la mise à exécution du nouveau projet. Tous ne seraient pas expropriés, mais tous subiraient une atteinte très grave. Les uns disparaîtraient complètement, les autres ne continueraient à vivre que de la vie de l'État, c'est-à-dire d'une vie factice et dépendante. Le commerce et l'industrie proprement dits, en tant qu'on entend par ces mots l'initiative, l'ingéniosité, l'audace qui réussit, la lutte ardente pour le gain, la concurrence au profit de tous, seraient anéantis sans retour.

La France ne verrait plus fleurir sur son territoire qu'une industrie et un commerce d'État, honorables sans doute, dont les agents vraisemblablement resteraient laborieux et capables, mais qui jamais ne sauraient communiquer au pays la vitalité, l'énergie, le développement continu de ses forces productives, qui seules peuvent lui maintenir son rang prédominant au milieu des nations rivales. » (M. Stourm, *systèmes généraux d'impôts*, p. 276.)

[1] Attendrait-on, du reste, avec le monopole le but que l'on se propose ? Le Docteur Beauregard qui a longuement étudié la question ne le croit pas. « Nous ne pensons pas, conclut-il, que le régime des monopoles soit efficace. » (*Dictionnaire d'Économie politique*, t. II, p. 910.)

[2] Le 13 février 1895.

traparlementaire de la réforme des boissons : la suppression du privilège des bouilleurs de cru et la surveillance plus active de la fraude.

Section XI.

Droit des pauvres.

Le droit des pauvres est une contribution levée sur le public au profit des pauvres, dans les théâtres et autres lieux de plaisir[1].

L'idée mère de cette contribution remonte aux premières années du xvᵉ siècle ainsi qu'en témoigne une ordonnance de Charles VI, du mois d'avril 1407, qui « enjoignait aux ménétriers appelés dans les noces d'y quêter pour l'hôpital Saint-Julien. »

Nous trouvons en 1541 un arrêt du Parlement de Paris autorisant les Confrères de la Passion à jouer pour la première fois les mystères de l'Ancien Testament, mais à charge d'une redevance ainsi motivée : « A cause que le peuple sera détourné du service divin et que cela diminuera les aumosnes, Charles Royer et consorts, maistres et entrepreneurs de jeux et mystères de l'Ancien Testament, bailleront aux pauvres

___

[1] *Dictionnaire des finances*, t. I, p. 1550.

la somme de 1.000 livres, sauf à ordonner de plus grandes sommes. »

Ce ne fut que sous le règne de Louis XIV que le droit proportionnel au profit des indigents et le mode adopté pour le percevoir entrèrent dans le domaine de la loi. On trouve ensuite, antérieurement à la Révolution, de nombreuses ordonnances réglementant cette matière [1].

La Révolution fit disparaître théoriquement ce droit par le décret du 4 août 1789 abolissant toutes les redevances dues aux gens de mainmorte ; mais on décida que sa perception serait maintenue jusqu'à ce qu'il ait été pourvu d'une autre manière au soulagement des pauvres.

La loi des 16-24 août 1790, en attribuant aux municipalités le droit d'autoriser et de surveiller les spectacles publics, reconnut le principe de cette contribution, car elle enjoignait aux officiers municipaux de donner « les permissions ou de confirmer la jouissance des directeurs actuels pour le temps qui leur restait à courir, à charge d'une redevance envers les pauvres [2]. »

A partir du décret des 13-19 janvier 1791, au-

---

[1] Ordonnance royale du 25 février 1699 ; ordonnance du 30 janvier 1713 relative aux spectacles populaires des foires de Saint-Germain et de Saint-Laurent ; ordonnance du Régent, en date du 5 février 1716 ; ordonnance du lieutenant-général de police, en date du 17 mai 1732.

[2] Art. 4.

cune obligation ne fut plus imposée aux theâtres en faveur des indigents. Mais le droit des pauvres ne resta pas longtemps dans l'ombre. Le Directoire le fit revivre par un arrêté du 11 nivôse an IV. Son montant fut alors fixé en produit d'une représentation par mois. Il fut modifié par la loi du 7 frimaire an V ainsi conçue :

Art. 1ᵉʳ : Il sera perçu un décime par franc en sus du prix de chaque billet d'entrée pendant six mois, dans tous les spectacles où se donnent des pièces de théâtre, des bals, des feux d'artifice, des concerts, des courses et exercices de chevaux, pour lesquels les spectateurs paient.

La même perception aura lieu sur le prix des places louées pour un temps déterminé.

Art. 2 : Le produit de la recette sera employé à secourir les indigents qui ne sont pas dans les hospices.

La perception de ce droit s'effectua dans un bureau supplémentaire, ce qui était une gêne, et pour les spectateurs et pour les administrations théâtrales. Aussi le Directoire rendit un décret, le 22 frimaire an VI, aux termes duquel les directeurs de théâtres perçurent eux-mêmes un décime par franc en sus du billet d'entrée.

Cet impôt, établi pour six mois seulement par l'article 1ᵉʳ précité, fut prorogé sans interruption, de six mois en six mois d'abord, puis d'année en année. Enfin, le décret du 9 décembre 1809, encore en vigueur, fixa sous une forme définitive la perception du droit des pauvres.

« Depuis l'établissement du régime constitutionnel, on a pensé, dit M. Nielly[1], que la sanction législative était nécessaire pour légitimer cette perception. » C'est avec raison, car le droit d'autoriser une contribution, à quelque titre et sous quelque dénomination qu'elle se perçoive, appartient exclusivement aux représentants de la nation[2].

En conséquence, depuis 1817, cette redevance figure chaque année au tableau des produits, droits et revenus dont la perception est autorisée au profit des communes ou des établissements publics, sous cette double mention :

Dixième des billets d'entrée dans les spec-

---

[1] *Le droit des pauvres, Dictionnaire des finances,* t. I, p. 1550.

[2] Ce droit est consacré, depuis la Restauration, dans l'article final de toute loi de finances. Cet article, dit M. Stourm (*Le Budget,* p. 245), contient toute la théorie parlementaire de l'impôt. Il est ainsi conçu : « Toutes contributions directes et indirectes autres que celles qui sont autorisées par les lois de finances de l'exercice 18..., à quelque titre, ou sous quelque dénomination qu'elles se perçoivent, sont formellement interdites, à peine, contre les autorités qui les ordonneraient, contre les employés qui confectionneraient les rôles et tarifs et ceux qui en feraient le recouvrement, d'être poursuivis comme concussionnaires, sans préjudice de l'action en répétition pendant trois années contre tous receveurs, percepteurs ou individus qui en auraient fait la perception. »

tacles et concerts quotidiens. *(Loi du 7 frimaire
an V.)*

Quart des recettes brutes dans les lieux de
réunion ou de fête où l'on est admis en payant.
(Loi du 8 thermidor an V.)

La perception de ce droit peut s'opérer de
trois manières : par régie simple, par bail à
ferme, et par régie intéressée. C'est le premier
mode qui est adopté aujourd'hui à Paris où le
droit des pauvres, perçu au profit de l'Assistance publique, rapporte environ trois millions
chaque année.

Le droit des pauvres a été souvent l'objet
d'attaques très vives de la part des directeurs de
théâtres qui, à plusieurs reprises, ont demandé
sa suppression au Parlement. Celui-ci s'y est
toujours opposé, et nous pensons que c'est avec
raison. C'est un devoir pour le législateur de
taxer le plaisir coûteux du théâtre qui est certainement un plaisir de luxe. L'impôt ainsi établi
pourrait être perçu au profit du Trésor; on en
attribue de nos jours le profit aux établissements
d'assistance publique, et la pensée de soulager
les malades, les infirmes et les indigents par
une contribution levée sur le plaisir semble
bien inspirée. La question de savoir si l'assistance doit être laissée à l'initiative privée peut
être discutée et elle l'a été. Nous pensons que

cette initiative pour le moment serait impuissante à atteindre des résultats suffisants[1]. Mais,
que l'on adopte ou que l'on combatte cette opinion, l'existence de l'impôt sur les théâtres ne
saurait en souffrir; car le plaisir du théâtre doit
être taxé au même titre que les autres plaisirs
de luxe, que la chasse par exemple.

[1] « L'État et les communes, dit M. Beauregard, imposent aux
citoyens certaines taxes pour entretenir les établissements hospi-
taliers et grossir les budgets des bureaux de bienfaisance, mais
on fait surtout appel à la charité volontaire des particuliers. Ce
système peut être critiqué dans ses détails ; on peut même prévoir qu'il devra, un jour, céder la place à l'initiative privée devenue assez active pour suffire à tout. Mais actuellement, il rend
des services et ne présente pas d'inconvénients graves parce qu'il
respecte le principe fondamental : il n'admet au profit de l'indi-
gent aucun droit à être secouru, il laisse au secours accordé son
caractère de libéralité. » (*Éléments d'économie politique*, p. 306.)

CHAPITRE III.

LES IMPÔTS SUR LE LUXE A L'ÉTRANGER.

SECTION I.

Angleterre.

Il y avait autrefois en Angleterre tout un ensemble d'impôts réunis sous la rubrique commune d'*assessed-taxes*. Parmi ces impôts se trouvaient les taxes somptuaires que nous allons citer et dont quelques-unes figurent encore aujourd'hui parmi les produits de l'Excise ou contributions indirectes intérieures.

Bien avant nous les Anglais ont frappé d'un impôt les chevaux et les voitures. « Ils n'ont pas éprouvé tous les scrupules de nos législateurs en cette matière. Il leur a paru simple et légitime de taxer l'un des indices les plus constants de l'aisance et de l'opulence [1]. » La taxe sur les voitures date chez eux de 1747 et a duré sans interruption jusqu'à nos jours, dans la

[1] *Traité de la science des finances*, 4me édition, t. I, p. 436.

Grande-Bretagne du moins[1], subissant seulement des changements dans les tarifs primitifs[2]. La taxe sur les chevaux de carrosses, de selle ou de course, est postérieure, quoique ancienne aussi; elle est née en 1784 et a été supprimée en 1874. D'après M. Leroy-Beaulieu, les Anglais ont eu tort de l'abolir, car elle ne pesait que sur les gens aisés ou riches[3].

Les domestiques mâles, dont la présence dans une maison est aussi un des signes habituels de la fortune, sont également frappés d'une taxe qui existe depuis 1777 et a duré depuis lors sans interruption. En 1785, on mit aussi un droit sur les domestiques du sexe féminin, mais cette mesure fut rapportée en 1792. Le dernier acte qui règle l'impôt sur les domestiques mâles date du 20 août 1853. Le droit annuel est de 1 livre 6 sh. pour les domestiques au-dessus de 18 ans, et de 10 sh. 6 deniers pour

---

[1] L'impôt a été supprimé en Irlande dès 1823 ; son produit ne couvrait pas les frais de perception.

[2] Depuis 1888-89 les droits perçus sont les suivants :

Voitures de louage	15 sh.
Voitures à 2 roues	15 sh.
Voitures à 4 roues quel ⎰ à 1 cheval	1 liv. 1 sh.
qu'en soit le poids. ⎱ à 2 chevaux ou plus	2 liv. 2 sh.

Ils ont produit 11.860.000 francs en 1892-93.

[3] Son tarif était de 3 liv. 17 sh. par cheval. En 1868-1869, il avait rapporté 11 millions environ. — Le Gouvernement avait proposé en 1888 de rétablir la contribution au profit des comtés en la fixant à 1 liv. par cheval de course. Cette proposition a été écartée.

les domestiques au-dessous de cet âge. Il est payable par les maîtres, et certaines exemptions existent en faveur de la famille royale, des officiers, etc. [1]

La taxe sur la poudre à cheveux, établie en 1795 alors que tous les gens du monde et tous les domestiques de bonne maison étaient poudrés, figurait encore parmi les *assessed-taxes* jusqu'à ces temps derniers. Son taux était de 30 francs environ par personne et par an [2], et son produit maximum fut atteint en 1796, année pendant laquelle il s'éleva à 5.254.000 francs. Mais en 1868 il ne rapportait plus que 25.000 francs et le nombre des personnes poudrées n'était que de 853. Les Anglais s'aperçurent du ridicule de cette taxe et la supprimèrent en 1870. « Le changement de goût et de mœurs eût d'ailleurs réduit à néant dans un intervalle de quelques années le produit de cet impôt suranné [3]. »

L'impôt sur les armoiries fut introduit en Angleterre en 1798. Modifié à plusieurs reprises, le droit actuel sur les armoiries est de 2 liv. 2 sh. (55 fr.) quand elles sont portées sur une voiture, et de 1 liv. 1 sh. (26 fr. 25) pour les autres

[1] Son produit était de 3 millions et demi de francs en 1885.
[2] Ce taux avait varié de 1 liv. 1 sh. (26 fr. 25) à 1 liv. 3 sh. (29 fr. 50).
[3] M. Leroy-Beaulieu, *op. cit.*, p. 430.

cas. « Chose curieuse et qui montre bien dans
nos sociétés démocratiques et mercantiles, le
prodigieux développement de la vanité humaine
et l'accroissement des distinctions, le nombre
des contribuables à cette taxe a triplé de 1812
à 1868[1]. » Son produit était de 2 millions environ en 1885 et ce chiffre pourrait être élevé en
rehaussant le taux sans que la vanité renonçât
à ces emblèmes extérieurs. Cependant cette
taxe ne peut être approuvée. L'impôt sur le
luxe, nous l'avons dit, est un impôt sur la richesse qui se montre. « Ce ne doit pas être, dit
M. Cauwès[2], une spéculation sur les faiblesses
humaines. » Aussi la taxe sur les armoiries,
comme l'ajoute le même auteur, est-elle d'une
« légitimité douteuse. »

C'est à peu près à la même époque que l'impôt sur les armoiries, en 1796, que fut établi en
Angleterre l'impôt sur les chiens, mais il a varié considérablement depuis. Jusqu'en 1867, il
était, comme chez nous, assis sur la déclaration des redevables ; mais en raison de la fraude,
on l'a transformé en licence, et on a assujetti aux
droits le possesseur de chiens dès le moment où il
les a acquis, ce qui a élevé considérablement le

<hr>

[1] M. Leroy-Beaulieu, *op. cit.*, p. 430.
[2] *Cours d'Économie politique*, 4ᵐᵉ édition, t. IV, p. 412.

nombre des chiens imposés. Le taux du droit, depuis 1878, est de 7 sh. 6 pence, et il est uniforme pour tous les chiens de l'Angleterre et de l'Écosse ; les chiens de moins de six mois en sont seuls exempts. Son produit est environ de sept millions, à peu près la même chose qu'en France par conséquent. En Irlande, l'impôt sur les chiens est une taxe locale ; il est de 2 sh. Les chiens d'aveugle, les chiens de chasse au-dessous d'un an et les chiens de berger ne sont pas imposés, mesure excellente que l'on souhaiterait voir introduire chez nous.

Les droits sur les permis de chasse existent en Angleterre depuis 1808 sous le nom de licences. « Quoique plus lourds que chez nous, ils sont loin d'être aussi productifs ; la concentration de la propriété dans les mains des classes riches est, sans doute, la cause de cette différence [1]. » Le montant des droits a souvent varié. Il est aujourd'hui de 25 francs (1 livre) pour quatorze jours consécutifs ; de 50 francs (2 livres) pour six mois ; de 75 francs (3 livres) pour toute l'année. Les marchands de gibier sont aussi assujettis à une licence de 50 francs. Il y a des li-

---

[1] M. Leroy-Beaulieu, *op. cit.*, t. I, p. 433. — En outre, comme le fait remarquer le *Blue Book,* il est très fréquent que les chasseurs, notamment ceux des classes supérieures, échappent au paiement de ce droit. (*Report of the Commissionners of Inland Revenue for the years,* 1855 *to* 1869, t. I, p. 66.)

cences pour le gibier *(game licences)* et des licences pour les fusils *(gun licences)*, 12 fr. 50 par personne portant un fusil. Les gardes-chasse sont pourvus d'une licence spéciale *(game-keepers)*.

Les cartes à jouer sont imposées en Angleterre comme chez nous depuis le xvie siècle. Mais leur fabrication n'a pas les mêmes entraves qu'en France ; elle ne comporte d'autre restriction que l'obtention d'une licence (25 francs) applicable seulement aux industriels réunissant les deux professions de marchands et de fabricants. Quant à la vente, elle ne peut avoir lieu qu'après autorisation et dans les locaux déclarés soumis aux visites des employés de l'Administration. L'impôt ou droit de fabrication est perçu par le *Stamp-office ;* il est assuré par la vente d'enveloppes timbrées sans lesquelles aucun jeu ne peut sortir des ateliers et dont la détérioration seule permet l'emploi des cartes qui y sont contenues. Son taux est aujourd'hui de 3 deniers (31 cent.) ; il frappe environ un million de jeux rapportant un peu plus de 300.000 fr. par an.

Il n'existe plus aucun droit sur les matières d'or et d'argent depuis que l'impôt sur la vaisselle plate a été supprimé en 1890-91 par M. Goschen, pour donner satisfaction aux producteurs de l'Inde. Quant à la taxe sur les montres, établie au début de ce siècle, elle n'a duré qu'une seule année.

Les tabacs sont imposés en Angleterre, mais comme la culture du tabac est absolument interdite dans le Royaume-Uni, la consommation ne porte que sur les tabacs importés, et les droits perçus sont des droits de douane très élevés. En outre, la fabrication et la vente sont astreintes à des droits de licence perçus par l'Excise. Les prix de vente sont notablement plus élevés que chez nous, à qualité égale. Le régime adopté conduit à des falsifications opérées sur une vaste échelle. De plus les tabacs ne rapportent au Trésor anglais que 250 millions par an. On peut affirmer qu'en France le bénéfice de l'Etat est proportionnellement plus considérable, sans priver le pays de la culture, et en garantissant aux consommateurs la qualité des produits.

L'origine de l'impôt sur les spiritueux en Angleterre remonte à l'année 1660 et depuis cette époque son produit a suivi une marche ascendante, malgré l'exhaussement successif des taxes. Le tarif, depuis 1862, est de 477 fr. par hectolitre d'alcool pur, plus du double du nôtre. Ce droit élevé, joint aux droits de douane et de licence, a rapporté 539 millions en 1893.

Section II.

Allemagne.

Par son édit du 23 avril 1743, Frédéric le Grand abolit divers impôts bizarres qui étaient levés en Silésie et qui étaient probablement perçus par la forme indirecte, tels que les taxes sur les bottes et autres chaussures, ainsi que sur la danse [1].

Après son écrasement par Napoléon Ier, la Prusse dut créer de nouveaux impôts pour réparer ses désastres et plusieurs taxes sur le luxe datent en Prusse de cette époque. C'est ainsi que la taxe sur les domestiques fut créée en 1810 et subsista jusqu'en 1814 [2].

De même, la contribution des voitures et chevaux de luxe fut introduite par l'édit du 28 octobre 1810. Elle était progressive pour les chevaux. Mais on l'abolit au bout de quelques années. et elle n'a pas été rétablie depuis, au moins comme impôt d'État.

Il existe à Brême une contribution sur les voitures qui a été créée par une loi du 29 dé-

[1] De Parieu, *op. cit.*, t. II, p. 30.
[2] Hoffman, *Die Lehre von den Steuern*, p. 229, et Prittwitz, *Théorie der Steuern und Zœlle.*

cembre 1799, remaniée le 1er septembre 1808. Les tarifs ont été modifiés par la loi du 1er janvier 1814 qui a en même temps établi un impôt progressif sur les chevaux.

La plupart des Etats de l'Allemagne ont établi un impôt sur les chiens. En Prusse, des ordonnances des 29 avril 1829 et 18 octobre 1834 autorisent les communes à frapper les chiens d'une taxe annuelle ne pouvant excéder 3 thalers (11 francs environ)[1]. Dans le Wurtemberg, un impôt sur les chiens a été établi par une loi du 8 septembre 1852. Cet impôt est perçu au profit du Trésor, mais, dans chaque arrondissement communal, les caisses des pauvres reçoivent la moitié du produit. Les chiens sont classés dans deux catégories, suivant qu'ils sont ou non nécessaires à l'exercice des professions et à la sûreté. Dans la première catégorie, la taxe est de deux florins (5 francs environ) pour le premier chien et de quatre florins pour chaque chien en sus; dans la seconde, le taux de la taxe est du double.

L'argenterie a été imposée en Prusse de 1809 à 1812[2]. Nous ne savons ce que cette taxe à pu rapporter.

---

[1] Au mois de février 1886, la Chambre des députés a rejeté un vœu des conseils municipaux de Berlin et de Magdebourg demandant que ce maximum fût porté à 20 marks.

[2] Hoffman, *op. cit.*, p. 231.

La taxe sur les cartes à jouer constitue un des revenus de l'empire et s'élève à un peu plus de 1 million de marks. Elle est de 30 pfennige pour les jeux de moins de 52 cartes, et de 50 pfennige pour ceux qui dépassent ce chiffre [1].

Un autre jeu, le jeu de quilles, est également frappé d'un impôt dans la ville de Brême qui possède aussi une taxe sur les billards depuis longtemps [2]. Cette taxe, en effet, a été établie par une loi du 1er janvier 1814. Chaque billard est soumis à un droit annuel de 20 marks; tout billard en sus du premier est assujetti à un droit de 10 marks. La même ville a aussi un impôt municipal sur les *clubs* ou sociétés fermées, établi en 1814. Les cercles sont divisés en deux catégories et sont taxés, ceux de la première, 40 marks, et ceux de la deuxième, 20 marks [3].

Les tabacs ne rapportent au Trésor allemand que 78 millions. C'est que la fabrication et la vente des tabacs sont absolument libres. Il n'existe que des droits de douane sur les tabacs importés de l'étranger, et un impôt sur les pro-

[1] M. Hastier, *Dictionnaire des finances*, t. I, p. 877.
[2] Reden, *op. cit.*, t. I, p. 1574.
[3] « Philomèle elle-même, dit M. de Parieu, est tombée sous la main du fisc, et les rossignols fournissaient à la fiscalité prosaïque de Brême un revenu de 25 risdales d'or d'après les prévisions du budget de 1850. » (*Op. cit.*, t. II, p. 57.) — Voir aussi Reden, *op. cit.*, t. I, p. 1575.

duits de la culture indigène, impôt déterminé par 100 kilogrammes de tabac fermenté ou desséché. Le taux de ces droits et de cet impôt a été fixé par une loi du 16 juillet 1879, laquelle a considérablement augmenté les charges antérieures dans le but de préparer l'établissement du monopole qui fut un des rêves de M. de Bismark et qui est encore celui de l'empereur Guillaume[1]. Le Reichstag se résoudra difficilement sans doute à l'accepter, à cause des nombreux intérêts auxquels ce système porterait préjudice et du chiffre considérable auquel s'élèveraient les indemnités à accorder aux planteurs, fabricants et négociants.

L'imposition de l'alcool se trouve organisée d'une manière uniforme en Allemagne depuis la constitution du Zollverein en 1834, c'est-àdire longtemps avant l'établissement de l'Empire. L'impôt est réglé de manière à donner 33 fr. 91 par hectolitre d'alcool pur, taux faible relativement à celui de la France et à celui de l'Angleterre. Aussi le produit des droits sur les spiritueux n'est-il que de 75 millions environ.

En 1886, M. de Bismark voulut renouveler à l'égard de l'alcool la tentative de monopoli-

---

[1] Giraud, *Dictionnaire des finances*, t. II, p. 1320.

sation qu'il n'avait pu faire réussir quatre ans auparavant à l'égard des tabacs. Son projet consistait à accaparer au profit de l'État les opérations d'épuration, de coupage, et de vente des alcools. Il souleva au Reichstag de violentes objections. Le monopole de la vente effaroucha l'Assemblée parce qu'il risquait de transformer le cabaret en bureau électoral, et devait, en tout cas, étendre immodérément le personnel déjà beaucoup trop considérable de l'État[1]. Aussi le projet fut-il repoussé à une grande majorité le 27 mars 1886[2].

Section III.

Autriche-Hongrie.

D'après M. Ritter von Hauer[3], une taxe mensuelle de trois florins frappait à Vienne, en 1697, les voitures de louage et les calèches. Vers la même époque, en 1692, existait aussi en Autriche un impôt sur les billards.

En Hongrie, une loi de 1875[4] avait établi un

---

[1] Voir le *Mémoire sur la législation allemande,* par M. Isidore Sachs, novembre 1887.

[2] 181 voix contre le projet ; 3 pour et 37 abstentions.

[3] De Parieu, *op. cit.,* t. II, p. 35.

[4] Loi XXVI.

impôt somptuaire portant à la fois sur les billards, les domestiques, les maisons de jeu, les voitures et les chevaux. Cet impôt, dont le produit ne s'élevait qu'à 500.000 francs environ, souleva de nombreuses protestations; on le supprima en 1879[1].

Les jeux de cartes sont taxés dans tout l'empire austro-hongrois depuis la loi du 6 septembre 1850. Tout individu qui veut se livrer à la fabrication des cartes doit faire une déclaration et obtenir une autorisation spéciale. Les feuilles imprimées sont présentées par le fabricant avec son propre cachet au service du Timbre qui applique sur chacune d'elles son empreinte avec le mot *Spielkarten*. La taxe est de 37°, 5 par jeu et rapporte à peu près 400.000 francs à chacune des deux parties de l'Empire. Les jeux importés sont soumis à un droit de douane et paient en outre les droits ordinaires de la fabrication intérieure.

Le monopole de la fabrication et de la vente des tabacs se trouve entre les mains du Gouvernement austro-hongrois depuis 1670. Il rapporte environ 295 millions par an dont 198 pour l'Autriche et 97 pour la Hongrie.

L'alcool supporte en Autriche-Hongrie un

____
[1] Loi XLVIII.

tarif encore moins élevé qu'en Allemagne. La taxe n'est que de 26 fr. 75 par hectolitre d'alcool pur, et produit seulement 36 millions environ.

Section IV.

Belgique.

La Belgique a imposé les chevaux et les voitures bien avant nous. Les chevaux servant au transport des personnes en effet forment l'une des bases de la contribution personnelle belge, telle qu'elle a été établie au profit de l'État par la loi du 12 juillet 1821, qui en a fait un impôt de quotité, et par la loi du 28 juin 1822. Le tarif actuel date de la loi du 25 août 1888 qui a rendu l'impôt progressif[1].

[1] Voici ce tarif :

Pour chaque cheval de luxe	Un cheval. .	50 fr.
	Deux	60
	Trois à cinq.	70
	Plus de cinq.	80

Pour les chevaux servant à un usage mixte 20
Pour chaque cheval servant au transport des personnes, possédé par les entrepreneurs de voitures publiques, maîtres de manége, maîtres de poste et loueurs de chevaux 10

Les éleveurs et les marchands de chevaux qui ne sont pas loueurs de chevaux, sont passibles d'une taxe de 100 fr. si leurs écuries renferment ordinairement moins de 10 chevaux, et d'une taxe de 200 fr. quand elles en comprennent un nombre supérieur.

La loi de 1883 dispose qu'on entend par chevaux de luxe « ceux

Cet impôt rapporte 5 à 600.000 francs chaque année à l'État. D'autre part, les provinces sont autorisées à établir des taxes particulières sur les voitures et les chevaux; la quotité de ces taxes varie dans chaque province. En outre, depuis la suppression des octrois[1], les chevaux et voitures sont taxés dans nombre de communes; la nature et la quotité des droits perçus au profit des budgets municipaux sont des plus variables.

Un impôt sur les domestiques, analogue à celui existant en Hollande et que nous verrons plus loin, fut introduit en Belgique après la Révolution de 1830. En 1883, le ministre des finances proposa de demander de nouvelles ressources à cet impôt en le rendant progressif, et voici com-

qui sont tenus par des personnes ou familles en propriété, ou seulement à louage ou à usage fixe et permanent, et servant ou à la selle ou à l'attelage des voitures. »

On considère comme chevaux mixtes :

1° Les chevaux servant à la selle ou à l'attelage de voitures suspendues, mais employés principalement et habituellement pour l'exercice de leur profession par les médecins, vétérinaires, commis-voyageurs, huissiers et par les cultivateurs dont les travaux agricoles nécessitent l'emploi de chevaux de labour.

2° Les chevaux possédés pour l'exercice d'une profession et dont le détenteur « fait accessoirement un usage de luxe. »

3° Les chevaux dont la possession est prescrite par des règlements militaires ou administratifs et qui sont, en dehors du service, employés à des usages de luxe.

Toutefois, les médecins, vétérinaires, etc., ne bénéficient de la taxe de 20 fr. que pour un seul cheval. Tous les autres sont imposés comme chevaux de luxe.

[1] Loi du 18 juillet 1860.

ment il s'exprimait dans son exposé des motifs :
« La tenue des domestiques est un indice d'aisance et de fortune. La gradation proposée se
justifie, car les domestiques sont d'autant plus
nombreux que la fortune est plus considérable. »
Les propositions du gouvernement furent sanc-
tionnées par la loi du 25 avril 1883 qui éleva les
tarifs anciens[1] et de plus créa une taxe supplémentaire de 10 francs pour tout domestique portant livrée. L'article 2 définit ainsi cette dernière : « La livrée s'entend de toute marque dis-
tinctive quelconque du costume servant à faire
connaître l'état de domestique. » Cette définition paraît vague et pourtant la question de
savoir quand il y a livrée n'a donné lieu qu'à
une seule contestation depuis la promulgation
de la loi[2].

[1] Voici le tarif actuel :
Pour une seule servante . . . . 10 fr.
Pour chaque servante, lorsqu'on n'en occupe que deux
sans domestique mâle . . . . 20 fr.
Pour chaque servante, lorsqu'on en utilise plus de deux,
ou lorsqu'on occupe un domestique mâle . . . . . . 25 fr.
(Lorsque la troisième servante est chargée de la garde d'en-
fants, la taxe est de 20 fr. pour chacune.)

Pour chaque domestique mâle lorsqu'on en occupe
- un seul . . . . 25 fr.
- 2 à 4 . . . . 30 fr.
- plus de 4 . . . . . 40 fr.

Pour chaque ouvrière ou ouvrier employé en même
temps comme domestique . . . . 8 fr.

[2] Cette contestation a été soulevée par un contribuable qui sou-
tenait qu'un cocher coiffé d'une casquette en toile cirée n'était

Ajoutons que les communes ne bénéficient pas directement de la taxe sur les livrées. C'est un impôt qui est perçu au profit de l'État et sur lequel viennent seulement se greffer des centimes départementaux et communaux. Le produit de la taxe est d'ailleurs peu élevé. Son montant, pour l'année 1892, était inférieur à 50.000 francs.

La taxe sur les chiens existe en Belgique, soit comme taxe provinciale, soit comme taxe communale. Les taxes provinciales ont généralement une affectation spéciale. Dans le Brabant et le Hainaut, le produit est réparti entre les communes à titre d'encouragement pour l'amélioration des voies de communication. Dans la province de Liège et dans celle du Limbourg, le tiers est donné aux communes pour le même objet. A Bruxelles, la taxe communale est de 10 francs pour les chiens de luxe et de 5 francs pour les autres. Le tarif n'est pas absolument le même pour la taxe provinciale. Il est de 12 francs pour les chiens de luxe et de 5 francs pour les autres.

L'impôt sur les vélocipèdes existait en Belgique avant d'être introduit en France. Il est

pas passible de la taxe supplémentaire de 10 fr. Par arrêt du 18 mai 1887, la Cour d'appel de Liège a tranché la question dans le sens de l'affirmative en décidant que le port d'une coiffure de l'espèce suffisait pour rendre la taxe applicable.

établi dans plusieurs parties de ce royaume à titre de taxe locale.

La culture, la fabrication et la vente des tabacs sont absolument libres en Belgique. Les fabricants et les marchands sont simplement soumis à une patente. Les tabacs indigènes sont frappés d'un droit d'accise basé sur le nombre des plants de tabac. Quant aux tabacs importés, ils sont frappés d'un droit de douane. Ces différents droits rapportent au Trésor environ 7 millions par an.

Les spiritueux ne sont taxés en Belgique qu'à raison de 55 francs par hectolitre d'alcool pur, ce qui incite singulièrement à la fraude les habitants de notre frontière du Nord.

Section V.

Hollande.

En Hollande « dont il faut toujours parler comme de la terre classique de la fiscalité[1], » les impôts sur le luxe sont très anciens. C'est dans ce pays qu'a pris naissance l'impôt sur les domestiques. Dès 1636[2], une taxe de un florin

---

[1] De Parieu, *op. cit.*, t. II, p. 32.
[2] Engels, p. 130.

par tête pour chaque domestique de l'un et de l'autre sexe y fut établie sous le nom de *hiergeld*. En 1680, l'impôt fut gradué et porté à 3 et 6 florins, suivant la richesse du maître. En 1749, le *hiergeld*, combiné avec un autre impôt nommé *redemptiegeld*, fut établi sur une échelle progressive. La progression fut augmentée en 1791 et l'impôt, de 6 florins pour un domestique, fut porté à 530 florins pour vingt domestiques.

Cette taxe a été incorporée dans l'ensemble de l'impôt personnel néerlandais, mais la progression a été fortement adoucie en 1815. Les domestiques sont divisés en cinq classes, et à chaque classe correspond un tarif spécial. Quelques immunités ont été consacrées au profit de certaines personnes en raison de leurs fonctions ou de leur âge, par exemple aux gouverneurs et gouvernantes employés à l'éducation, aux femmes de chambre âgées de moins de 15 ans, etc.

L'impôt sur les chevaux et voitures est également très ancien en Hollande. Déjà au xviie siècle on levait sur les propriétaires de chevaux un impôt de un ou deux stuivers par mois suivant l'âge des chevaux. A la même époque les charrettes, voitures, yachts et barques de plaisir étaient grevés d'une taxe établie en 1671. On ajouta en 1744 un droit sur les loueurs de chevaux. Cette législation fut remplacée en 1781 par une taxe, dite *plaisier-geld*[1], levée sur tous ceux qui avaient à leur usage ou louaient à d'autres des chevaux, voitures ou bateaux d'agrément. Et 1805, l'impôt fut uniquement assis sur les chevaux de luxe, soit de selle, soit de trait. Les voitures ne furent plus taxées, et leur nom ne figure pas dans les lois des 12 juillet 1821 et 28 juin 1822 qui établissent la contribution personnelle et dans lesquelles la possession de chevaux forme l'une des bases de cette contribution.

Les chevaux sont aujourd'hui divisés en six classes[2] et soumis à des taxes progressives[3] dont le montant s'élevait en 1892-93 à 650.000 francs.

[1] De Parieu, *op. cit.*, t. II, p. 37.

[2] Dans la 1re classe sont rangés les chevaux de luxe, c'est-à-dire les chevaux de selle et ceux qui attellent des voitures suspendues; dans la 2e classe, les chevaux de luxe appartenant aux médecins, ecclésiastiques, militaires et fonctionnaires publics ; dans la 3e classe, les chevaux appartenant à des cultivateurs (V. loi du 15 avril 1891); dans la 4e classe, les chevaux de loueurs et entrepreneurs de transports ; dans la 5e classe, les chevaux servant à des usages commerciaux ou industriels, quand il ne s'agit pas de chevaux de selle ou de chevaux attelant des voitures suspendues ; enfin, dans la 6e, les chevaux possédés par les marchands.

[3] Voici le tarif actuel :

	1 cheval	25 florins
1re classe	2 chevaux	55 —
	3 chevaux	80 —
	chaque cheval en sus	40 —

Les taxes sont réduites d'un cinquième quand les propriétaires

Une taxe particulière atteint les chevaux dans
le Brabant septentrional. Cette taxe remplace
l'ancien droit de barrière sur les chaussées[1].
Aucune autre province n'a recours à ce mode
direct de taxation; les communes hollandaises
n'imposent pas directement les chevaux, mais
provinces et communes perçoivent des centimes
additionnels calculés sur le principal.

La Hollande a poussé loin la recherche des
objets de luxe imposables. C'est ainsi qu'on y a
taxé les bottes et les souliers de 1674 à 1680[2].
Il a été question aussi d'y imposer les tulipes au
moment où ces fleurs y étaient devenues l'objet

résident dans des communes de 3.000 habitants et au-dessous
quand ils n'ont pas plus de deux chevaux de 1re classe et que
leurs domestiques ne portent pas livrée (L. 24 avril 1813).

| 2e classe | 1 cheval. | 8 florins |
| | 2 chevaux | 16 — |

Les chevaux en sus sont taxés comme chevaux de 1re classe.

3e classe	chevaux de selle ou attelant des voitures suspendues sur ressorts de fer ou d'acier.	1 cheval.	10 florins
		2 chevaux.	25 —
	chevaux attelant des voitures suspendues sur autres ressorts.	1 cheval.	5 florins
		2 chevaux.	16 —

4e classe, chaque cheval . . . . 8 florins
5e classe, chaque cheval . . . . 3 —

La taxe est réduite de moitié pour les chevaux servant à haler
les barques chargées de marchandises.

6e classe. Par dizaine de chevaux . . . . . . 25 florins

[1] M. Arnoux, *Dictionnaire des finances*, t. II, 1548.
[2] V. Ritter von Hauer, et Engels, p. 140.

d'un commerce passionné[1]. De même que les cartes à jouer encore taxées aujourd'hui, on avait imposé les dés au XVIIIe siècle, mais nous ne savons d'après quel mode[2]. Enfin un petit timbre était levé en 1805 sur des marchandises de luxe comme les pendules et les horloges.

Contrairement à ce que l'on rencontre dans la plupart des États européens, la culture, la fabrication et la vente des tabacs sont entièrement libres en Hollande. Les fabricants et marchands sont simplement soumis à la patente ordinaire. Les tabacs importés seuls paient des droits de douane.

L'alcool, à l'opposé, est fortement atteint. Le tarif est de 239 francs par hectolitre d'alcool pur, et le produit de cet impôt toujours croissant fournit presque le quart des recettes budgétaires s'élevant à 210 millions de francs[3].

Section VI.

Espagne.

Une contribution sur les voitures, déjà perçue avec un impôt distinct sur les chevaux dans la

---

[1]. Kerroux, *Abrégé de l'Histoire de la Hollande*, p. 587.
[2] Engels, p. 145.
[3] M. Stourm, *Dictionnaire des finances*, t. I, p. 96.

période de 1867 à 1869, fut rétablie, à titre temporaire, par le décret du 2 octobre 1873 sous la pression des nécessités financières du moment. Cet impôt fut supprimé en 1877, mais en 1893, le ministre des finances, M. Gomazo, dut en demander le rétablissement. Depuis la loi du 5 août 1893 sont imposables toutes les voitures de luxe dont les contribuables font usage pour leur commodité ou leur agrément. La taxe ne frappe ni les voitures affectées principalement à des usages commerciaux et industriels, ni les voitures de luxe qui sont rendues momentanément inutilisables (*precintados*) sous le contrôle de l'administration. Elle est réglée d'après un tarif[1] dont la quotité varie suivant la population des communes et suivant le mode d'attelage des voitures. Elle ne peut pas être inférieure au quart de la cotisation d'une année, alors même que le contribuable n'aurait fait usage de sa voiture que pendant une durée inférieure à trois mois.

[1] Voici ce tarif :

Catégories de population	Voitures	
	à 2 ou 4 chevaux	à 1 cheval
de 5.000 habitants et au-dessous	100 pes.	80 pes.
de 5.001 à 20.000 habitants	125	90
de 20.001 à 50.000 habitants	150	120
de 50.001 à 100.000 habitants	200	150
de plus de 100.000 habitants	250	175

(Communes)

Cet impôt a toujours été difficilement accepté. Il rapporte à peine 500.000 pesetas alors que le montant des rôles s'élève à 1.500.000 pesetas environ. Les impôts sur le luxe s'accordent très mal du reste avec le caractère espagnol. Ce que M. de Parieu disait de la France en 1866 est encore plus vrai de l'Espagne. « On dirait que les impôts sur le luxe répugnent un peu à une nation qui aime l'éclat et ne veut pas interposer la main sévère et inquisitoriale du fisc entre l'homme et la propriété qui est pour lui un objet de vanité ou de plaisir[1]. »

L'Espagne est la première nation qui ait songé au monopole des tabacs. Celui-ci remonte chez elle à 1632 et a passé successivement des mains de l'État à celles des fermiers. Il est affermé aujourd'hui par voie d'adjudication et « fournit à propos au budget de ce pays besoigneux 120 millions par an[2]. »

Section VII.

Italie.

La République de Venise, cité du luxe par excellence, taxa autrefois les perruques[3]. Elle

---

[1] *Op. cit.*, t. II, p. 49.
[2] M. Stourm, *Systèmes généraux d'impôts*, p. 245.
[3] Daru, *Histoire de Venise*, 1re éd., t. IV, p. 669.

leva également, à l'époque de la guerre de Chioggia, une taxe de 3 livres d'argent par mois pour chaque esclave que possédaient les citoyens[1].

Une loi du 1er mai 1855 avait établi dans le royaume de Piémont une taxe sur les voitures destinées au transport des personnes. Cette taxe fut supprimée par la loi de l'impôt sur la richesse mobilière du 14 juillet 1864[2]. Elle fut rétablie dans tout le royaume à dater du 1er janvier 1867. Portant aussi comme l'impôt piémontais de 1853, sur les voitures publiques, cette taxe variait pour les voitures particulières entre 4 et 40 lires, suivant la forme de la voiture et la composition de l'attelage.

La loi du 11 août 1871 abandonna aux municipalités la perception de la taxe sur les voitures. L'impôt peut frapper les véhicules de toutes formes ou dimensions quand ils sont destinés au transport des personnes[3]. Les communes ont la faculté de ranger les voitures dans des classes diverses variant suivant les dimensions, le nombre de roues ou de chevaux. Elles sont tenues de ne pas aller au delà d'un maximum fixé par la loi, mais celui-ci en pratique est souvent dé-

[1] De Parieu, *op. cit.*, t. II, p. 32.
[2] Art. 37.
[3] Décret du 24 décembre 1870, art. 23.

passé. La plupart des communes en outre appliquent une surtaxe aux voitures munies de blasons.

Les communes ont encore le droit d'imposer les chiens, aux termes de la loi du 2 mars 1865[1]. Il est presque inutile de dire que le nombre des communes qui ont recours à cette ressource va toujours croissant.

Une taxe sur les billards *(dette di ginochi di bigliardi e trucchi)* fut introduite dans le grand duché de Toscane en 1814. Mais elle fut supprimée par la loi du 20 mars 1865 sur la sécurité publique et par celle du 13 septembre 1874. Cette taxe portait sur les billards proprement dits, et sur un jeu analogue comme en Italie sous le nom de *trucco*. Sa quotité variait entre 6 écus (35 l. 18) et 24 écus (141 l. 80) suivant l'importance des localités. Son produit avait été de 13.277 l. 48 en 1859 et de 8.000 l. seulement en 1862.

Les cartes à jouer sont taxées en Italie depuis très longtemps. La législation qui régit actuellement cet impôt est fort simple et pourrait nous servir de modèle : tout fabricant muni d'une autorisation de l'intendant des finances présente à l'administration du timbre les feuilles imprimées ; celles-ci, sur une carte désignée par dé-

____

[1] Art. 118.

cision du ministre des finances, reçoivent une
empreinte spéciale dont l'application sert de
quittance et peut seule justifier de l'acquitte-
ment des droits. Les feuilles sont ensuite décou-
pées, puis collées et la carte qui a reçu le timbre
doit toujours être disposée la première dans
chaque jeu. La loi du 21 septembre 1862 a fixé
l'impôt à 30 cent. par jeu de 52 cartes ou au-
dessous, et à 50 cent. par jeu contenant plus de
52 cartes[1].

L'Italie, « dès la fondation de son unité, acca-
para le monopole de la fabrication et de la vente
des tabacs, déjà tout installé, d'ailleurs, dans
plusieurs des États qu'elle englobait, duché de
Parme, États sardes, États romains, etc. Elle en
retire un de ses plus sûrs revenus, un des seuls
qui demeurent progressifs, soit 145 millions
nets[2]. »

Les alcools sont soumis en Italie à des droits
qui ont été remaniés par la loi du 31 juillet 1879.
Ces droits sont établis sur les quantités produites

---

[1] La loi du 8 juin 1874 a organisé une active surveillance de
l'administration et a prescrit les visites des employés chez les fabricants et marchands. — Les cartes destinées à l'exportation
sont timbrées gratuitement ; les cartes importées paient outre le
droit de timbre, un droit de douane de 20 cent. et de 40 cent. par
jeu. Le transit même est soumis à une taxe de 5 cent. ou de
10 cent.

[2] M. Stourm, *Systèmes généraux d'impôts*, p. 245.

journellement d'après les indications d'un instrument mesureur nommé jaugeur mécanique.

SECTION VIII.

Portugal.

La contribution personnelle, établie par la
loi du 30 juillet 1860, qui comprenait des taxes
somptuaires, fut remplacée[1] par deux impôts
distincts : un impôt sur les loyers des maisons et
une taxe somptuaire portant sur les personnes
faisant usage d'armoiries, sur les domestiques
mâles, sur les voitures et sur les chevaux ou mulets. Les tarifs des taxes sur les domestiques,
sur les voitures et sur les chevaux, présentaient
un caractère progressif; vivement critiqués, ils
furent remaniés à partir de l'exercice 1880-81,
puis à partir de l'exercice 1887-88, par la loi du
15 juillet 1887 qui régit actuellement l'impôt
sur les loyers et la contribution somptuaire.

D'après cette loi, la taxe sur les voitures
frappe les véhicules destinés au transport des
personnes, autres que ceux qui sont destinés à
la location et ceux qui servent à l'agriculture,
au commerce et à l'industrie.

[1] Loi du 16 mai 1872.

Sont imposables les chevaux, juments ou mulets qui ne sont pas possédés en vertu des règlements militaires ou administratifs et ceux qui ne sont pas consacrés à la reproduction ou affectés à des usages agricoles, commerciaux ou industriels. La loi exempte les chevaux de moins de quatre ans et les mulets de moins de deux ans.

Les tarifs, réglés par la loi du 15 juillet 1887, sont très variables, non seulement selon le nombre d'habitants des communes où résident les contribuables, mais aussi pour les voitures, selon le nombre de roues, et pour les chevaux, selon qu'ils sont utiles ou purement de luxe. En ce qui concerne les blasons, l'impôt qui les frappe est uniformément de 14.000 reis (70 fr.) Ces divers droits ont rapporté en 1890-91 400.000 francs environ.

Le monopole des tabacs remonte, en Portugal, à 1664. Il est aujourd'hui affermé à une compagnie, mais seulement en ce qui concerne la fabrication; la vente est absolument libre.

Section IX.

Russie.

Les impôts sur le luxe ne sont pas nombreux en Russie où le système fiscal est encore en formation. On ne peut citer que les droits qui frappent les cartes à jouer, le tabac et l'alcool.

En ce qui concerne les cartes à jouer, le monopole de l'Etat est absolu ; l'importation est interdite et toutes les cartes sortent de l'imprimerie impériale.

Pour le tabac, par contre, le monopole n'existe pas. La culture est libre à la condition pour les planteurs de vendre leurs récoltes aux fabriques déclarées ou aux marchands en gros patentés. Un droit d'accise frappe les tabacs fabriqués. Il est perçu au moyen de vignettes qui doivent envelopper le tabac et qui sont vendues aux fabricants au comptant ou à crédit, sous réserve d'un cautionnement. Les fabricants et les marchands tant en gros qu'en détail sont assujettis au paiement d'une patente. Les fabriques ne sont exercées que dans les grandes villes. Les prix de vente aux consommateurs sont *ad libitum* pour les tabacs supérieurs ; ils sont fixés par l'État pour les tabacs inférieurs. Les tabacs importés de l'étranger sont frappés d'un droit de douane. Les différents droits établis sur les tabacs rapportent au Trésor russe environ 115 millions par an.

Le produit des droits sur les alcools est bien supérieur. Il s'élève à plus de 725 millions avec un tarif de 227 francs par hectolitre d'alcool pur. « Ce chiffre colossal constitue le plus bel exemple qui puisse être cité en faveur de l'alcool. Il a été obtenu, peu à peu, sous la double influence de l'augmentation des tarifs et du développement de la consommation[1]. »

SECTION X.

Suisse.

La Suisse a prélevé en diverses circonstances des impôts sur les domestiques. Mais nous pensons que cet impôt ne se retrouve aujourd'hui dans aucun canton.

La taxe sur les chevaux et voitures, au contraire, se rencontre dans plusieurs cantons.

Le canton de Bâle l'avait établie en 1818, mais l'a supprimée récemment.

Une loi du 13 mai 1862 a créé dans le canton de Fribourg une contribution sur les voitures suspendues destinées au transport des personnes. Les chevaux ne sont pas imposés.

Une taxe sur les voitures a été établie dans le canton de Genève par la loi du 18 juin 1816 et dans la suite les chevaux ont été également soumis à l'impôt. La loi générale sur les contribu-

[1] M. Stourm, *Dictionnaire des finances*, t. I, p. 96.

tions publiques du 9 novembre 1887 assujettit
actuellement à l'impôt les voitures de toute espèce affectées principalement au transport des
personnes et les chevaux de selle.

L'impôt sur les voitures et les chevaux a été
introduit dans la législation fiscale du canton
de Vaud par la loi du 8 juin 1804 et a été remanié à diverses reprises. La dernière réforme concernant cette taxe est assez singulière ; la taxe
sur les voitures découvertes a été supprimée à
partir du 1er janvier 1890.

Des taxes sur les chiens existent dans les cantons de Berne, de Genève, de Vaud, et dans le
Valais. Dans le canton de Berne, le produit de
la taxe est entièrement versé dans les caisses
communales. Dans le canton de Genève, la moitié du produit est attribué aux communes,
l'autre moitié à l'hôpital cantonal et à l'asile des
vieillards. Dans le Valais, quatre cinquièmes de
la taxe sont pour le canton et un cinquième
pour les communes.

La taxe sur les billards n'existe que dans les
cantons de Genève et de Vaud. Les autres cantons n'ont pas eu recours à cet impôt qui n'aurait d'ailleurs donné, surtout dans les cantons
allemands, que de faibles produits.

Le monopole complet de l'alcool existe en
Suisse depuis la loi du 23 décembre 1886 sanc-

tionnée par le *referendum* du 15 mai 1887. En
disant monopole complet, nous répétons les
mots habituellement employés, car « la main-
mise apparente de l'État comporte de telles exceptions qu'on ne saurait la qualifier d'univer-
selle [1]. » La fabrication, l'importation et la vente
de l'alcool en effet se trouvent réservées en
principe exclusivement à la Confédération [2].
Cependant, on assure à la production indigène
la fourniture d'un quart de la consommation
des spiritueux. De plus, la distillation que nous
nommons en France distillation des bouilleurs
de cru est affranchie en Suisse de toute forma-
lité, de tout contrôle. En outre, l'importation
des spiritueux de qualité supérieure est permise
moyennant le simple paiement d'une finance de
80 francs par quintal métrique, sans assujettis-
sement au monopole de rectification. Enfin la
vente ne s'exerce pas au delà de la sortie des
entrepôts. La Régie ne livre que par quantités
supérieures à 150 litres. Une fois les spiritueux
payés et enlevés, leurs détenteurs en deviennent
maîtres ; ils les manipulent et revendent à leurs
risques et périls sans que la Régie ait plus à
s'en préoccuper.

[1] M. Stourm, *Systèmes généraux d'impôts,* p. 255.
[2] Art. 1ᵉʳ de la loi du 23 décembre 1886.

Le compte d'exploitation de ce monopole s'est soldé en 1887 par un excédent de près de cinq millions, mais ce bénéfice, paraît-il, a été insuffisant pour compenser l'indemnité que l'Etat est obligé de payer à certains cantons ou communes pour réparer le préjudice qui leur a été causé par la suppression des taxes locales sur les alcools. Ce résultat est de nature à faire réfléchir ceux qui voudraient chez nous, augmenter les ressources du budget par l'établissement du monopole de l'alcool.

Section XI.

États-Unis.

Quelques États de l'Amérique du Nord avaient autrefois spécialisé les esclaves parmi les objets qu'ils paraissaient vouloir saisir comme étant la principale représentation de la richesse mobilière. En 1862, on émettait à Washington le projet de frapper d'un impôt très lourd les possesseurs d'esclaves. Mais « des mesures plus décisives ont occupé depuis lors la scène dans le conflit au sujet des esclaves entre les deux parties de l'ancienne Confédération américaine [1]. »

---

[1] De Parieu, *op. cit.*, t. II, p. 35, note 2.

En 1794, des droits furent établis sur les voitures particulières et les voitures de louage. Ils s'élevaient à 1, 2, 4, 6, 8 dollars, suivant la nature de la voiture. Ces droits, majorés de moitie environ en 1796, subirent une nouvelle augmentation en 1813 et en 1814. La prospérité des finances publiques permit ensuite de les supprimer, en 1817, malgré leur produit élevé (130.476 dollars en 1876).

Mais à la suite de la guerre de sécession, les besoins du Trésor forcèrent le gouvernement fédéral à établir un grand nombre de taxes directes et notamment un impôt sur les voitures suspendues qui fut mis en application à partir de l'année financière 1862-1863 et qui frappait d'un dollar chaque voiture à un cheval évaluée, harnais compris, à 75 dollars de valeur vénale ; de 2 dollars chaque voiture à 2 chevaux valant de 75 à 200 dollars ; de 5 dollars chaque voiture valant de 200 à 600 dollars ; enfin de 10 dollars les voitures valant plus de 600 dollars.

Le tarif, remanié pour l'année financière 1864-1865 fut encore modifié à partir de 1867, par l'*act* du 13 juillet 1866. La taxe ne porta plus sur les voitures d'une valeur vénale inférieure à 300 dollars ; elle était de 6 dollars pour chaque voiture affectée à l'usage personnel des contribuables quand le véhicule avait, harnais compris, une valeur vénale comprise entre 300 et 500 dollars ; elle s'élevait à 10 dollars quand cette valeur dépassait le chiffre de 500 dollars.

Les voitures exclusivement employées pour l'agriculture ou le transport des marchandises n'étaient pas imposées.

Cette contribution fut supprimée pour l'année financière 1871-1872 après avoir produit 190.771 dollars en 1869-1870 et 83.005 dollars en 1870-1871 [1].

L'augmentation des dépenses occasionnée par la guerre de sécession fit aussi imposer les billards. La taxe se divisait en deux parties suivant son incidence : 1° taxe sur les salles de billards *(billiards-rooms)* ; 2° taxe sur les billards privés *(billiards-tables kept for use)*. La taxe, qui pour les années 1863 et 1864 (années financières prenant fin au 30 juin 1863 et 1864), était de 5 dollars pour chaque billard appartenant aux particuliers, a été fixée au taux uniforme de 10 dollars à partir de 1864. Ces deux taxes avaient atteint leur rendement maximum en 1870, soit 172.506 dollars (146.731 dollars $+$ 25.775 dollars). En 1871, année de leur suppression, elles n'avaient produit que 93.319 dollars.

A la même époque que les billards, et pour

---

[1] M. Arnoux, *Dictionnaire des finances*, t. II, p. 1553.

les mêmes raisons, les pianos et les autres instruments de musique de chambre servant à l'u-
sage particulier de leurs possesseurs furent
frappés d'un impôt. (*Act* du 30 juin 1864.)
Etaient atteints les pianos et instruments ayant
une valeur supérieure à 100 dollars. La taxe ne
dura qu'un peu plus d'une année ; elle fut supprimée au mois de juillet 1866, après avoir produit, en 1865, 403.572 dollars.

Le monopole des tabacs n'existe pas aux
États-Unis. La liberté de culture y est absolue.
Les fabricants sont tenus à des déclarations mi-
nutieuses ; ils sont assujettis à un cautionnement
très élevé ; enfin ils doivent apposer sur tous
leurs produits des vignettes dont la valeur est
proportionnée au poids des tabacs empaquetés.
Quant aux tabacs étrangers, en feuilles ou manufacturés, ils sont, à leur entrée sur le territoire américain, frappés d'un droit de douane.
Ces droits sur les tabacs produisent environ
165 millions par an.

De même que chez les nations européennes,
l'impôt sur l'alcool aux États-Unis est celui qui
fournit les plus considérables résultats budgétaires. Les droits sur les spiritueux y rapportent
375 millions environ, le tiers par conséquent des
dépenses inscrites au budget fédéral.

CHAPITRE IV.

PROJETS D'IMPOTS NOUVEAUX SUR LE LUXE
EN FRANCE.

Après la guerre de 1870, quand l'Assemblée nationale se trouva dans la nécessité de créer de nouveaux impôts rendus indispensables pour le paiement des frais de la guerre et de notre reconstitution militaire, des esprits ingénieux eurent l'heureuse idée de s'adresser aux impôts sur le luxe. C'est ainsi que l'on rétablit l'impôt sur les chevaux et les voitures et que l'on créa l'impôt sur les billards. D'autres impôts sur le luxe ont été demandés à cette époque et depuis, sur les domestiques, sur les livrées, sur les chapeaux à haute forme, sur les pianos, etc. Nous allons examiner les principaux et rechercher ceux d'entre eux qui méritent d'être approuvés.

L'emploi de domestiques spécialement attachés à la personne et surtout des domestiques mâles, est assurément l'un des indices les plus sûrs de l'aisance et de la fortune. C'est cette considération très juste qui a présidé dans plusieurs pays à l'établissement de la taxe sur les domestiques. Nous avons vu que cette taxe avait fait sa première apparition en Hollande, où elle existe encore, de même qu'en Angleterre, en Belgique et dans quelques autres nations.

On trouve en France peu de traces de cet impôt, et les essais qui ont été tentés à différentes époques pour l'établir n'ont jamais été suivis de grand succès. Ce fut en 1769, M. de Silhouette, alors Contrôleur général des finances, qui eut le premier chez nous l'idée d'introduire la taxe sur les domestiques, et l'article 3 de l'édit qu'il inspira était ainsi conçu :

« Voulons qu'à partir du 1er janvier de l'année prochaine, il soit payé par les maîtres : 50 livres par tête pour les maîtres d'hôtel, pour chaque valet de chambre et pour le premier domestique d'office et de cuisine dans toute la ville et les faubourgs de Paris et dans la ville de Versailles ; et 12 livres dans les villes de province pour les valets, portiers, cochers, postillons, palefreniers et autres domestiques mâles quelconques, et les 4 sols pour livre en sus. »

Cette mesure fut assez mal accueillie et ne servit qu'à discréditer son promoteur. Au surplus, l'édit ne reçut aucune application par suite de l'opposition du Parlement et la taxe qu'il établissait fut supprimée l'année suivante.

Pendant la période révolutionnaire, on créa divers impôts sur le luxe, et les domestiques en furent considérés comme un des éléments les plus caractérisés. Une taxe progressive fut établie sur les domestiques par le décret-loi des 13 janvier-18 février 1791 : elle était de 3 livres pour le premier domestique mâle, de 6 livres pour le second, de 12 livres pour chacun des autres et de la moitié de ces mêmes sommes pour les femmes. Mais sa durée fut courte ; elle disparut avec toutes les autres taxes somptuaires qui furent abolies, nous l'avons vu, à compter de 1807.

Abandonnée depuis cette époque, la question de l'impôt sur les domestiques fut reprise en 1872, au lendemain de nos désastres, par MM. Ducuin et Lamy. Mais la proposition qu'ils déposèrent fut rejetée conformément aux conclusions du rapporteur, M. Benoist d'Azy. Celui-ci fit remarquer qu'il y aurait un grave inconvénient à faire peser un impôt spécial sur toute une classe d'hommes et de femmes uniquement à cause de leur profession ; que c'était les flétrir en quelque sorte en les imposant à l'égal des chevaux et des chiens ; et que, au surplus, cette taxe donnerait lieu à des réclamations nombreuses et à des contestations incessantes, surtout à la campagne, où les hommes et les

femmes remplissent des fonctions qui se ratta-
chent tantôt à l'exploitation agricole, tantôt au
service de la maison.

Le rapporteur ne s'opposait pas d'ailleurs à ce
qu'on tînt compte du personnel domestique
comme un des éléments d'appréciation de la richesse mobilière, si on venait jamais à réviser
les bases de cette contribution, mais il ne pensait pas qu'il y eût lieu de créer un impôt
spécial.

Cette révision précisément a été élaborée
dans le projet de budget de 1895 présenté à la
Chambre des députés par M. Burdeau, le 14 mars
1894. Dans ce projet, le ministre des finances
proposait de créer, en remplacement des contributions personnelle-mobilière et des portes
et fenêtres, une contribution d'habitation qui se
composerait : 1° d'une taxe sur les loyers, applicable à tous les citoyens possédant des
moyens suffisants d'existence ; 2° d'une taxe
complémentaire, basée également sur le loyer,
mais qui ne serait réclamée qu'aux contribuables
ayant des domestiques attachés à leur service
personnel ou à celui de leur famille.

Avant d'entrer dans plus de détails sur cette
deuxième taxe, citons les articles du projet qui
la concernaient :

Art. 22. — La taxe sur les domestiques consiste dans une majoration de la taxe sur les loyers et n'est dès lors exigible que des contribuables assujettis à cette dernière taxe ; elle est établie au nom des contribuables qui en sont passibles, dans les conditions spécifiées à l'article 16 pour la taxe sur les loyers [1].

Art. 23. — La taxe sur les domestiques est due par tout contribuable qui occupe habituellement un ou plusieurs domestiques, même lorsqu'ils ne sont ni logés, ni nourris chez leurs maîtres ou lorsqu'ils ne sont pas employés d'une manière exclusive au service de la personne ou du ménage, pourvu qu'ils soient occupés toute la journée pour le compte du même contribuable.

Sont seuls exempts de la taxe les contribuables dont les domestiques sont employés exclusivement pour les besoins d'une exploitation agricole ou pour l'exercice d'une profession industrielle ou commerciale.

---

[1] Voici cet article 16 :

La taxe sur les loyers est imposée au nom du chef de famille ou de ménage.

Lorsque plusieurs personnes habitent ensemble, de manière à ne former qu'une seule famille ou un seul ménage, la taxe est basée sur la valeur locative de l'ensemble de l'habitation commune et inscrite au nom du chef de la famille ou du ménage.

En ce qui concerne les cercles, sociétés, associations, communautés religieuses, etc., elle est imposée au nom des établissements représentés par leurs présidents, gérants, directeurs, chefs ou supérieurs.

Art. 24. — Les officiers de terre et de mer et assimilés, imposables à la taxe sur les loyers, sont également passibles de la taxe sur les domestiques, lorsqu'ils emploient pour leur service personnel ou pour le service de leur famille, des domestiques autres que les hommes de troupe auxquels les règlements militaires leur donnent droit.

Art. 25. — Les contribuables qui ont plusieurs résidences, dans lesquelles ils sont assujettis à la taxe sur les loyers, sont passibles de la taxe sur les domestiques dans chacune de ces résidences, s'ils s'y font suivre par leurs domestiques ou s'ils y ont des domestiques en permanence.

Art. 26. — Le taux de la taxe sur les domestiques est fixé en principal, pour 1895, à 40 °/₀ du montant en principal de la taxe sur les loyers. Ce taux est réduit de moitié lorsqu'un contribuable n'emploie habituellement à son service personnel ou à celui de sa famille qu'un seul domestique du sexe féminin.

Art. 27, 28, 29. (Ces articles visent les rôles supplémentaires, les déclarations, etc.)

Le principe de la taxe était donc posé dans l'article 22 spécifiant qu'elle consisterait en une majoration de la taxe sur les loyers. Le projet de budget rejetait le système dans lequel on frappe les domestiques d'un impôt spécial, et voici les raisons, très justes à notre avis, qui en étaient données :

L'imposition d'une taxe fixe, égale pour tous les domestiques d'une même commune, serait contraire à la justice distributive. Si le chiffre du loyer croît plus lentement que la somme des revenus, le nombre des domestiques s'élève encore en général moins rapidement que le chiffre du loyer; il s'ensuit qu'une taxe uniforme pèserait plus lourdement sur les classes moyennes que sur les classes riches. On a remédié à cet inconvénient, dans les pays, comme la Belgique, où fonctionne la taxe sur les domestiques[1], en établissant un tarif progressif qui réclame par tête de domestique une quantité d'impôts plus élevés à celui qui a deux domestiques qu'à celui qui n'en a qu'un, à celui qui en a trois qu'à celui qui n'en a que deux, etc. Des distinctions semblables ont été faites en France de 1791 à 1806. Même ainsi amendée, la taxe sur les domestiques n'arriverait pas à être équitable, parce qu'elle ne tiendrait pas compte des diversités qui se rencontrent dans la situation des contribuables ayant le même nombre de domestiques[2]. Le moyen de tenir compte des

[1] Voir chapitre précédent, pages 145 et suiv.
[2] « Quand un ménage de condition modeste, par exemple, di-

différences de situation et d'éviter en même
temps l'arbitraire de la taxe progressive consiste à demander, sous la forme d'une majoration de la taxe sur les loyers, le supplément
d'impôt qui doit légitimement être réclamé aux
familles ayant des domestiques. La taxe sera
insignifiante pour les ménages qui ne prennent
un domestique que par nécessité parce qu'ils
n'auront qu'un faible loyer ; elle s'accroîtra
graduellement pour les familles aisées et les familles riches, d'une manière pour ainsi dire automatique et sans arbitraire, proportionnellement à l'importance de leur habitation.

Dans ce système, par conséquent, la taxe sur
les domestiques était accessoire à la taxe sur
les loyers. Voilà sa nature. Qui aurait-elle atteint ? Toute personne ayant des domestiques
occupés toute la journée à son service[1]. Il n'é-
tait tenu compte, en principe, ni du nombre, ni
du sexe des domestiques. On échappait ainsi,
disait-on, aux difficultés d'un recensement dé-

sait l'exposé des motifs, par suite de l'âge avancé de ses membres,
des soins à donner à de jeunes enfants, de la nécessité où se
trouve la mère de famille de surveiller l'exercice d'un commerce,
etc., se restreint dans son logement pour se procurer l'aide d'un
domestique à gages très modiques, il serait injuste de taxer ce
ménage à l'égal du ménage de rentier qui, sans être obligé de réduire en rien ses dépenses de loyer, peut obtenir les services d'un
domestique expérimenté. »

[1] Article 23 du projet.

taillé des domestiques et on réduisait à leur plus simple expression les conséquences économiques qu'une taxe de cette nature pourrait avoir pour le développement de la profession[1]. Une seule distinction était admise en faveur des familles n'ayant qu'une seule servante : le taux de la taxe était pour elles réduit de moitié[2].

Par contre, une même personne aurait dû payer la taxe, à raison du caractère accessoire de celle-ci, autant de fois qu'elle aurait payé une taxe sur le loyer par suite de la possession de plusieurs résidences[3]. C'était atteindre très légitimement, ce nous semble, le luxe spécial qui consiste à habiter diverses demeures pendant l'année. « La pluralité de résidences, disait très justement l'exposé des motifs, est un indice d'aisance qui ne doit pas être négligé, et il eût été contraire à l'esprit de la réforme que nous présentons de ne pas en tenir compte. »

---

[1] « Il n'est pas à craindre du reste, disait l'exposé des motifs, qu'en faisant abstraction du nombre des domestiques pour l'assiette de l'impôt on favorise les classes les plus fortunées au préjudice des moins aisées. L'accroissement du loyer précède toujours l'augmentation du nombre des domestiques et la marche inégale de ces deux éléments a précisément pour résultat, dans le système proposé, de faire ressortir, pour chaque famille, la taxe moyenne par domestique à un chiffre d'autant plus élevé que le nombre de ces serviteurs y est plus considérable. »

[2] Art. 26 du projet.

[3] Art. 25 du projet.

Que fallait-il entendre exactement par domestique ? Le projet de loi lui-même n'en parlait pas. Mais voici ce qu'en disait l'exposé des motifs : « La loi n'a pas besoin de définir le domestique : le domestique est, d'une manière générale, toute personne exclusivement et d'une façon permanente au service d'une autre personne. Peu importe que le domestique soit ou non logé et nourri chez son maître ; ces conditions ne sont pas indispensables. Il suffit qu'une personne loue ses services à une autre personne et lui consacre tout son temps comme le ferait un domestique logé et nourri dans la maison pour que la personne qui profite de ces services soit passible de la taxe. Des difficultés ne pourraient surgir à ce sujet que si l'on voulait donner au mot *domestique* un sens qu'il n'a pas, en l'étendant par exemple aux femmes de ménage employées seulement pendant quelques heures de la journée ou à des ouvriers ne remplissant pas un service de domesticité. »

Du reste, si le projet de loi ne déterminait pas directement quels étaient les domestiques imposables, il les déterminait indirectement en indiquant ceux qui n'étaient pas soumis à la taxe. Aux termes de l'article 23 précité, on ne considérait pas comme domestiques les personnes employées exclusivement pour les besoins d'une exploitation agricole ou pour l'exercice d'une profession industrielle ou commerciale [1]. N'étaient pas non plus regardés comme domestiques donnant lieu à la taxe les hommes de troupe mis à la disposition des officiers par les règlements militaires.

L'article 26 précité du projet fixait le taux en principal de la taxe. Ce taux aurait été de 40 °/₀ du principal de la taxe sur les loyers pour tous les contribuables ayant des domestiques, quel que fût le nombre de ces derniers, sauf la réduction de moitié, comme nous l'avons dit, à l'égard de ceux qui n'auraient eu qu'un seul domestique du sexe féminin. C'est ainsi qu'à Paris, un contribuable payant un loyer de 750 fr. et n'ayant qu'une servante aurait été taxé à 6 fr. 61. Un autre contribuable payant un

---

[1] N'y aurait-il pas eu lieu de faire une catégorie spéciale pour les domestiques d'un usage mixte ? Le promoteur de la loi ne le pensait pas et les raisons qu'il donnait à l'appui de son opinion semblent assez rationnelles : « Les familles qui emploient un domestique à la fois pour leur service personnel et pour les besoins de leur profession, sont généralement des familles de ressources modestes et ne pouvant consacrer à leur loyer qu'une somme relativement faible ; la taxe sur les domestiques sera, dès lors, pour elles d'un chiffre insignifiant. Une distinction aurait dû être faite, si la taxe avait été fixée à un chiffre uniforme par domestique, mais l'avantage de la taxe proportionnelle, basée sur le loyer, est précisément de tenir compte, d'une manière automatique, de toutes les diversités de situation et de rendre toutes les exceptions inutiles. »

loyer de 3.000 francs, ayant un domestique mâle ou plusieurs domestiques de l'un ou de l'autre sexe [1], aurait été taxé à 72 fr. 71. Un troisième payant un loyer de 8.000 francs aurait été taxé à 204 fr. 91, etc.

Le produit en principal de cette taxe nouvelle avait été évalué à 14.400.000 francs dans le projet de budget présenté par M. Burdeau. La réforme élaborée par le Ministre des finances aurait permis de supprimer la contribution personnelle, véritable capitation progressive à rebours, et l'impôt sur les portes et fenêtres, taxe sur l'air et la lumière. Il eût été heureux d'obtenir ce double résultat à l'aide d'un impôt sur le luxe établi d'une manière très satisfaisante. Malheureusement M. Burdeau quitta le Ministère des finances avant que son projet de budget ait pu être voté. Il faut souhaiter que son idée sera reprise et menée cette fois à bonne fin.

A l'impôt sur les domestiques est adjointe en Belgique, nous l'avons vu [2], une taxe supplémentaire de 10 francs pour les domestiques portant livrée. On a demandé aussi chez nous, à plusieurs reprises, l'imposition des livrées. En

---

[1] Le fisc devait ignorer s'il y avait un ou plusieurs domestiques. Du moment qu'un contribuable avait d'autres domestiques qu'une servante unique, peu importait le nombre de ceux-ci.

[2] Voir chapitre III, page 144.

1874, MM. de Lorgeril et d'Abbadie demandè-
rent une taxe de 2 francs sur les casquettes de
livrée, mais leur proposition ne fut pas prise
en considération. Dans la séance du 25 février
1893, à la Chambre des députés, M. Robert Mitchell soutint et fit voter un amendement dispo-
sant que « tout contribuable qui fera porter
une livrée aux personnes qu'il emploie paiera
une taxe de 20 francs par an et par livrée. » Au
cours de la discussion de cet amendement, son
promoteur, répondant à M. Poincaré, rapporteur général, qui combattait la disposition addi-
tionnelle, s'exprimait de la manière suivante :
« Je me contenterai d'adresser M. le rapporteur à la légation de Belgique ; il y apprendra
comment, dans ce pays voisin, on définit la livrée, comment elle est imposée et ce que cet
impôt rapporte aux budgets communaux. Je ne
vois pas pourquoi nous nous arrêterions à une
difficulté devant laquelle nos voisins n'ont pas
reculé. » La Chambre des députés se rallia à
cette opinion, mais le Sénat vota contre la proposition, conformément à la demande de son
rapporteur M. Boulanger.

Nous pensons que le Sénat a eu raison, bien
que les motifs invoqués contre la taxe nouvelle
par M. Boulanger ne nous paraissent pas tous
complètement justifiés.

Le législateur, disait-il en premier lieu, ne saurait indiquer aux contrôleurs ce qui est une livrée et ce qui n'en est pas. D'après l'auteur de la proposition, il s'agirait « des costumes spéciaux qu'un maître ou un patron fait porter à la personne qu'il emploie comme domestique ou comme employé. » Cette définition, disait le rapporteur au Sénat, est beaucoup trop vague pour être acceptée comme base d'un impôt. Nous avons vu cependant qu'en Belgique la définition de la livrée n'avait donné lieu qu'à une seule contestation depuis la promulgation de la loi en 1883.

L'administration, ajoutait-il en second lieu, devrait attendre la déclaration spontanée de l'assujetti et il est à prévoir que ces déclarations n'auraient lieu qu'en très petit nombre. Cela est à prévoir en effet, mais on ne peut l'affirmer. Les chevaux, voitures, billards, etc., sont bien déclarés. Ce qui est plus probable, et que faisait remarquer en dernier lieu M. Boulanger, c'est que l'impôt serait improductif. La taxe sur les livrées rapporte en effet en Belgique à peine 50.000 francs environ. Rapporterait-elle 350.000 francs à la France qui est sept fois plus peuplée ? Ce chiffre du reste serait encore bien minime si l'on songe que l'on compliquerait le service de l'Administration des Contributions directes déjà surchargée par les taxes assimilées récentes, lesquelles nécessitent des recherches nombreuses et des travaux difficiles. Nous ne pensons donc pas qu'on doive accepter une taxe sur les livrées, à moins de posséder entre les mains une statistique faisant prévoir un produit suffisamment élevé. Le principe de cette taxe qui atteindrait une manifestation du luxe est sans doute suffisamment justifié ; mais encore faut-il pour l'admettre que le Trésor y trouve un bénéfice sérieux. Comme nous l'avons dit plusieurs fois déjà, l'impôt doit avoir pour but unique de créer des ressources. C'est donc à tort que M. Robert Mitchell répondait à ceux qui lui objectaient le peu de profits que donnerait la taxe qu'il proposait : « On m'objecte que l'impôt sur la livrée ne produira rien. Mais quand ce ne serait qu'un impôt de principe,... un impôt sur le luxe et sur la vanité. »

En même temps qu'une taxe de 2 francs sur les casquettes de livrée, était proposée le 2 février 1874 une taxe semblable sur les chapeaux de luxe, dits chapeaux haute forme. Cette proposition excita quelque surprise et cependant les chapeaux peuvent, comme tous les objets de consommation, servir de matière imposable ; on en trouve la preuve dans notre histoire financière [1]. « Sous l'influence des idées qui régnaient au XVIe siècle et qui formaient la base du système édifié par Colbert en vue du développement des forces productives du pays, l'industrie des chapeaux fut à la fois protégée fortement par des tarifs presque prohibitifs et astreinte à une réglementation des plus sévères [2]. » D'une part en effet le droit d'entrée sur les chapeaux de carton fabriqués à l'étranger fut porté à 20 livres par un arrêt du Conseil du roi, en date du 14 août 1688. D'autre part, des règlements minutieux vinrent fixer les procédés de fabrication. Des inspecteurs des manufactures furent chargés de visiter les fabriques pour veiller à l'exécution de ces règlements.

Ce contrôle permanent pouvait rendre aisées l'assiette et la perception d'un droit de fabrication s'il venait à être créé. Précisément, en 1688, le commissaire de l'artillerie Duport imagina de tirer parti de la prospérité de l'industrie chapelière en l'imposant au profit du Trésor royal. Il proposa au roi de frapper les chapeaux d'une taxe qui devait, d'après lui, rapporter deux

---

[1] Voir de Forbonnais, *Recherches et considérations sur les finances de la France*. — De Boislisle, *Mémoire de la généralité de Paris*, et *Correspondance des Contrôleurs généraux*.

[2] M. Tranchau, *Dictionnaire des finances*, t. I, p. 943.

millions de livres. Le projet ne fut pas appliqué ; il valut seulement à son auteur une gratification de 3.500 livres. Mais l'idée fut mise en pratique deux années plus tard, « alors que pour faire face aux dépenses considérables nécessitées par la guerre de la ligue d'Augsbourg, Phélippeaux de Pontchartrain, contrôleur général des finances, se vit contraint de chercher des ressources extraordinaires dans des expédients de toutes sortes[1]. »

Un édit du mois d'avril 1790 institua un droit de vente et de marque sur les chapeaux. Le droit s'élevait à 10 sols par chapeau. Les fabricants étaient exercés par les inspecteurs des manufactures qui apposaient la marque sur les produits fabriqués.

Cette taxe, comme la marque des fers et comme la marque des ouvrages d'or et d'argent, fut assimilée aux aides. Adjugée primitivement sur le pied de 200.000 livres les deux premières années et sur celui de 250.000 pendant quatre autres années, la ferme de la marque des chapeaux fut jointe en 1692 à la ferme des aides qui n'en put donner que 150.000 livres par an. C'est que l'industrie commençait à dépérir par suite des droits d'entrée excessifs et de l'abus de la

---

[1] M. Tranchau, *op. cit.*

réglementation. La rigueur de la surveillance exercée pour assurer la perception de la taxe suscita de telles doléances que le droit de marque fut supprimé par une déclaration du 20 septembre 1701.

Depuis cette époque, les chapeaux ont été exempts en France de toute taxe intérieure. On n'avait jamais songé à les imposer à nouveau jusqu'au moment où, à la suite des événements de 1870-71, fut déposé l'amendement que nous citions plus haut, à l'occasion du projet de loi sur les nouveaux impôts et les augmentations d'impôts à inscrire au budget de 1874. Mais l'Assemblée Nationale écarta l'amendement par un refus de prise en considération.

Doit-on blâmer l'Assemblée Nationale d'avoir repoussé l'impôt sur les chapeaux haute forme ? D'après les évaluations des promoteurs de cet impôt, celui-ci aurait rapporté environ quatre millions au Trésor, ce qui est déjà un chiffre respectable. Quant au principe de l'impôt, il mérite d'être approuvé, car c'est le luxe qu'on veut atteindre. Mais son recouvrement serait peut-être difficile. Les promoteurs de la taxe nouvelle n'ont pas indiqué les mesures propres à réprimer la fraude. « Cette taxe, disaient-ils dans leur amendement, sera perçue au moyen d'un timbre spécial, collé d'une manière visible au fond de tous les chapeaux ou casquettes soumis à la taxe. » Mais comment le fisc s'assurerait-il que ce timbre a bien été apposé ? Pour lui en donner le moyen, il faudrait édicter des mesures vexatoires. De plus, l'industrie mettrait peut-être en vogue des types nouveaux de chapeaux qui seraient dès lors exempts de l'impôt. En tout cas si l'on veut créer une ressource au Trésor par une taxe sur les chapeaux, mieux vaudrait, pensons-nous, revenir à l'ancienne marque apposée chez les fabricants, à l'instar de ce qui existe encore aujourd'hui pour les ouvrages d'or et d'argent. La question mériterait peut-être d'être étudiée par le législateur.

De même que la taxe sur les livrées, l'impôt sur les pianos a été proposé à diverses reprises depuis 1871.

En 1872, M. de Belcastel, député, proposa d'assujettir les pianos à une taxe fixe de 10 fr. Sa proposition ne fit pas l'objet d'un rapport ; il la renouvela deux ans après, en évaluant à 6 millions le produit de la taxe (600.000 pianos) ; déjà combattu dans la séance du 19 février 1874, le principe de l'impôt fut définitivement rejeté quelques jours après sur le rapport de M. Benoist d'Azy, au nom de la commission du budget de 1874.

En 1876, M. Mention, député, proposa égale-

ment d'imposer, à partir du 1er janvier 1877, les
pianos, orgues et harmoniums à une taxe fixe
de 15 francs ; il évaluait à 300.000 le nombre
des pianos imposables et à 100.000 celui des
orgues. Dans son rapport du 20 juillet 1876 sur
le budget de 1877, M. Cochery demanda le rejet
de la proposition, mais la Chambre des députés
en prononça le renvoi à une commission spéciale. Cette commission se montra défavorable
au principe de la taxe, et la Chambre se rangea
à l'avis de sa commission.

M. Thévenet, député, déposa, le 10 mai 1887,
une proposition tendant à imposer les pianos
(taxe de 12 fr. par instrument) ; cette proposition ne fut pas discutée. Une autre proposition
déposée par M. Maxime Lecomte le 24 juillet
1890 (taxe de 10 fr.) eut le même sort. Mais le
7 février 1893, MM. Robert Mitchell, Gillot et
Jourde déposèrent un amendement conçu dans
les termes ci-après : « Un droit de 10 francs par
an sera perçu sur les pianos, » et cet amendement
fut voté par 307 voix contre 135, malgré l'opposition du rapporteur général du budget. Le Sénat
le repoussa conformément aux propositions de
sa Commission des finances. Le rapporteur de
cette commission fit valoir que l'impôt proposé
était menaçant pour l'industrie française de la
fabrication des pianos, qu'il serait impropor-

tionnel et qu'il frapperait le piano du professeur qu'on ne peut considérer comme une manifestation du luxe.

Ces objections ne nous paraissent pas concluantes. Les deux premières s'adresseraient à nombre d'impôts déjà existants, notamment à la taxe sur les billards. Quant à la troisième, elle eût été sans portée, car il était bien dans l'intention des promoteurs de l'impôt d'exempter les pianos des professeurs, de même que ceux possédés par les loueurs et les fabricants [1].

D'ailleurs, nous croyons que le Sénat ne rejeta la taxe proposée que parce qu'il se trouvait « en présence d'une proposition improvisée au cours des débats », selon les expressions mêmes du rapporteur de la Commission des finances. Aujourd'hui l'Administration des Contributions directes s'est livrée à des recherches sur le nombre des pianos existant en France. Il en résulte qu'il s'en trouve 200.000, dont 80.000 à Paris. Environ 50.000 appartiendraient à des professeurs, à des maisons d'éducation, etc. L'impôt rapporterait donc 1.500.000 francs au taux de 10 francs, ce qui n'est pas à dédaigner. On pourrait même

[1] Le rapporteur invoquait aussi contre la taxe sur les pianos l'exemple des États-Unis où, nous l'avons vu (p. 165), cet impôt ne dura qu'une année à cause des difficultés de son recouvrement. Mais les États-Unis ne sont pas habitués aux déclarations des contribuables. Il en est tout autrement chez nous.

doubler ce produit en graduant la taxe, comme cela existe pour les billards, d'après l'importance des villes. On augmenterait ainsi très raisonnablement le produit des impôts sur le luxe. Le piano, en effet, à cause de l'élévation de son prix et de l'usage auquel il est destiné, est bien un indice de l'aisance de son possesseur.

Telles sont les principales taxes qu'on a proposé d'introduire dans nos derniers budgets. D'autres propositions ont encore été mises en avant. C'est ainsi qu'on a demandé d'imposer les cartes photographiques[1] et les galeries de tableaux, de créer une taxe sur les gens oisifs[2], etc. Mais la plupart des taxes proposées ne peuvent être utilement demandées. Leur perception serait trop souvent vexatoire, en même temps que le revenu en serait presque insignifiant. C'est affaire de tact de la part du législateur de discerner ce qui peut être emprunté aux différentes propositions. Mais il doit rejeter certainement les impôts qui n'offriraient que de minces avantages en compensation d'inconvénients très graves.

[1] Amendement au budget de 1878.

[2] Proposition de loi déposée le 12 juillet 1892 par M. Girault, sénateur. — Une autre proposition du même auteur demandait récemment (mars 1895) l'imposition des titres de noblesse. Nous avons dit ce qu'il fallait penser de cette imposition en parlant des impôts sur le luxe existant en Angleterre. (Voir chapitre III, page 131.)

CONCLUSION.

L'imposition du luxe, réclamée par le principe
de l'égalité proportionnelle, rapporte en France
plus de 640 millions, soit à l'État, soit aux communes [1], et l'on pourrait voir ce chiffre s'élever
encore. Nous avons vu, en effet, que l'introduction de certains impôts nouveaux sur le luxe serait parfaitement possible. En outre, l'élévation

[1] Cette somme se décompose ainsi :

1° Au profit de l'État

Impôt sur les chevaux et voitures	11.761.500
— sur les billards	1.134.500
— sur les cercles, sociétés et lieux de réunion.	1.440.250
— sur les vélocipèdes	1.504.200
— sur les cartes à jouer	2.297.000
Droits de garantie des matières d'or et d'argent .	4.773.300
— sur les permis de chasse	6.729.000
— sur les poudres de chasse.	4.000.000
Impôt sur le tabac	300.000.000
Impôts sur les liqueurs fortes	280.000.000
	643.638.750

2° Au profit des communes

Impôt sur les chevaux et voitures	619.000
— sur les chiens.	6.500.000
— sur les vélocipèdes	450.000
Droit sur les permis de chasse	3.738.000
Droits d'octroi sur les alcools	18.000.000
	29.307.000

de quelques tarifs contribuerait aussi à atteindre
ce résultat, à condition toutefois de ne pas nuire
à l'industrie et de ne pas s'exposer à voir diminuer le rendement de l'impôt.

Ce que l'on pourrait ainsi faire produire au
luxe permettrait, à juste titre, de dégrever les
objets et consommations de première nécessité [1]. En effet, si les taxes qui frappent ces objets et ces consommations ne sont pas, comme
on le dit souvent, des capitations, il n'en reste
pas moins exact qu'elles sont essentiellement
improportionnelles. Le riche, il est vrai, dépense plus que le pauvre en achats de sel, de
boissons, de viande, etc., mais « il est évident

---

[1] « La disparition des taxes d'octroi établies sur les objets de
toute première nécessité, la viande notamment, n'exigerait qu'un
sacrifice de 75 à 80 millions. Ce serait peu par rapport au résultat
à obtenir, si les finances publiques étaient moins obérées. Ce serait
moins, en tout cas, que les 300 millions dont les promoteurs de
la suppression totale des octrois réclament, sans hésiter, la radiation immédiate.

« La solution actuelle de la question des octrois réside exclusivement, à notre avis, dans ce sacrifice de 75 à 80 millions. Effacer
les objets de toute première nécessité de la liste des matières sujettes à l'octroi, dès que l'on pourra, réaliserait, en somme, la
seule partie de la réforme véritablement urgente. Pour la mettre
à exécution, il suffirait d'étendre la nomenclature des objets que
déjà le décret réglementaire du 12 février 1870 interdit de taxer.
Rien ne serait plus simple en pratique, si l'on parvenait à écono-
miser ou à remplacer 75 à 80 millions de perceptions. » (M. Stourm,
Systèmes généraux d'impôts, p. 392, note 1.) Ne pourrait-on pas
trouver ces 80 millions, au moins en grande partie, dans de nouveaux impôts sur le luxe ?

que la différence est loin d'être en proportion
des fortunes. Ce genre de dépenses absorbera
peut-être le quart des gains annuels d'un ouvrier
vivant cependant petitement, alors que, sans se
restreindre, l'individu qui jouit, par exemple,
d'un revenu de 20.000 francs, y fera aisément
face avec la sixième partie de son revenu[1]. »
C'est à tort que l'on a prétendu que cette sur-
charge imposée à la classe pauvre finirait par
disparaître. Sans doute l'économie politique enseigne que l'élévation normale des salaires ne
tardera pas à venir compenser les prélèvements
du fisc. Il faut vivre en somme, et les restric-
tions sur les objets nécessaires à l'existence ne
sauraient se prolonger. Le riche, dit-on, l'em-
ployeur de services, le patron, suivant les lois
générales de la translation de l'impôt, finiront
par payer la taxe primitivement réclamée au
salarié. Mais ce remboursement est-il toujours
assuré? Le nivellement prévu entre les objets de
première nécessité et le taux des salaires ne
s'opère jamais que lentement, par étapes insen-
sibles et prolongées[2]. Pour s'amoindrir succes-

---

[1] M. Beauregard (*Éléments d'Économie politique*, p. 322).

[2] « Il est bien vrai qu'à la longue, dit M. Beauregard, il se
fait des arrangements tendant à corriger l'inégalité, mais si celle-
ci est considérable, il se peut qu'elle subsiste malgré tout, au
moins en partie. » (*Éléments d'Économie politique*, p. 322.)

sivement, l'écart n'en aura pas moins subsisté pendant un long intervalle très dur à franchir. Puis, même en supposant le nivellement parvenu à son terme, la situation redevenue normale comportera nécessairement encore d'incessants mouvements de hausse et de baisse, résultant des oscillations forcées de l'offre et de la demande. La baisse pourra donc de nouveau ramener temporairement le taux des salaires au-dessous du minimum nécessaire à l'entretien de la vie; et pendant toute la durée de cette dépression, le salarié conservera à sa charge une partie, sinon même la totalité, de l'impôt sur les objets de première nécessité. Enfin des situations individuelles particulièrement graves peuvent se prévoir. Quand le chômage survient, quand les maladies, les déplacements, les infirmités, les fermetures d'ateliers, etc., occasionnent les suspensions de travail, si fréquentes dans la vie de l'ouvrier, quand le salaire, en un mot, n'existe plus, la répercussion qu'on invoque cesse immédiatement faute d'objet, et les droits retombent de tout leur poids sur le malheureux qui ne peut leur échapper[1].

[1] « Après avoir fait l'avance de l'impôt, dit M. Léon Say, on risque de ne pas être remboursé du tout. Vienne le chômage, l'ouvrier n'a plus personne devant lui à qui demander le remboursement de l'impôt; il l'a payé, il en garde le poids. » *(Solutions démocratiques de l'impôt.)*

Faut-il aller jusqu'à dire que « l'idéal consisterait à transporter sur le luxe le poids intégral
de l'impôt [1] ? » Nous ne le croyons pas. Outre
que cet idéal serait impossible à réaliser, étant
données les charges écrasantes de nos budgets
modernes, on ne devrait même pas, pensons-
nous, chercher à l'atteindre. Comme l'a fort
justement fait remarquer Mac-Culoch [2], en parlant des objets de première nécessité, « il n'est
pas à alléguer, comme objection à ce qu'ils
soient taxés, que ces objets forment la nourriture des basses classes. Ces dernières n'ont pas
plus de droits que les hautes classes à être
exemptées des taxes. » La charge de l'impôt,
en effet, doit être répartie entre tous. « On ne
voit pas, dit M. Beauregard [3], pourquoi les ouvriers rémunérés par un salaire, munis d'ailleurs
du droit de vote, ne prendraient aucune part
aux dépenses de l'État. » Mais pour respecter le
principe de l'égalité proportionnelle devant l'impôt, le luxe, un peu laissé dans l'ombre, devrait
être fortement frappé, tandis que les objets de
première nécessité, surtaxés trop souvent, ne
devraient l'être que faiblement. N'est-ce pas l'i-

---

[1] M. Stourm, *Systèmes généraux d'impôts.*
[2] *Traité sur la taxation.*
[3] *Éléments d'Économie politique*, p. 312.

dée dont on voudrait voir s'inspirer tout législateur désireux de se conformer à la règle de justice formulée par Adam Smith ?

TABLE DES MATIÈRES.

DROIT ROMAIN.

DROIT FRANÇAIS.

POSITIONS.

I. — DROIT ROMAIN.

I. — L'obligation du *mandator* peut garantir autre chose que le remboursement d'une somme d'argent.

II. — Il n'y a pas identité d'objet entre l'obligation du *mandator* et l'obligation du *reus*.

III. — La cession d'actions peut avoir lieu après le paiement fait par le *mandator*.

IV. — Ce n'est pas le rescrit d'Adrien qui a accordé le bénéfice de division aux *comandatores*.

II. — DROIT FRANÇAIS.

I. — Les anciennes lois somptuaires étaient basées sur d'autres principes que les impôts modernes sur le luxe.

II. — L'imposition du luxe est une nécessité.

III. — Les droits sur les tabacs et les liqueurs fortes sont des impôts sur des consommations de luxe.

IV. — Il est possible d'augmenter le produit des impôts sur le luxe.

Positions prises en dehors de la thèse.

DROIT ROMAIN.

I. — L'*infantia*, en droit classique, dure jusqu'à sept ans.

II. — Dans l'action négatoire, le demandeur doit prouver l'inexistence de la servitude.

III. — La fidéjussion contractée *in duriorem causam* est nulle pour le tout.

IV. — La compensation légale n'a jamais existé à Rome, même sous Justinien.

DROIT CIVIL.

I. — Explication de l'article 789 du Code civil.

II. — L'article 1319 du Code civil renferme une inexactitude de rédaction en ce qu'il confond la force probante de l'acte authentique avec sa force obligatoire.

III. — La femme ne peut s'interdire absolument de s'obliger dans son contrat de mariage.

IV. — Les contrats en général sont permis entre époux.

DROIT ADMINISTRATIF.

I. — Une société commerciale ne peut pas recevoir des legs ou des donations.

II. — Il n'existe pas d'hypothèque légale sur les biens des comptables des Caisses d'épargne.

ÉCONOMIE POLITIQUE.

I. — La théorie de Stuart Mill sur le fonds des salaires est inexacte.

II. — Le taux de l'intérêt tend à s'abaisser au cours de la civilisation.

DROIT CONSTITUTIONNEL.

I. — Les pouvoirs de révision de l'Assemblée Nationale sont illimités.

II. — Le Sénat a le droit d'amendement en matière budgétaire.

Vu :

Le Président de la thèse,

Paul BEAUREGARD.

Vu :

Le Doyen,

COLMET DE SANTERRE.

Vu et permis d'imprimer :

Le Vice-Recteur de l'Académie de Paris,

GRÉARD.

Imprimerie Notre-Dame des Prés. — Ern. Duquat, Directeur.
Montreuil-sur-Mer (Pas-de-Calais).

Imprimerie Notre-Dame des Prés. — Ern. Duquat, directeur.
Montreuil-sur-Mer (Pas-de-Calais).